글쓰기교육의 이론과 실제 Ⅱ

한국글쓰기교육연구회

온누리

글쓰기교육의 이론과 실제 Ⅱ

엮은이 ──────── 한국글쓰기교육연구회
초판 발행 ──────── 1993년 3월 20일
4쇄 발행 ──────── 2005년 2월 24일
펴낸이 ──────── 김용항
펴낸곳 ──────── 온누리

충북 청주 상당 수동 90-4 · 서울사무실 마포 합정동 385-96
전화 324-4790 · 팩시밀리 333-6287
출판등록 ──────── 1982년 12월 6일
등록번호 ──────── 제아-20호

값 8,000원

2집을 펴 내면서

〈글쓰기 교육의 이론과 실제〉1집을 낸 지 어느새 3년이 흘렀습니다. 그 동안 많은 분들이 1집을 읽어 주셨고, 2집을 찾는 분도 적지 않았습니다. 1집을 엮고 나서 곧 2집을 내려고 준비를 하였으나, 원고를 모으는 일이 쉽지 않아 예정보다 좀 늦어졌습니다.
　이 책을 준비하면서 우리는 다음과 같은 점을 고려하였습니다.
　첫째, 1집에 실린 글들은 대부분 글로 읽도록 쓴 것이 아니라, 연수회나 글쓰기 강좌의 발표 원고로 쓴 것이기 때문에 글 자체로만 읽기에는 아무래도 모자란 점이 있었습니다. 그래서 이번 책은 발표용 원고가 아니라 글로 완성된 원고로 만들기로 하였습니다. 기왕에 연수회 때 발표한 원고가 있더라도 다시 쓰는 것을 원칙으로 하였습니다.
　둘째, 1집과 이어지는 편집을 하였습니다. 1집에서 이미 다룬 내용은 될 수 있으면 다시 다루지 않고, 1집에 없는 내용들을 중심으로 엮었습니다. 다만 시 지도와 서사문 지도는 중복이 되더라도 중요하다고 판단되어 글을 넣었습니다.
　이 책에서 우리가 가장 애를 먹었던 부분은 2부에 실린 교과서 분석 원고였습니다. 이 내용은 본디 방학 때마다 열리는 글쓰기회 연수회에서 발표했던 것을 글쓴이 자신이 다시 고치거나, 아니면 아예 새로 쓴 글입니다. 국민학교 교과서는 국정으로 되어 있어서 우리 나라 모든 어린이가 배울 수밖에 없게 되어 있습니다. 그만큼 중요한 책이므로 이를 검토하는 일은 매우 중요하다 할 것입니다. 그래서 제대로 분석을 하고 우리가 발견한 문제점의 대안을 찾아 보려고 했지만, 그 의도가 이루어졌는지는 잘 모르겠습니다. 이 책을 읽는 분들께서 검토해 보시고 잘못된 점을 알려 주시면 다음판을 낼 때 고치도록 하겠습니다.

우리가 이 책을 펴내는 뜻은 실제로 아이들을 가르쳐 보고 알게 된 교육의 방법을 알려서 다른 분들이 검증할 수 있도록 하는 데 있습니다. 아무쪼록 이 책이 직접 아이들에게 글쓰기를 가르치며 삶을 가꾸기 위해 힘쓰시는 여러분들께 조금이나마 도움이 되기를 바랍니다.

1993년 3월 1일

엮은이　한국 글쓰기 교육 연구회
(이성인, 이주영, 최창의)

글쓰기 교육의 이론과 실제 Ⅱ

■ 책을 펴 내면서

■ *1*부. 삶을 가꾸는 글쓰기 교육

정직한 글에서 가치있는 글로 · **이오덕** / *9*
정직한 글에서 가치있는 글로 *2* · **윤구병** / *17*
무엇을 쓰게 할 것인가 · **이우영** / *27*
서사문 쓰기 지도 · **주순중** / *33*
여러 가지 감상문 쓰기 · **주중식** / *40*
설명하는 글 쓰기 지도 · **이성인** / *61*
편지 쓰기 지도 · **최창의** / *75*
조사 보고문 쓰기 · **김용근** / *82*
시 쓰기 지도 · **김진문** / *88*
아이들과 함께 하는 글 맛보기 · **이성인** / *99*
문장연구, 다 같이 합시다 · **이오덕** / *107*

■ 2부 '쓰기' 교과서 분석

자기 말, 자기 이야기를 쓰지 못하게 하는 '쓰기' 교과서 · 이오덕 / 127
1학년 '쓰기' 교과서 분석 · 이주영 / 135
2학년 '쓰기' 교과서 분석 · 이성인 / 146
3학년 '쓰기' 교과서 분석 · 최창의 / 158
4학년 '쓰기' 교과서 분석 · 명노철 / 163
5학년 '쓰기' 교과서 분석 · 이재삼 / 173
6학년 '쓰기' 교과서 분석 · 최창의 / 185
국민학교 국어 교과서의 동시 분석 · 고흥수 / 197

■ 3부 살아 있는 교실, 살아 있는 교육

살아 있는 그림 그리기 지도 · 이호철 / 207
글쓰기로 해 본 생활 상담 · 이주영 / 238
아이들과 함께 해 본 동극 수업 '팥죽 할머니' · 문재경 / 252
방학을 앞두고 차린 마무리 잔치 · 이재삼 / 256
신나는 방학을 위한 과제 · 윤태규 / 264
아이들의 글을 어떻게 보고 어떻게 논의할까 · 이오덕 / 272
글쓰기 교육을 연구하는 모임 만들기 · 이성인 / 280

■ *1*부. 삶을 가꾸는 글쓰기 교육

정직한 글에서 가치있는 글로
정직한 글에서 가치있는 글로 2
무엇을 쓰게 할 것인가
서사문 쓰기 지도
여러 가지 감상문 쓰기
설명하는 글 쓰기 지도
편지 쓰기 지도
조사 보고문 쓰기
시 쓰기 지도
아이들과 함께 하는 글 맛보기
문장연구, 다 같이 합시다

정직한 글에서 가치 있는 글로

이 오 덕

1. 왜 정직한 글을 쓰게 해야 하나?

글쓰기의 첫걸음에서 우리는 어린이들에게 '본 대로 들은 대로 한 대로' 정직하게 쓰라고 가르친다. 이와 같이 정직하게 쓰도록 하는 지도가 무엇보다도 앞서는 이유는 다음 세 가지다.

첫째, 어린이의 삶과 마음을 알아보기 위해서다. 우리가 진짜 교육을 하자면 어린이의 마음을 알고 그들의 삶의 실상을 붙잡아야 한다. 어린이를 모르고 어린이를 가르칠 수 없다. 어린이의 마음과 삶의 실상을 알아내는 데는 어린이가 정직하게 쓴 글을 읽는 것보다 더 좋은 방법이 없다. 어린이들을 이해하기 위해서 우리는 평소에 어린이들의 삶을 관찰하기도 하고, 어린이들과 이야기를 나누기도 하고, 가정 방문을 하기도 한다. 그러나 어린이들이 솔직하게 써 놓은 글은, 그것이 아니고는 다른 어떤 방법으로도 알아낼 수 없는 어린이들의 마음과 삶을 잘 보여 준다. 그래서 우리는 어린이들에게 글을 쓰게 하는 것이다. 어린이들의 글에서 그들의 마음과 삶을 알아 그로부터 교육을 시작하는 것이다. 글을 쓰게 하는 까닭, 정직한 글을 쓰게 하는 까닭이 여기에 있다. 정직한 글쓰기는 가장 귀한 교육의 기본이요, 기본 수단이다.

둘째, 어린이의 순수한 마음을 가꾸기 위함이다. 어린이 마음의 본바탕은 정직성이다. 어린이는 본디 거짓말을 할 줄 모른다. 허위를 모르고 가식을 싫어하고 소박 솔직하다. 이러한 순수한 마음 바탕을 그대로 지켜 가도록 하기 위해서 정직한 글을 쓰게 하는 것이다.

지금 우리 나라의 어린이들은 잘못된 사회 환경과 어른의 흉내, 남의 흉내, 겉모양 꾸며 만들기의 현상 당선 목표 문예지도, 착한 어린이 만들기 교육 선전 글짓기 지도 등으로 인해 자기의 마음과 삶에서 이탈한 거짓말 지어내는 꾀를 부리는 노릇을 글짓기로 알고 있는 것이 보편적 상황으로 된 지 오래다. 이런 상태에서 어린이들이 벗어나, 그들이 본래 가지고 있던 청결한 마음을 다시 찾아 가지도록 하기 위해서 정직한 글을 쓰게 한다. 이래서 정직한 글쓰기는 무엇보다도 힘들여야 할 어린이들 살리는 교육이 된다.

셋째, 어린이들에게 자기의 삶을 바로 보고, 삶을 확인함으로써 건강한 삶의 자세를 갖도록 하기 위함이다. 지금 우리 나라 사람들은 남의 것만 쳐다보고 남의 것 부러워하면서 살아가고 있다. 먹고 입고 쓰고 있는 모든 물건과 말까지 그러하니 제 정신이 다 빠져 가는 상태다. 수단 방법을 안 가리고 돈을 모으고, 사치한 생활을 하고, 황금과 권력을 숭배하고, 목숨을 가볍게 여기는 등 참으로 사람답지 못한 사회가 되어가고 있다. 어른들 따라 아이들도 그렇게 물들어 가고 있다. 넋이 빠진 사람들은 제 모습을 볼 줄 모른다. 어린이들에게 정직한 글을 쓰게 하는 것은 정직한 글을 통해 그 자신의 모습을 깨닫게 하고, 거기서 바르고 참되게 살아가는 길을 찾아 주기 위함이다.

어린이들은 자기가 한 것을 솔직하게 씀으로써 기쁨을 느낀다. 그런 글을 쓰고 나면 위안을 얻는다. 남의 것을 흉내내거나 시킴을 받아서 억지로 머리를 짜내어 쓰는 데서는 고통이 있을 뿐이지만, 정말 쓰고 싶어서 쓰는 글에서는 자신과 용기를 얻게 되는 것이다. 열등감을 씻어 버리고, 건강한 마음으로 살게 되는 것이다.

2. 정직한 글을 쓰게 하는 어려움

어린이는 본디 거짓이 없다. 글을 쓰라고 하면 정직하게 쓰게 되어 있다. 일부러 정직하게 쓰라고 할 필요가 없다. 그런데 이렇듯 쉬워야 할 어린이의 글쓰기가 제대로 안 되고, 정직하게 쓰는 일이 도리어 힘들고 어려운 것은 무슨 까닭인가? 그것은 앞에서 말한 대로 어린이들이 남의 것 흉내내고 거짓 이야기 꾸며 내는 훈련을 끊임없이 받아 왔기 때문이고, 그래서 거짓 글 쓰는 버릇이 아주 굳어졌기 때문이다. 정직하게 자기가 한 것, 본 것, 들은 것을 그대로 쓰는 것이 쉽고, 보지 않고 하지 않은 것을 꾸며 쓰는 것은 특히 어린이로서는 힘들고 어려울 터인데, 반대로 정직하게 쓰는 일이 잘 안 된다는 것은 얼마나 잘못된 일인가? 기막힌 비정상인가? 그러나 그것은 사실이다.

가령 여기 올바른 교육관을 가지고 지도하려는 교사가 있어 어린이들에게 정직하게 쓴 글을 예문으로 보여 주고 그와 같은 글을 쓰게 한다고 해도 쉽게 교사의 의도대로 어린이들은 따르지 않을 것이다. 어린이들은 나날이 온갖 책과 신문에서 잘못된 글, 흉내만 낸 글, 거짓스런 글만을 읽고 있으며, 그런 글에 압도당하고, 그런 글에 그만 익숙해져 버렸다. 그러니 가끔 선생님이 "신문이나 잡지에 실린 글, 백일장에서 상받은 글의 흉내를 내지 말아라"고 하는 말이 먹혀 들지 않는다. 모든 환경이 어린이들에게 자기를 숨기고 겉모양을 꾸며 보이도록 강요하고 있다.

이런 모방과 거짓을 권장하고 칭찬하고 강요하는 세상짜임 속에서 결연히 이에 맞서 어린이들을 정직하게 키워 가려고 하는 교사들마저 지극히 드물 수밖에 없다. 오늘날에는 어린이의 순박한 심성을 지키고 키워 나가는 일에도 온갖 주변의 간섭과 방해와 냉대를 참고 이겨내어야 하는 교육자적 참을성과 슬기와 불굴의 의지를 가지지 않고서는 엄두도 낼 수 없는 상황이 되었다. 모든 뒤틀림의 상황에서 끊임없이 어린이의 참마음을 일깨우는 노력과 정성을 들이면서, 다만 그들 위해 몸 바치는 삶을 보람으로 여기는 교사들만이 이 일을 해 낼 수 있을 것이다.

3. 글의 발표 문제

아이들은 부모나 교사나 친구들이 읽어 줄 것이라는 기대를 하면서 글을 쓴다. 그런데 정직하게 쓴 글이 어떤 경우에는 문제가 될 수 있다. 가령 어떤 글이 장학방침에 위배된다든지, 학교의 교육목표에 어긋나는 생각이나 행동이 표현되었다든지 하여 말썽이 일어나는 경우가 국민학생의 글에서도 전혀 없다고 할 수 없다. 이럴 때는 어떻게 해야 할까?

여기에 대한 내 생각은 이렇다. 가령 어느 어린이의 글이 그 어린이가 진정으로 쓴 것인데도 그 학교나 그 학급의 교육의 성과를 의심하게 한다든지, 잘못된 교육을 한 것처럼 보여서 말썽의 소지가 있을 때도, 덮어놓고 그 글이 잘못되었다고 속단할 것이 아니다. 그 글에 나타난 어린이의 행동이나 비판적 감상이 정당한지 정당하지 않은지를 먼저 신중히 생각해서 판단할 일이다. 그래서 만약 학교의 교육 자체가 잘못되었다면 (이 얼마나 고마운 일인가? 정직한 글은 이래서 쓰게 하는 것이다.) 그 어린이의 글을 거울삼아 시정할 일이고, 그렇지 않고 그 어린이의 생각이 좁아서 그런 글을 썼다면 그 잘못을 깨닫도록 지도할 것이다.

다만, 글에 나타난 어린이의 행위나 생각이 옳든지 잘못되었든지, 정직하게 쓴 태도 자체를 잘못이라고 나무라서는 안 되며, 어떤 글이라도 정직하게 썼다면 일단 정직하다는 점에서 칭찬해 주는 것이 좋다.

그런데 아무리 정직하게 썼다고 하더라도 모든 정직한 글을 무조건 학급문집이나 학급신문들에 발표할 수는 없다. 예를 들어 그런 글이 좀처럼 없겠지만 공산국가를 부러워하는 마음이 단편적으로라도 나타난 글 (비록 어린이는 그것을 의식하지 않고 썼다고 하더라도) 같은 것이다.

커다란 사회적인 문제가 아닌 일은 가끔 실제로 부딪히기도 한다. 어린이들은 자기 집 이야기, 부모 형제 이야기, 이웃집 이야기 들을 흔히 쓰게 되는데, 그런 글이 지상에 발표되었을 때 부모나 형제, 혹은 이웃 사람들이 난처하게 될 수도 있다. 이럴 때는 담임교사가 잘 살펴서 그 글의 발표 여부를 결정해야 한다.

결국 어린이의 글도 발표의 자유가 무한정 보장된 것이 아니란 것을 알 수 있다. 발표를 못하는 글은 담임교사만이 읽을 글이다. 담임교사는 어린이들의 모든 말과 글을 수용하여 그 어린이들을 참되게 길러 가야 한다.

4. 정직하게만 쓰면 될까?

정직하게만 썼으면 그만인가?

정직은 그 자체가 목적이 될 수 없다. 정직은 진실을 얻기 위함이다. 정직은 중요한 덕목이요, 진실에 이르는 가장 긴요한 수단이기는 하지만, 정직을 위한 정직이 되어서는 안 된다.

다음의 글은 정직하게 썼다고 하지 않을 수 없다. 그런데 이 글을 칭찬할 수는 결코 없다. 여기서 정직함을 말할 필요도 없으며, 당장 글을 쓴 아이의 생각, 삶의 태도를 문제삼아야 하게 되어 있다.

개구리

3학년, 남

나는 일요일에 개구리를 잡았다. 개구리를 잡아 가지고 죽였다. 개구리를 죽여서 물에 던졌다. 개구리가 물에 가라앉았다. 그래서 또 개구리를 잡았다. 개구리를 잡아서 다리를 분질렀다. 다리에서 피가 나왔다. 그래서 개구리를 물에 던져 버렸다. 그래서 또 개구리를 잡았다. 그래서 개구리를 돌멩이로 죽여서 물에 던졌다. 그래서 또 개구리를 잡으려고 가니까 어머니가 불렀다. 그래서 나는 집에 가서 손을 씻었다. 손을 씻은 다음 음식을 먹었다. 음식을 다 먹고 난 다음 또 개구리를 잡았다. 개구리를 잡아서 다리를 분질렀다. 그래서 간산보살을 하였다. 그래서 개구리가 좀 움직였다. 그래서 개구리를 물에 던졌다. 또 개구리를 잡았다. 개구리를 잡았는 것을 물에 던졌다. 물에 던졌는 것을 내가 세어 보려고 하다가 그만 두었다. 그래서 개구리를 조매한 개구리를 잡아서 놓아 주었다. 그래서 또 개구리를 잡았다. 개구리를 잡아서 또 죽였다. 개구리를 잡으려고 했다. 그런데 개구리가 다 도망가고 없었다. 그래서 나는 계속 개구리를 잡으라고 하였다. 그래서 제구(겨우) 개구리를 잡았다. 개구리 배대지 창자가 튀나오도록 돌멩이로 때렸다. 그래서 또 개구리를 잡으려고 했다. 그런데 개구리가 한참 있을 때까지 잡혀지지 않았다. 그래서 나는 또 개구리를 잡으려고 애를 썼다. 그런데 그 개구리를 잡았다. 그래서 그 개구리를 죽여서 물에 던졌다. (4월 11일)

어린이들이 이와 같이 잔인한 행동을 예사로 하고, 그런 행동을 또 글로 예사로 쓰면서 조금도 그 행동에 대해 생각해 보지 않는다는 것은 무서운 일이다. 이런 글이 나오면 여기 나타난 글쓴 아이의 행동에 대해 본인은 물론이고 같은 반의 모든 어린이들이 생각해 보도록 하는 것이 좋겠고, 서로의 의견을 발표하거나 토론하는 기회를 마련해서 사람답게 살아가는 길을 찾도록 해 주어야 할 것이다.

이 밖에도 어린이들은 그 나이에 어울리지 않게 유치한 생각이나 행동을 한 글을 쓰는 경우가 많다. 특히 도시 어린이들이 그렇다. 이런 아이들에게는 가치 있는 글을 쓰도록 해야 하는 것이다.

글을 정직하게 쓰는 태도가 어느 정도 되었으면 그 다음에는 남에게 감동을 줄 수 있는 글, 즉 가치 있는 글을 쓰도록 지도하는 단계가 된다.

5. 가치 있는 글을 쓰게 하자

글쓰기는 사회적 행위다. 자기의 체험을 남에게 전하기 위해서 글을 쓴다. 그러니 자기가 쓴 것이 남들의 흥미를 끌어 잘 읽히고, 자기가 체험한 내용이 남들에게 잘 전해져서 공감을 얻을 수 있어야 한다.

재미있는 글이 되자면 무엇보다도 글의 내용이 읽는 이들의 관심거리가 되지 않으면 안 된다. 즉 사회적 가치가 있는 제재가 되어야 하는 것이다. 자기 혼자만 관심을 두었을 뿐, 남들은 도무지 주의할 것 같지 않은 이야기거리라면 가치가 없는 글감이다. 또 일부 사람들만 관심거리가 될 수 있는 제재가 있고, 모든 사람의 관심거리가 될 문제도 있다. 가치 있는 글이란 우선 될 수 있는 대로 많은 사람이 걱정을 하고, 마음에 안고 있는 문제를 이야기거리로 잡은 글이라 할 수 있다.

다음에는, 아무리 많은 사람이 귀를 기울이는 문제를 다루었다고 하더라도, 그것을 이야기하는 말이 어렵고 문장이 까다롭거나 틀려 있거나 이상하게 되어 있다면 글의 가치가 인정될 수 없다. 남들이 재미있게 읽어 주고 공감할 수 있는 문장으로 써야 하는 것이다. 될 수 있는 대로 알기 쉽고 친절하게 쓰도록 하는 까닭이 이러하다.

6. 무엇이 가치가 있는가?

이제, 어떤 제재의 글이 가치 있는가를 말할 차례가 되었다. 제재에 대한 가치 평가는 교사가 어떤 삶의 이념으로 어린이들을 키워 가는가에 따라서 결정된다.

우리는 아이들을 어떻게 살아가도록 해야 할까?

우리에게 민주주의와 통일의 실현보다 더 높은 목표가 어디 있으며, 더 소중한 가치가 무엇이겠는가?

민주주의 사회의 건설과 통일국가의 실현을 목표로 살아가야 할 우리가 현실적으로 어린이들에게 가르쳐야 할 가장 긴요한 삶의 태도는 인간다운 감정과 생각을 가지고 인간다운 행동을 하는 것이라고 나는 믿고 있다.

한 마디로 사람의 마음—어린이 마음 갖기다. 어떻게 하면 어린이 마음을 되찾아 가질 수 있을까?

저 혼자만 잘 먹고 잘 입고 편안하게 살면 그만이라는 이기주의, 그래서 점수 많이 따서 남을 이겨내어 입신출세를 하는 것이 삶의 유일한 길이라고 생각하는 개인주의, 돈만 가지면 모든 것이 다 이루어진다고 믿는 황금만능주의, 이러한 비인간적 삶의 길을 비판적으로 보도록 하는 교육이 없이 우리의 어린이들에게 사람다운 마음을 가지게 할 수 없고, 사람답게 살아가게 할 도리가 없다. 어린이들에게 삶의 실상을 깨닫도록, 잘못된 삶에서 벗어나도록 하는 가르침 없이 사람다운 심성을 회복할 수 없다. 이러한 사람의 마음을 가지는 것이 곧 어린이의 순수한 마음을 되찾아 가지는 것으로 된다.

가치 있는 글을 쓰게 하는 일은 가치 있는 삶을 살게 하는 일이다. 글쓰기 교육이 글 만들기나 글 지어내기가 될 수 없고, 어린이들의 삶을 키워가는 온겨레의 교육이 되는 까닭이 실로 여기에 있다. (1985)

정직한 글에서 가치있는 글로 2

윤 구 병

'글쓰기 교육의 이론과 실제' 첫째권에 실린 '참된 글, 좋은 글, 아름다운 글'에서 저는 '있을 것(있어야 할 것)이 있고, 없을 것(없어야 할 것)이 없는 것이 좋은 것'이라고 말하고, 반대로 '없을 것이 있거나, 있을 것이 없는 것은 나쁜 것'이라고 말한 적이 있습니다. 이 규정에 비추어 어떤 사회가 좋은 사회고, 어떤 사회가 나쁜 사회인지 가려본다면, 자유, 평등, 평화, 우애, 협동, 사랑같이 사람이 사람답게 살려면 꼭 필요한 것, 마땅히 있어야 할 것이 있는 사회는 좋은 사회일 것이고, 있어야 할 것이 없는 사회는 나쁜 사회일 것입니다. 또, 억압, 착취, 전쟁, 탐욕, 이기심; 증오같이 없어야 할 것이 없는 사회는 좋은 사회일 것이고, 이런 없어야 할 것이 남아 있는 사회는 나쁜 사회일 것입니다.

이오덕 선생님은 아이들 글쓰기 교육을 시키는 데 무엇보다 더 중요한 것은 아이들로 하여금 정직한 글을 쓰도록 이끄는 일이라고 여러 차례 강조한 적이 있습니다. 아이들이 느낀 것, 생각한 것, 체험한 것을 꾸밈없이 솔직하게 드러내도록 하는 것이 참삶을 가꾸는 글쓰기 교육의 첫걸음이라는 뜻으로 이 말을 이해해도 될 듯합니다. 추상적으로 말하자면 참과 거짓, 진리와 허위를 판가름하는 기준은 명확합니다. '있는 것을 있다고 하고 없는 것을 없다고 하는 것'이 참이고, '있는 것을 없다고 하거나, 없는 것을 있다고 하는 것'이 거짓입니다. 또 '(무엇)인 것을 (무엇)이라고 하고, (무엇)이 아닌 것을 (무엇)이 아니라고 하는 것'이 참이고, 반대로 '(무엇)인 것을 (무엇)이) 아니라고 하거나, (무엇이) 아닌 것을 (무엇)이라고 하는 것'이 거짓입니다. 그러니까 정직한 글은 '있는 것을 있다, 없는 것을 없다, (무엇)인 것을 (무엇)이다, (무엇이) 아닌 것을 (무엇이) 아니다'라고 솔직하게 쓴 글일 것입니다.

얼핏 생각하면 아이들에게 정직한 글을 쓰도록 이끄는 데에 큰 어려움이 없을 것 같은 느낌이 들지도 모르겠습니다. 그러나 거짓이 일상석인 삶의 질서가 되어 버린 세상에서 바른 말, 참 말을 하는 것이 얼마나 어려운지는 안델센의 동화 '벌거벗은 임금님'이 아주 잘 보여 주고 있습니다. 임금이 벌거벗은 몸으로 거리에 나타났을 때 모든 어른이 '임금님이 걸치고 계신 옷은 참 아름답습니다' 하고 입에 침이 마르도록 감탄해 마지 않은 것은 다만 어른들이 진실을 말할 용기가 없었기 때문만은 아닙니다. 많은 어른들이 (아마 대부분이라고 말해도 틀리지 않을 것입니다) 비록 죄많은 자기의 눈에는 임금의 아름다운 옷이 보이지 않지만 임금이 실제로 아름다운 옷을 걸치고 있는 게 틀림없다고 믿었다고 보아야 할 것입니다. 이런 일은 우리 사회에서도 비일비재합니다. 제오공화국이 저지른 비리 사건을 다루는 국회청문회 자리에서 그 동안 국가정치를 맡았던 지배세력들이 눈 하나 깜짝하지 않고 거짓말을 밥 먹듯이 했는데도 거짓말을 한 대가를 치른 사람은 찾아보기 힘듭니다. 도리어 그 가운데 많은 사람이 뒤이은 제6공화국의 지배세력으로 다시 떠올랐습니다. 또 지난 제14대 국회의원 총선거에서 조직적인 관권선거가 저질러졌다는 사실을 폭로한 어느 군수는 진실을 말한 죄로 감옥에 갇히고, 그 군수에게 관권선거를 하도록 압력을 넣은 사람들은 누구 하나 다치지 않고 거리를 활보하고 있습니다. 이처럼 거짓이 참으로 둔갑하고 참말을 하는 사람이 거짓을 일삼는 사람들의 손에 박해를 받는 세상에서는 바른 말을 하고 정직하게 글을 써야 한다는 가장 자연스러운 요구에 따르는 일조차도 엄청난 용기가 필요합니다.

아이들의 삶도 크게 다르지 않습니다. 거짓말이 판치는 세상에서 살아온 어른들은 아이들에게도 거짓말을 하도록 부추깁니다. 어쩌다 '정직한 사람이 되라'고 타이르는 어른이 없지 않지만 그런 타이름은 공염불에 그치고 맙니다. 왜냐 하면 참과 거짓이 뒤바뀐 세상에서는 무엇이 거짓말인지 가려보는 능력이 퇴화되어 아이들을 참삶으로 이끄는 것이 거의 불가능해지기 때문입니다. 안델센의 동화에서 '임금님이 벌거벗었다'고 말함으로써 어른들을 일깨운 아이는 행복한 편입니다. 우리 사회에서 그런 아이가 나타난다면, 부모는 그 아이의 입을 틀어막으면서 주위의 눈치를 살피거나 '너 왜 또 그런 거짓말을 하니?'하고 머리를 쥐어박으며 심하게 잡도리를 할 것입니다. 그러니 아이들에게 정직한 글을 쓰라고 일깨워주는 일은 쉽지 않습니다. 또 그런 요구를 하는 선생님들은 박해를 받을 수밖에 없습니다. 이오덕 선생님이 그 동안 겪어왔던 박해와, 아이들에게 참교육을 하려고 애써온 글쓰기 연구회 선생님들을 비롯한 많은 선생님들의 고난이 이런 현실을 웅변으로 증언하고 있습니다.

정직하게 쓴 글과 꾸며 쓴 글을 가려보는 일조차 쉽지 않은 터에 현실로 있는 것과 없는 것의 영역을 벗어나 있어야 할 것이 무엇이고, 없어야 할 것이 무엇인지를 제대로 가려보는 능력이 요구되는 가치 있는 글을 쓰도록 이끄는 일이 얼마나 어려울지는 짐작이 가고도 남습니다. 그러나 아무리 어렵다 해도 포기할 수 없는 일이 있는데, 아이들에게 가치있는 글, 좋은 글을 쓰도록 이끄는 일도 그 중 하나입니다. 이오덕 선생님이 초기에 정직한 글을 강조하다가 나중에 가치있는 글을 강조한 까닭이 어디 있는지 살펴볼 필요가 있습니다.

아다시피 정직하게 쓴 글은 앞에서 말한대로 있는 것은 있다고 쓰고 없는 것은 없다고 쓴 글, 같은 것을 같다고 쓰고, 다른 것을 다르다고 쓴 글이므로 증언의 성격을 띱니다. 우리는 아이들이 쓴 바른 증언을 통해서 아이들의 삶이 어떤 처지에 있는지 바로 알 수 있습니다. 아이들이 무엇을 어떻게 느끼고 생각하고 있는지, 아이들을 둘러싼 가정과 학교와 사회가 아이들의 삶에 어떤 영향을 미치고 있는지 바로 아는 것이 아이들 교육에 얼마나 중요한지 모르는 분은 없으리라고 믿습니다.

이제 '글쓰기 교육의 이론과 실제' 첫째권에서 이성인 선생님이 든 보기글(시를 쓰며 살아가는 어린이-193쪽)을 예로 들어봅시다.

똥다리

우리 동네에 똥다리
옛날에는 밑에 흐르던
물이 맑았다고 하신다.

지금은 공장이 생기면서
폐수가 흐르면서
물이 드러워졌다.

똥다리라고 왜 하는가
폐수만 버리는 것
아니고
똥까지 공장에서 버려서
똥다리라고 하는 것 같다
나는 옛날 그 다리
보고 싶다.

국민학교 6학년 학생이 쓴 글인데, 아주 정직하게 쓴 글입니다. 맑고 깨끗한 눈에는 현실이 있는 그대로 비칩니다. 똥다리는 똥다리 그대로, 오염된 시궁창물은 시궁창물 그대로 드러납니다. 우리는 아이의 이 시를 보면서 옛날에 있었던 것(맑은 물)이 없어지고, 옛날에 없었던 것(더러워진 물)이 오늘 있는 것을 봅니다. 옛날에 있었던 것(맑은 물)은 지금 없지만 있어야 할 것입니다. 또 지금 있는 것(더러운 물)은 현실이지만 없어야 할 것입니다. 이렇게 무엇이 왜 있고, 무엇이 왜 없는지가 정확하게 드러나야만 그것을 바탕으로 해서 지금 있는 것(더러운 물)이 왜 있게 되었는가, 꼭 있어야 할 것인가, 만일에 없어야 할 것이라면, 어떻게 하면 없앨 수 있는가 원인을 캐고 대처방안을 세울 수 있습니다. 마찬가지로 지금 없는 것(맑은 물)이 왜 없어졌는가, 없어도 되는 것인가, 만약에 있어야 할 것이라면, 어떻게 하면 있게 만들 것인가를 따지고 모색할 수 있습니다. 그릇된 현실을 바꾸어내는 힘은 그릇된 현실을 바로 보는 것에서 생겨난다는 점에서 정직한 글은 좋은 글, 가치있는 글의 전제조건입니다. 없어야 할 것(더러운 물)이 있고, 있어야 할 것(맑은 물)이 없다는 점에서 지금 '우리 동네'는 나쁜 동네가 되어버렸습니다. 이 나쁜 동네를 좋은 동네로 바꿔내는 일은, 있어야 할 것(맑은 물)을 있게 만들고, 없어야 할 것(더러운 물)을 없애는 데서 출발합니다. 이런 뜻에서 좋은 글, 가치 있는 글은 좋은 세상, 가치 있는 삶을 지향하는 의지를 불러 일으키고, 그 의지를 실천으로 이끄는 글이라고 할 수 있겠습니다.

앞에서 본 글과 다음에 소개하는 글을 견주어 봅시다. 이것도 국민학교 6학년 학생이 쓴 것으로 되어 있지만 이 시를 소개한 이우영 선생님(어린이의 시 어떻게 볼 것인가-『글쓰기 교육의 이론과 실천 I』 371쪽)은 이 글을 '어른들이 조작해 낸 어린이 시'로 분류하고 있습니다. 왜 그런지 읽고 따져봅시다.

시골 아침

어머니는
아궁이에 새벽을
태우고 있다
솥 안엔
아침이 끓는 소리
그제야
잠꾸러기 앞산은
하얀 안개빛
커어튼을 말아 올리고
울 아래엔
짹짹짹
아침을 쪼아 먹는 참새들
나는 산새 울음을
신나게 쓸어 모으고 있다.

이 글은 전국 백일장에서 장원쯤 했을 시입니다. 더께가 덕지덕지 앉아 있는 어른들의 눈에는 '똥다리'가 부정적인 현실을 평범하게 나

열한 데 그친 반면에 이 시는 현실을 긍정적으로 아름답게 형상화해 낸 것으로 보이기 십상입니다. 그러나 이 시가 아이 손으로 쓴 것이 아니라는 점은 둘째로 치더라도 이 시에 분칠한 모습으로 드러나 있는 농촌의 모습이, 있어야 할 것이 없고, 없어야 할 것 투성이인 농촌 현실을 철저히 가리고 있다는 점에서, 그리고 그런 관념의 조작을 통해서 시골에 살고 있지 않은 많은 사람들로 하여금 농촌의 현실문제를 제대로 보지 못하도록 기만하고 있다는 점에서, 우리 나라 젊은이들을 일본 제국주의 침략전쟁에 앞장서도록 부추긴 서정주, 모윤숙, 노천명 같은 이른바 순수시인들의 '참여시' 못지 않은 반동성이 이 시의 밑바닥에 깔려 있습니다. 왜 이런 시가 아이의 이름으로 버젓이 나와 백일장같은 데서 상을 타게 될까요? 여기 그 해답이 있습니다.

"…… 이런 교육(흔히 학교에서 글로 쓰게 하는 거짓말)을 맡아온 아이들은 말과 글을 자기의 삶과는 전혀 다른 것으로 알아 거짓말을 예사로 하고, 진실성이 없는 글을 머리로 만들어내는 것을 글재주로 자랑삼는다. 참으로 용서할 수 없는 죄를 교육자들은 지었다고 하지 않을 수 없다. 교사들이 이런 교육을 하는 핑계는 문학작품을 쓰는 어른들이 실제로 경험한 것만을 쓰는 것이 아니라 있을 수 있는 이야기를 꾸며 만들어 쓰는 데 근거를 둔다. 즉, 아이들이 쓰는 글을 어른들이 쓰는 문학작품과 같은 것으로 보고, 그렇게 지도하는 것이다. 그래서 아이들이 쓰는 글의 이름도 어른들의 것과 똑같이 '동시'라고 하고 '문예'라고 하는데, 이런 잘못된 교육이 수십년 동안 문예지도 교사들에 의해 이어오다가 얼마 전부터는 아주 교과서에 그 지도 방법이 교재로 채용되어 버렸으니 참 어이가 없다. 이제는 아이들이 어른들의 글을 흉내내어 쓰는 짓을 아주 교과서로 배우고 있는 것이다.

왜 교사들이 거짓 이야기를 아이들에게 쓰게 하는가 하면, 교육을 잘해서 아이들이 착하고 모범적인 아이들이 되었다는 것을 글짓기로 보이기 위해서다. 그런 글짓기를 행정이 요구하고, 글짓기 대회같은 행사도 그런 내용의 글을 뽑아서 상을 주기 때문이다. 다시 말하면 교사들은 자기들의 교육 실적을 잘 꾸며 보여서 '점수를 따기 위해' 아이들에게 거짓 글을 쓰게 하는 것이다.

아이들이 조금이라도 정직한 이야기를 쓰고, 자기들의 아픈 마음을 쓰면 행정하는 사람들은 '왜 그런 부정적인 글을 쓰게 하나', '명랑한 이야기를 쓰게 하라', '아이들에게 꿈을 그리게 하라'고 말하니, 교사들은 지레 겁을 먹고 거짓스런 글을 쓰게 하게도 되었다. (이오덕, '무엇이 참교육인가', 『참교육으로 가는 길』 60～61쪽)"

다시 '벌거벗은 임금님' 이야기로 돌아갑시다. 어른들은 이렇게 생각합니다. '임금님은 벌거벗을 수도 없고 벌거벗어서도 안 된다. 따라서 벌거벗었을 리가 없다. 그러므로 만일에 임금님이 벌거벗은 모습으로 길거리에 나섰다면, 잘못은 벌거벗은 임금님에게 있는 것이 아니라, 벌거벗은 것으로 보는 우리에게 있다.' 이런 어른들이 아이들에게 현실을 있는 그대로 보도록 허락할 리가 없습니다. 벌거벗은 현실에 환상의 분을 발라 아름답게 꾸며내는 것—이것이 글쓰기 지도 교사의 몫이 되어 버린 판입니다.

들로 가신 엄마 생각,
책을 펼치면
책장은 그대로
푸른 보리밭

이 많은 이랑의
어디만큼에
호미 들고 계실까?
우리 엄마는…….

글자의 이랑을
눈길로 타면서
엄마가 김을 매듯
책을 읽으면,

줄을 선 글자들은
싱싱한 보리 숲.

땀 젖은 흙냄새
엄마 목소리.
(1990년 3월 1일에 문교부가 펴낸 국민학교 국어 말하기·듣기 6-1, 68쪽)

이 글과 국민학교 6학년 학생이 직접 쓴 아래 글을 견주어 봅시다.

어머니께서 한번도 안 해 보던 나무를
깊은 산 속에 가서 해 올라(오려고) 하신다.
나는 가슴이 덜컹 했다.
언니도 나도 동생도 다 같이
엄마는 집에 있어!
우리가 가서 나무 해 가지고 올께 엄마,
하니까 엄마는 막 꾸중하신다.
학교는 안 가고 나무하러 가나?
아예 그런 소리 말라 하신다.
눈물이 나왔다.
아버지가 살아 계셨더라면
엄마가 저런 고생 안 하실 텐데,
세상이 원망스러웠다.
(1978년에 이오덕이 엮은 『일하는 아이들』 160쪽, 글쓴이 상주 청리 국민학교 6학년 정명옥)

꾸며댄 '엄마-자식'과 현실의 '엄마-자식' 간의 거리는 이렇게나 멉니다.(교실에 앉아서 밭에 나가 김을 매는 어머니를 생각하는 시골 국민학교 3학년 학생의 글을 한편 더 살펴보면 이 거리가 얼마나 먼지 실감할 수 있을 것입니다. '우리 어머니는 /아기를 업고 가서 /밭을 매요. /내가 아기를 /봐주마(보아주면) 좋겠어요'(『일하는 아이들』 120쪽))
 제가 방금 보기로 든 시골 아이들의 글과는 달리 교과서에 실린 위와 같은 꾸며댄 글을 좋은 글, 가치 있는 글로 알고 자라는 아이들이 벌거벗은 임금님을 보고, '야, 임금님이 벌거벗었다!' 하고 외칠 수 있을까요?

아이들의 눈을 현실에서 떼어놓으려는 어른들의 이 집요한 세뇌작업이 노리는 것은 무엇일까요? 고통스러운 현실의 삶을 아름답게 치장하려는 이 야바위 놀음에는 어떤 뜻이 담겨 있을까요? 이런 글을 써서 교과서에 싣는 어른도 우리 농촌 현실의 어려움을 모르지는 않을 것입니다. 그런데도 그런 현실을 애써 외면하고 '긍정적'(?)인 측면만 보려는 데는 그럴만한 까닭이 있습니다. 이 세상에는 없어야 할 것이 있어서 이익을 보는 어른들이 있습니다. 억압과 착취를 일삼으면서 이기심과 탐욕에 가득차서 혼자 잘 살겠다고 하는 사람들이 있습니다. 이런 사람들에게는 있어야 할 것이 없고, 없어야 할 것이 있는 이 세상이 나쁜 세상이 아니라 오히려 좋은 세상입니다. 이런 세상이 천년 만년 계속되어야 합니다. 그러기 위해서는 많은 사람들이 나쁜 세상의 부정적 현실을 못 보게 막아야 합니다. 어렸을 때부터 나쁜 현실도 좋게 보도록 길들여야 합니다. 현실을 긍정하고 현실에 순응하도록 해서 자기 잇속을 차리려는 무서운 음모가 이런 시 속에 또아리를 틀고 있는 것입니다.

있는 것을 있는 그대로, 없는 것을 없는 그대로 솔직하게 증언하는 정직한 글이 비판적이고 부정적으로 보이는 까닭은 다른 데 있지 않습니다. 억압이 있으니까 억압이 있다고 쓰고, 착취가 있으니까 착취가 있다고 쓰는데, 무슨 문제가 있겠습니까? 그런데도 그것을 못마땅하게 여기는 사람이 있다면, 그 사람은 자기가 억압자이고 착취자임을 드러내는 데 지나지 않습니다. 그러니까 자유와 평등, 평화와 우애, 협동과 사랑이 가득한 좋은 세상에서는 정직한 증언이 전혀 문제될 게 없습니다. 그런 세상에서는 정직한 글은 비판적이고 부정적으로 보이기는커녕 고무적이고 긍정적으로 보입니다. 정직한 글이 비판적이고 부정적으로 보인다면, 탓은 글에 있는 것이 아니라 현실에 있습니다. 있어야 할 것이 없고 없어야 할 것이 있는 현실을 좋게만, 아름답게만 그리라고 요구하는 것은 거짓말을 하라는 말과 다름없습니다. 거짓말을 해서 현실이 좋아지고 아름답게 바뀔 수 있다면 천번 만번이라도 거짓말을 해야 하겠지요. 그러나 거짓말로는 현실을 바꿀 수 없습니다. 도리어 현실의 참된 모습을 가림으로써 그릇된 현실을 바로잡는데 훼방을 놓기 쉽상입니다.

  정직한 글 쓰기에서 가치 있는 글 쓰기로 옮아가는 단계에서 부딪치게 되는 어려움은 무엇이 왜 어떻게 있는가를 증언하는 일보다 무엇이 왜 어떻게 있어야 하는가를 제시하는 일이 더 까다롭다는 데 있습니다. 왜냐하면 있어야 할 것에는 지금 있는 것뿐만 아니라 아직은 없는 것도 포함되기 때문입니다. 아직은 없는 것, 그러나 꼭 있어야 할 것을 가려내고, 있게 만들려면 올바른 지향과 꿋꿋한 의지와 창조적 실천이 따라야 합니다. 가치있는 참삶을 가꾸는 길잡이가 되지 못하면, 글에 무슨 가치가 있겠습니까? 지금은 있지만 없어야 할 것이 무엇인지, 왜 없어야 하는지, 어떻게 없앨 수 있는지를 밝히는 글도 가치있는 글이라고 할 수 있으나, 없어야 할 것을 없애는 것으로만은 좋은 세상이 저절로 오지 않으니까 반드시 이미 있지만 없어야 할 것을 없애는 실천에 뒤이어 아직은 없지만 있어야 할 것을 새로 만드는 실천이 따라야 하고, 그러려면 새 세상의 전망을 담고 있는 창조적인 글쓰기가 필요합니다.

무엇을 쓰게 할 것인가
— 쓸거리 찾기 지도 —

이 우 영

1. 글감(쓸거리) 찾기의 중요성

아이들의 글을 보면 대개 글감이 제목인 경우가 많다. 그래서인지 제목만 보아도 '아, 이것은 한 번 읽어 볼 만하구나.' 하는 생각이 든다. 글을 읽어도 재미가 없거나 감동을 주지 못하는 글을 보면 대개가 글감이 잘못된 경우가 많다. 많은 아이들이 글 쓸 때 '어떻게 써야 하나' 하는 점에 앞서 '무엇을 쓸 것인가' 하는 점에서 실패하고 있다. 특히 시나 주장하는 글, 설명하는 글의 경우는 더욱 그렇다. 그 까닭은 잘못된 교과서 때문이다. 교과서에 나오는 글들을 보면 거의가 아이들의 생활 경험과는 거리가 먼 소재들인 데다, 아이들의 마음에 있지도 않은 생각이나 느낌이 들어간 글로 꽉 차 있다. 그런 글을 잘 쓴 글, 좋은 글이라고 배우니 흉내내기를 좋아하는 아이들로서는 글을 쓰라면 으레 그런 글들의 글감에만 맴돌고, 결국 삶이 빠져버린 재미없는 글이 되고 만다.

아이들에게 글쓰는 일이 자신의 삶을 가꾸는 글쓰기가 되게 하기 위해선 무엇보다도 올바른 글감 찾기 지도가 중요하다. 그 까닭은 어떤 글감을 선택하는가에 따라 글쓰기의 방향이 결정되기 때문이다. 그런 점에서 이오덕 선생님이 제시한 글감 찾기 지도의 원칙을 다시 한 번 되새겨 보자.

첫째는, 무엇보다도 글감을 강요하지 말 것이다. 어디까지나 아이들 스스로 찾아 내어야 한다.
둘째는, 삶을 리얼하게 보도록 하는 글감 찾기 지도가 되어야 한다.
셋째는, 아이들의 재능을 키워 주고, 생각을 깊게 해 주는 글감 찾기가 되어야 한다.
넷째는, 쓰고 싶은 의욕이 왕성해지도록 하는 글감 찾기 지도가 되어야 한다.
(이오덕, 『삶을 가꾸는 글쓰기 교육』 95쪽)

어떤 글감이냐에 따라 글쓰기가 지겨운 일일 수도 있고, 즐거운 일이기도 하기 때문에 글감 찾기는 중요하다. 또, 좋은 글감으로 글을 쓸 때 좋은 글이 나오기 마련이다. 그렇기 때문에 위에 제시된 원칙은 두고두고 새겨야 한다.

2. 자신의 직접 경험에서 글감을 찾도록 하자

아이들의 글감은 대체로 (1) 한 일 (2) 본 일 (3) 들은 일 (4) 생각한 일 중에서 찾아 쓰도록 하는 것이 좋다. 물론 시간이 많이 지나 그 때의 감흥을 생생하게 불러일으킬 수 없는 것은 피하고, 방금 전에 있던 일, 오늘 있던 일, 어제 있던 일과 같이 기억에 생생하게 남아 있는 일 가운데서 글감을 찾도록 하는 것이 좋다. 그래도 시간이 많이 지나 순간적인 감흥이 많이 지워진 글감을 고르는 아이에게는 최근에 겪은 여러 가지 일들을 모두 써 보게 한 다음 그 가운데 가장 마음에 남아 있는 일을 골라 쓰게 하는 지도가 필요하다.

글감을 보면 자신의 직접 경험에서 찾은 경우와 간접 경험에서 찾은 경우, 이렇게 크게 둘로 갈라진다. 직접 경험의 경우에는 체험을 바탕으로 그 때의 감흥을 생생하게 되살려 쓸 수 있으므로 글도 자세해지고, 다른 이의 공감을 불러일으킨다. 그러나 간접 경험에서 찾은 경우(사회성이 짙은 글의 대부분이 여기에 해당한다.)는 글도 자세하지 못할 뿐더러 관념에 치우친 글이 되고 만다.

〈보기글 1〉

무서워진 세상

서초국교 4학년 이정민

또 사건이 발생하였다. 재갈이 물리고, 목이 졸렸고, 흉기로 여러 군데의 상처가 입었다고 한다. 참 너무하기도 하지. 꼭 누굴 납치해 재갈을 물려 목을 졸라 죽여야만 하는가? 상대편의 돈을 훔치면 누구에게 이익이 되는가? 훔치면 잡히고, 훔치면 잡히는데 왜 자꾸 이러한 사건을 저질러야만 하는가?

바늘도둑이 소도둑 된다는데 1년 후엔 세상이 어떻게 될 것인가? 이런 일을 책임질 수 있는 것도 아니면서 누가 이익을 보길래 그런 일을 하는 것인가? 그런 일이 빨리 없어졌으면. (1990. 11. 10)

〈보기글 2〉

버스 정류장에서 있었던 일

서초국교 4학년 이혜영

오늘 버스 정류장에서 버스를 타려고 하는데 어느 아이가 버스 정류장으로 오고 있었다. 운동화도 제대로 신지 못했으며, 옷도, 머리도, 가방도 모두가 깨끗하게 잘 정리되어 있지 않았다. 그저 뜯어진 가방과 비닐봉지에 넣은 준비물 밖에는 손에 든 것이 없었다. 그런데, 그 아이의 행동을 잘 살펴보았더니 아가씨들만 따라가면서 무어라고 중얼거렸다. 나는 그 말이 너무나도 궁금하였다. 나는 계속해서 그 아이의 행동을 쳐다보았다. 그런데 그 아이는 여자인지 남자인지 구분되어 있지 않았다. 그런데, 바로 내 앞에서 중얼거려 들을 수가 있었다. "저, 차비 좀 주세요…" 나는 이 소리를 듣자마자 그 아이가 왜 어른들을 따라다녔는지 알 수 있었다. 그런데 어른들은 그렇게 무책임한가? 아까부터 지켜 본 나는 화가 나기도 했다. 그 애가 따라다닐 때마다 어른들은 들은 척 만 척 했기 때문이다. 그 애가 무척이나 불쌍했다.

그런데 내 앞에서 얘기 했을 때 아가씨는 차비를 주었다. 그 아가씨가 너무 착하다고 느껴졌다. 그런데 차비를 받은 아이는 그 차비로 버스를 타면 될 것이지, 왜 버스는 타지 않으며, 또 다른 사람들에게 달라고 하는가? 너무 궁금했지만 그것까지 내가 알려고 하지 않았다. 그렇다! 왜 이 세상에는 가난한 사람과 불쌍한 사람이 있는 것인가? 모두 공평하게 태어났으며, 모두가 한 목숨인데 왜? 어떻게? 이렇게 차별이 되는 것인가? 이럴 수는 없는 것이다.
　이 세상에는 이 아이말고도 많다. 또 이 세상에는 이와 아주 다른 아이도 있을 것이다. 이 세상에서도 이런 아이들 모두 우리와 같이 공부하며, 뛰어 놀아야 한다. 우리 모두 하나가 되어보자. (199 . 11. 15)

3. 직접 해보고 글을 쓰게 하자

　이미 지난 일 중에서 글감을 고르는 것보다 무엇인가 의미있는 일을 해보고 글을 쓰게 하면 글이 훨씬 더 생생해지고 가치있는 글이 된다.

〈보기글 3〉

빨래하기
경기 미금국교 5년 박명희

　나는 저녁에 TV를 다 보고 내 양말과 바지를 빨았다. 화장실에 가서 바가지를 들고 욕조에 있는 물을 푼 다음, 양말과 옷에 물을 적셨다. 바지에다가 비누칠을 했다. 비누는 아주 조금해서 내 손에서 자꾸 빠져나가는 것이었다. 나는 화가 나서 비누를 조금 잘라낸 후 옷에다 넣고 손으로 비비기 시작했다. 다 비빈 옷은 한 쪽에다 놓고, 양말도 똑같이 비누를 조금 떼어서 손으로 비볐다. 다 빤 후 세수대야에다가 바지와 양말을 넣고 욕조에서 바가지에다 물을 뜬 다음 세수대야에다 물을 부었다. 거품이 아주 많이 났다. 그래서 옷과 양말을 빼어 다시 바닥에다 놓고 세수대야에 물을 부어서 옷을 집어 넣었다. 이렇게 두 번을 헹구고 나서 세탁기의 코드를 꼽은 다음, 세탁기 문을 연 다음 옷을 넣었다. 그리고 호스를 내려놓고 '동작'이라는 단추를 누르니 돌아가면서 호스로 물이 나오기 시작했다. 4-5분 지나니 '삐삐' 하는 소리가 났다. 나는 세탁기 문을 열고 빨래를 끄낸 다음 보일러실로 가서 빨래줄에 걸어 놓고 보일러실 문을 닫았다.
　우리 엄마가 내 뒷바라지와 내 빨래를 얼마나 힘들게 하시는가를 알겠다. 이제부터라도 내 빨래는 내가 하도록 노력하겠다. '엄마, 감사합니다.' (1992. 3. 22)

5학년 실과책 첫 단원에 빨래하기가 나온다. 그래서 숙제로 빨래를 해보고 난 다음 글을 써오라고 했더니 이런 글이 많이 나왔다. 역시 마찬가지로 5학년 도덕과 첫 단원이 '땀흘려 일하는 보람'이기에 아이들에게 무슨 일이든지 땀이 나도록 일 해보고 글을 써오라 했다.

〈보기글 4〉

세수한 자동차

경기 미금국교 5년 김민애

나는 학교에서 다녀오자마자 할 일이 없나 하고 살펴 보았다. 마침 외삼촌께서 차를 닦으신다 해서 나도 함께 돕기로 했다.

그런데 솜뭉치가 한 개밖에 없어 할 수 없이 나는 손으로 구석구석 솜뭉치가 하지 못할 곳을 닦았다. 손이 조금 시려웠지만 재미있었다. 엄마께서 삶은 달걀을 주셔서 나는 하다 말고 손을 씻고 먹었다. 그런데 삼촌께서, "다 닦고 먹어야지."하셨다. 그래서 나는 달걀을 먹다 말고 청소를 했다. 청소를 하고 있는데 옆에 지나가시던 할머니께서 "세수시키네, 자동차"하셨다.

맨 처음에는 추웠지만 다 하고나니 더웠다. 그리고 즐거웠다. (1992. 3. 6)

대부분의 교과학습이 이론 공부에 그치고 마는 경우가 많은데 이렇게 교과학습과 관련해서 실지로 해보게 한 다음 그것을 글로 써보게 하거나, 교과와 관련한 것이 아니더라도 의미있는 일이라 생각되는 것을 아이들이 직접 해보게 한 다음 글을 쓰게 하면, 그야말로 삶을 가꾸는 글쓰기 교육이 된다.

4. 글감을 어떻게 제시할 것인가

교사가 일방적으로 글감을 제시한 것을 제목으로 글을 써 버릇하던 아이들에게 자유롭게 글감을 찾아 써보라면 무엇을 써야 할 지 몰라 망설이다 시간만 보내는 아이들이 많다. 그래서 이것 저것, 예를 몇 개 칠판에 적어주고 그 중에서 골라 쓰든지, 아니면 다른 무엇을 써도 좋다고 하면, 하나같이 '선생님, 이것 써도 돼요?"하고 묻는다. 글감은 아이들 스스로 정하도록 하는 것이 좋으나, 구태여 교사가 글감의 범위를 제시하고자 한다면 낱말의 형태가 아닌 문장의 형태로 제시하는 것이 바람직하다. 글의 갈래에 따라 글감 제시의 예를 들면 다음과 같다.

〈서사문〉
어제 한 일 중에서 한 가지를 골라서 쓰세요.
• 길에서 보고 생각한 일, • 동네에서 있었던 일, • 놀았던 이야기, • 집에서 있은 일, • 잊을 수 없는 일, • 남에게 도움을 받은 일, • 실수한 일, • 학원에서 있은 일을 쓰세요.

〈설명문〉
나 혼자만 알고 있는 일을 쓰세요.
• 살아있는 생물을 관찰한 일, • 조사한 일, • 어머니가 하시는 일, • 아버지가 하시는 일, • 요즘 내가 하는 일, • 내가 아끼는 것, • 내가 해 본 집안 일을 쓰세요.

〈감상문〉
요즘 내가 느낀 것 가운데 한 가지를 정해 쓰세요.
• 텔레비젼을 보고 느낀 것, • ~에 대하여 느끼거나 생각한 것, • 꼭 하고 싶은 이야기, • ~가 싫어질 때, • ~가 좋을 때

이 밖에도 여러 가지 글감이 있다. 아이들에게 조그만 수첩을 가지고 다니면서 그때 그때 본 것, 들은 것, 생각한 것들을 적어두게 하였다가 글쓰기 시간에 글감 수첩을 보고 쓰고 싶은 것을 쓰게 하면 좋다. 아니면 일기장을 들춰 보면서 더 자세히 써 보고 싶은 글감을 찾아 보게 할 수도 있다.

일기를 쓸 때 쓸 것이 없다고 하는 어린이들이 많은데, 이 경우에는 교사가 글감 찾기표를 복사해서 나누어 준 다음 일기장 맨 앞장에 붙여 놓고 쓰게 하는 방법도 있다.

서사문 쓰기 지도
― 글쓰기 교육의 기본 ―

주 순 중

1. 겪은 일 쓰기 지도의 중요성

겪은 일을 쓴 글을 서사문이라고 한다. 말 그대로 겪은 일 쓰기는 자신이 겪은 일―한 일, 본 일, 들은 일―을 쓰는 것이다. 어린이들이 쓰는 글 가운데 가장 많이 써야 하는 글이 서사문이다. 아이들 글뿐 아니라 어른들이 쓰는 글도 서사문이 모든 글의 뿌리가 되어 있다. 일기는 말할 것도 없고, 수필, 기행문, 감상문, 기사문도 서사문이 그 바탕이고, 동화나 소설은 바로 서사문이다.

서사문은 이렇게 모든 글의 기본이 되므로 글쓰기 지도에서 가장 힘을 들여 지도해야 할 글이다. 서사문 지도를 제대로 하지 않고는 그 다음에 어떤 글 지도도 제대로 하기 어렵다.

그런데 여기저기 실리는 아이들 글을 보면 제대로 된 서사문이 거의 없다. 심지어 글쓰기회 회원들이 낸 문집에서조차 찾아보기 힘들다. 이렇게 된 까닭은 아마 교사들이 서사문 지도의 중요성을 잘 알지 못하거나, 아니면 서사문이 뭔지도 모르는 탓이 아닌가 하는 생각이 든다. 이른바 우리 나라에서 '일류'라고 하는 대학과 대학원을 졸업한 사람들이 전문직이라고 할 연구소에 들어와서 보고서나 계획서를 써 내라고 하면 아무리 읽어봐도 무슨 말인지 모를 그런 글을 써 낸다고 한탄하는 소리를 들은 일이 있다. 지금 우리 나라 교육을 보면, 그건 너무나 당연한 일이다. 그래서 글쓰기 교육을 제대로 하겠다고 쓰기 교과서를 만들어 냈는지 모르지만, 그것으로 만족스런 글쓰기 교육이 되기는 어려울 것 같다.

2. 요령에 맞게 쓰기

아이들 글을 보면 감상문이 많고 어른들 —교사나 부모— 한테서 들은 말을 다시 나열하는 관념적인 설명이나 주장을 쓴 글이 많은데, 그것보다는 자기가 겪은 사실들을 자세하고 정직하게 쓰는 것부터 가르쳐야 한다. 곧 '본 대로, 들은 대로, 한 대로' 쓰게 하는 것이다.
 그러자면 무슨 일(또는 사물)이든 자세하게 보는 버릇을 들여야 한다.
 그렇게 한 다음에는 서사문 쓰기의 기본 요령을 알려 준다. 다 알고 있듯이, 서사문 쓰기의 기본 요령은 '누가, 언제, 어디서, 무엇을, 왜, 어찌하였다'는 여섯 가지가 분명하게 나타나도록 글을 쓰는 것이다. 이 여섯 가지가 뚜렷하게 나타나야만 제대로 쓴 서사문이 된다.
 아이들이 쓰는 글에서 가장 잘 빠뜨리는 것이 언제(때), 어디서(곳)이다. 아마 자신은 알고 있으니까 안 밝혀도 되겠지 하는 생각으로 그럴 테지만, 글은 자신만 읽으려고 쓰는 게 아님을 알고 처음부터 여섯 가지 요소를 빠짐 없이 쓰는 습관을 들이도록 한다.
 글을 쓰기 전에 알맞은 보기글을 읽어 주거나 보여 주면 아이들이 글을 쓰는 데 많은 도움이 된다.
 다음 보기글을 보자

의자

6년 남

 승민이가 의자가 너무 작다며 내 의자와 바꿨다. 그것을 보고 "승민아! 양심에 찔리지도 않니?" 물어봐도 "뭘 말하는 거야? 아! 그거? 모르고 걸레를 거기다 놨어. 미안해." 하고 딴 이야기를 하는 거다. 할 수 없이 그 의자에 앉았다. '승민이도 너무 불편해서 바꿨겠지. 원래 그런 아이가 아닌데 이틀만 참고 앉지. 이 정도로 친구 우정을 깰 순 없지.' 생각하며 승민이를 보고 웃으며 앉았다.

　이 글에는 때가 밝혀져 있지 않다. 마치 글의 중간을 뚝 자른 듯 불완전하다. 그리고 이 글만 봐서는 학교에서 일어난 일인지 학원에서 일어난 일인지 잘 알 수 없다. '오늘 낮에 학교에서 있었던 일이다. 첫째 시간을 마치고 뒤에 앉은 승민이가' 이런 정도의 내용이 앞에 있었더라면 글이 더 분명했을 것이다.

불쌍한 사람
6년 여

　불쌍한 사람을 보았는데 너무나 불쌍하여 이런 생각을 했다. '이 나라는 가난한 사람과 불쌍한 사람이 많은데 여 대통령이 되어 가난한 사람을 도와 주겠다고……'

　이 글 역시 '언제, 어디서, 어떤' 불쌍한 사람을 보았다는 말이 없다. 뒤에까지 읽어 봐도 그런 말이 나와 있지 않아 아마 이 어린이는 일기를 쓰기 위해 거짓말을 하고 있는 게 아닌가 하는 생각이 든다.

벽보
6년 여

　집으로 가다가 전봇대에 할머니, 할아버지 들이 분무기를 들고 열심히 벽보를 긁고 계셨다. '참 좋은 일들을 하고 계시는구나' 하고 생각하면서 이런 말이 떠올랐다. '벽보 붙이려면 일 분, 벽보를 떼려면 한 시간'이란 말이다.
　사람들은 참 이상하다. 벽보를 자주 전봇대에 다 붙이면 거리도 더럽고 사람들도 불쾌해 하는데 자꾸 왜 거리에다 붙일까? 어른들은 생각이 짧은 것 같다.

　이 글도 '집으로 가다가' 하는 말만으로는 때가 분명하지 않고, '전봇대'라는 말이 있긴 하지만 어디에 있는 전봇대인지 막연하다. '학교 끝나고 집으로 가다가' 하든지 '골목길 옆에 있는 전봇대에' 이렇게 써야 읽는 사람이 뚜렷하게 알 수 있다. 또, 할아버지 할머니들이 힘들게 벽보를 긁고 계신 모습을 더 자세히 썼더라면 훨씬 살아 있는 글이 되리라 본다. 본 일을 제대로 표현하지 못하고 있다.

그렇다고 언제나 글 앞머리에 언제, 어디를 의식적으로 밝히라는 것은 아니다. 자기가 한 일을 제대로 자세하고 정확하게 쓰기만 하면 때와 자리가 저절로 나타나게 되어 있다.

3. 실감나게 쓰기

중앙 현관

6년 이웅식

'땡' 드디어 점심 시간이 돌아왔다. 난 빨리 밖에 나가 놀고 싶어서 밥을 빨리 먹었다. 밥을 빨리 먹은 뒤 규성이와 같이 밖에서 조금이라도 단 1분이라도 더 많이 놀려고 계단을 마구 뛰어갔다. 규성이는 세 칸을 한 번에 가기도 하였다. 드디어 중앙 현관까지 왔다. 그런데 나와 규성이는 넘지 못하고 있었다. 그 이유는 바로 앞에 주번 두 명, 그리고 교감 선생님과 교감 선생님에게 혼나고 있는 아이들이 있었다. 마치 그곳에 호랑이라도 있는 듯 발이 더 이상 바닥에서 떨어지질 않았다. 다른 꼬마 아이 두 명도 나와 같은 생각이었는지 중앙 현관을 통과하려 들지 않았다.

그런데 어떤 꼬마 아이 한 명이 느긋이 걸어오더니 겁도 없이 중앙 현관을 떳떳하게 통과하는 것이다. 그런데 그것에 교감 선생님도 주번도 아무 반응이 없었다.

그래서 우리도 그 아이처럼 뒷짐을 지고 떳떳이 중앙 현관을 통과하였다. 마치 북한에서 휴전선을 넘어 남한으로 온 것 같았다.

이 글을 보면 정말 그 때의 상황이 실감나게 표현되어 긴박감마저 갖게 한다. 그 때의 일들이 눈에 보이듯 생생하게 그려져 있다.

4. 쓰는 차례

서사문은 보통 본 일, 한 일, 들은 일 들을 시간의 흐름에 따라 써 나간다. 어른들의 글에서는 글의 효과나 흥미를 돋구기 위해 순서를 바꿔 쓰기도 하지만 어린이들은 그냥 일이 일어난 차례대로 쓰는 것이 무난하고 자연스럽다.

배고픔
2년 고동환

집에서 조금 늦게 일어나서 세수를 하고 보니 여덟 시다. 그래서 준비물을 챙기니 여덟 시 이십 분이어서 밥을 먹고 간다고 했더니 엄마가 그냥 가라고 해서 속상했다.

학교에서 공부를 하고 있으니까 배에서 쪼르르르 하는 이상한 소리가 났다. 무언가 집히는 게 있었다. 아침을 굶었기 때문인 걸 알아차렸다! 마침 우유 먹는 시간이다.

학교를 끝마치고 집에 돌아와서 밥을 두 그릇을 먹으니 살 거 같았다.

이 글은 아침에 일어나서부터 학교에서 돌아오기까지 일이 시간의 차례대로 나타나 있다. 그러나 다음 글과 같이 현재 일을 쓰다가 과거 이야기를 끌어와 쓰고는 다시 현재로 돌아와 마무리짓는 경우도 있다.

깡패
6년 이웅식

즐거운 첫째 시간이 지나면 나는 꼭 습관처럼 화장실을 간다. 매일 가다가 안 가면 무언가 허전하다. 그래서 나는 그 날 첫째 시간이 지나고 화장실에 갔다.

그런데 화장실 안에는 무엇인가 이상했다. 평소에는 보지 못하던 일이 벌어지고 있었던 것이다. 덩치가 아주 큰 형 한 사람, 그리고 6학년 1반 아니 바로 옆반이니 내 친구라고 할 수 있는 아이 여섯 명이 있었다.

알고 보니 그 불곰같이 덩치가 큰 형은 바로 깡패였다. 나는 겁이 났다. 그 형은 나와 내 친구들을 세워 놓고 돈 다 내놓으라며 내 친구를 때리려고 했다. 나는 그 깡패의 으시시한 목소리에 오줌이 찔끔 나올 뻔했다.

나는 그 형을 자세히 보았다. 땀구멍까지 보일 정도로 그 형을 뚫어지게 쳐다보았다. 순간 불길한 예감이 스쳐 지나갔다. 나는 그 형을 어디선가 본 것 같았다.
　갑자기 5학년 때 생각이 떠올랐다. 그 날 나는 시험 공부를 하고 있었다. 그 이유는 바로 그 다음날이 시험이기 때문이다. 그런데 딩동딩동 소리가 들리며 철주의 목소리가 들려왔다. "웅식아!" 나는 반가워서 얼른 달려가 문을 열어 주었다. 문 밖에는 철주와 태혁이 그리고 처음 보는 아이가 있었다.
　철주와 태혁이는 좋은 친구다. 그리고 우리는 같은 동아 아파트에 살고, 태혁이와는 같은 동이다. 그래서 아주 친하다. 그리고 우리 셋은 같은 5학년 2반이다. 그러나 철주 옆에 서 있는 아이는 처음 보는 아이였다.
　철주가 말하기를
　"얘는 내일 우리 반에 전학 온대. 아까 내가 놀이터에서 놀고 있는데 얘가 나에게 다가와서 이러는 거야. '야, 너 혹시 월천 국민학교 다니니?' 그래서 내가 그렇다고 그러니까, 5학년이냐 그래서 그렇다고 했더니 몇 반이냐고 꼬치꼬치 묻는 거야. 그래서 내가 그렇다고 했지. 그랬더니 얘가 이러는 거야. '야, 참 반갑구나, 나 있잖아 내일 월천국민학교 5학년 2반에 전학 가는데' 5학년 2반 아이들을 소개해 달라고 해서 태혁이네서 놀다가 곧장 너희 집에 온 거야."
라고 말이다.
　그래서 나는 너무 반가워 빨리 방으로 들어왔다. 우리는 내 방에서 재미있게 놀았다. 나는 내 소개를 한 뒤 그 아이에 대하여 들었다. 그 아이의 이름은 '박권'이라고 하며 동생이 두 명 있다고 한다. 그리고 자기는 공부를 꽤 잘 한다고 으시댔다. 뭐, 시험에서 한 개를 틀렸다는 둥, 그런데 그 틀린 한 문제가 양날톱의 사용을 잘못 써서 틀렸다고 했다.
　그런데 그 때는 생각 못했지만 그 아이가 간 뒤 생각이 났는데 양날톱은 1학기 책에 있는 것이 아니라 2학기에 나오는 것이고 요번 시험은 2학기 처음 보는 시험이기 때문에 뭔가 이상하다고 생각했다.
　그런데 시험이 끝났는데 그 박권이라는 아이는 전학 오지 않았다. 너무 이상했다. 그런데 철주가 말하기를 그 아이는 떠돌이라고 했다.
　그런데 그 아이를 만난 지 1년이 지난 뒤 우리 학교 화장실에서 만나다니……. 나는 그 아이가 나를 알아볼까 봐 고개를 푹 숙이고 말도 안 했다.
　친구들이 계속 돈이 없다고 하니 그 깡패는 욕을 하며 우리에게 나 여기 왔다고 말하면 죽인다고 했다. 그리고 중앙 현관쪽으로 도망갔다. 그러자 우리들은 즉시 1반 선생님에게 말했다. 정말 무서웠다.

이 글에는 이야기 속에 또 하나의 이야기가 들어 있다. 꽤 긴 글인데도 아주 자세히 쓰고 있다. 이 정도로 써 나가려면 끈기도 상당히 필요하다.

5. 그 밖에

아이들에게 서사문 쓰기를 지도할 때 '서사문'이니 하는 용어를 쓰지 않는 것이 좋다. 그냥 '겪은 일 쓰기'라고 하면 된다. '본 것을 써 보자, 들은 것을 써 보자. 한 일(놀이, 공부, 심부름 따위)을 써 보자' 이렇게 말하면 된다. 그러나 교사는 아이들 글을 읽고 서사문인지 설명문인지 감상문인지 글의 갈래를 분명하게 알아야 한다. 아이들 글은 서사문이라고 해도 전체가 서사문으로 된 것은 거의 없고, 설명이나 감상이 섞여 있는 글이 대부분이다. 이럴 경우에는 글의 중심이 어디 있는가를 살펴야 한다.

갈수록 아이들이 끈기나 집중력이 부족해지는지 글도 대강대강 쓰고 만다. 생활이 없다 보니 쓸 거리도 마땅치 않지만, 쓸 거리가 있다고 해도 열심히 쓰려는 마음이 없다. 교사는 아이들이 글을 쓰고 싶도록 마음을 부추겨 주고, 생각을 깊이 하고 자세하게 감정을 살려 글을 쓰는 것이 바로 자신을 지키는 일임을 알도록 해 주어야 한다.

아이들에게 글고치기를 지도할 때도 아주 조심해야 한다. 5, 6학년들은 괜히 어려운 한자말을 쓰거나 문장에 기교를 부리기도 하는데 그런 것만 자연스럽게 고치도록 하고, 될 수 있으면 어른 눈으로 아이들 글을 고치지 않는 것이 좋다. 글을 고치기보다 쓰기 전 지도가 잘 되면 자연 고칠 필요 없는 글이 나온다.

여러 가지 감상문 쓰기

주 중 식

1. 감상문이란?

　사람은 누구나 살아가면서 부딪치게 되는 온갖 사물에 대해 저마다 느낌이나 생각이 있게 마련이다. 그것을 쓰게 되면 바로 감상문이 된다.
　'한글학회'의 "우리말 큰 사전"에는 '감상문'을 '느낌글'에서 찾아보게 해 놓고, '느낌글'을 '느낌을 적은 글'이라 풀이해 놓고 있다. 그러니 아예 감상문이란 말을 느낌글이란 말로 바꾸어 쓰는 편이 나을 듯하다. '독후감', '독서 감상문', '영화 감상문'이라는 말보다 '책 읽고 느낀 글', '영화보고 느낀 글'이라 하면 따로 설명하거나 풀이하지 않아도 되니까.

2. 어떻게 쓰도록 할 것인가?

　누가 어떻게 느끼거나 생각하건 거기에 매달려서 생각하지 말고, 나만의 느낌이나 생각을 말하고 쓰도록 한다.
　사람의 얼굴이 다 다르듯이 생각도 다 달라야 정상이다. 어떤 일에 대해서 한 목소리를 내는 것이 하나가 되는 것인 줄 알고 좋아하지만 다른 목소리를 내는 사람들이 서로 잘 어울리도록 하는 것이 참된 하나됨이다. 그런데 우리 주위를 돌아보면 생각이 어떤 틀에 맞지 않으면 큰일 날 줄 알고 한쪽으로 몰고 가려 한다. 어른들이 그렇게 하고 있어서 아이들도 거기에 따라가고 있는 형편이다.

　이렇게 된 데에는 어릴 때부터 자기만의 느낌이나 생각을 나타내는 기회가 없었거나 있더라도 시원찮다고 짓밟혔기 일쑤여서 그렇다.

　그러므로 아이들에게 자기만의 느낌을 말하거나 쓰게 하고, 남다른 점이 있을 때 발표해서 이를 칭찬하고 북돋워 주는 것이 무엇보다 필요하다.

3. 언제 무엇을 써 보게 할까?

　느낌글은 살아가면서 부딪치는 온갖 사물에 대한 자기만의 느낌이나 생각을 쓴 글이다. 그러므로 느낌글은 언제든지 무엇에 대해서거나 다 써 보게 할 수 있다.

　교실에서 쓸 경우에는 아무래도 지도 교사의 관심거리가 쓸거리가 되기도 하는데, 여기서 차차 넓혀 나가서 아이들이 스스로 찾아서 써 보게 하면 될 것이다.

　우리 교실에서 써 본 것을 몇 가지로 나누어 보면 책을 듣거나 읽고 느낀 글, 영화보고 느낀 글, 우리의 삶 가까이 있는 문제나 시사 문제에 대한 느낌, 우리 겨레와 인류의 과제에 대한 생각, 그 밖의 느낌글 같은 것들이다.

1) 책을 읽거나 이야기 듣고 느낀 글

　책읽기는 우선 여러 종류의 책을 가려서 읽게 해야 한다. 학년 수준에 알맞은 것으로 교사가 골라서 정해 주는 것이 좋다.

　우리 교실에서는 읍내 책방에서 쉽게 구할 수 있고 내용이 충실하며 낱권으로 살 수 있는 문고판을 중심으로 한 아이가 한 권씩 사서 돌려가며 읽기를 하였다.

　그리고 한 권 한 권 읽고 나면 일기장이나 글쓰기 공책에 '책읽고 느낀 글'을 꼬박꼬박 써 보게 하였다.

아이들이 책읽기에 재미를 붙이게 하는 데는 교사가 좋은 책을 구해서 읽어주는 방법이 있다. 나는 '이야기 연속 낭독'이라고 하여 날마다 짜투리 시간에 이야기를 입체 낭독으로 들려준다. 말이 입체 낭독이지 그렇게 잘 읽어 주지 못하는데도 저희들이 읽는 것보다 훨씬 재미있다고 귀를 쫑긋 세우고 듣는다. 어떤 아이는 뒷 이야기가 궁금해서 그 책을 사서 몰래 다 읽고 또 듣기도 한다.

다음 보기글 가운데, '김유신을 읽고'는 스스로 찾아서 읽고 느낌을 쓴 글이다.

〈사과나무밭 달님〉을 읽고

이주섭 /5학년

내가 읽은 책 중에서 이 책이 제일 슬픈 것 같다. 특히 그 중에서도 '사과나무밭 달님'과 '똬리골댁 할머니'다.

대강의 줄거리는, 할머니가 6·25 사변이 일어나서 피난 갔을 때 남의 옷을 입고 돌아다니다가 들켜서 도로 갖다 놨는데도 도둑으로 몰려서 도망을 갔다. 다른 사람들은 공동묘지 근처에서 귀신이 나온다는 것이다. 그 귀신은 바로 할머니였다. 할머니는 콩을 훔쳐가지고 볶아 먹는다. 울면서 자기 어머니를 부르는 것이었다. "어머니, 저를 데리고 가줘요." 하고 애원하면서 자기 어머니한테 갔다.

나는 밤에 이 책을 보면서 눈물을 흘렸다. 나는 죽지 않고 살아 계실 때 어머니를 잘 모실 것이다.

또 슬픈 것이 있다. 그것은 '사과나무밭 달님'이다. 어떤 아이의 아버지가 어디로 나갔다. 나가니까 자기 어머니가 갑자기 미쳐 버린 것이다. 그래서 아이들은 학교를 그만두고 자기 어머니를 모시는 것이다. 자기 어머니는 어린아이와 같이 "과자 사 줘", "고기 사 줘"하면서 조른다. 그러면 아들은 무조건 사 준다. 맨 뒤에는 어머니가 달님을 보고 저 달님이 아버지라고 말한다. 그것이 마지막이다.

나는 이것을 읽고 어머니가 살아 있을 때 효도를 많이 해야 한다고 마음 먹었다.

나는 이것을 읽고 나니 '나자렛 아이'라는 제목이 나왔다. 그것은 안 읽고 싶었으나 꾹 참고 읽으니까 재미가 좋았다. 창비 아동 문고를 모두 사서 한국 전래 동화집 10권을 읽었다. 이 '사과나무밭 달님'은 창작 동화집 중에서 처음 읽은 것이다. 다른 것은 읽다가 말고 떠서 읽고 그런 식으로 읽었다. 그러나 이 책은 재미를 한번 붙이니까 끝까지 읽고 싶은 마음이 생겨났다. 나는 이런 책이 많았으면 좋겠다. (1983. 10.)

〈김유신〉을 읽고

백상훈 /5학년

이 책의 중간을 보면 추남이라는 고구려의 점장이가 왕에게 바른 말을 하다가 사형을 당했다. 그 다음 날 밤 왕은 꿈을 꾸었는데, 추남이 나타나서 말하기를 "나는 신라의 장군으로 태어나 삼국통일을 하겠다."고 말하고 사라졌다. 그 다음 날 김유신은 태어난 것이다.

이 책에서는 하늘이 김유신 편을 드는 것 같다. 아무리 삼국 통일이 중요하다고 하지만, 이겨서 통일을 하지 말고 나라끼리 협상을 해서 통일하면 좋았을 것이다. 그러나 신라는 비겁하게 남의 나라의 힘을 빌어서 통일을 하였다. 나는 그것보다 계백의 충성심과 하는 행동이 김유신보다 당당하다고 생각한다.

나는 요즘 이런 위인 전기는 못 믿겠다. 〈계백〉을 보면 김유신의 칭찬은 적지만 비판은 많다. 같은 책 회사에서 만들어 냈는데 어찌 이리 비판이 심한지 모르겠다. (1988. 10. 22)

〈개구리(이현주 지음)〉를 듣고

신주형 /6년

개구리는 정의의 사자다. 주먹으로 대들지 않고 말 한마디와 맑은 눈물 한 방울로 이기고 만 것이다.

그리고 그 대장질하는 녀석이 너무 못된 것 같다. 그림을 빼앗고, 쌈질하는 아이들 심판하는 녀석이라 그런 것 같다. 그래 나쁜 짓을 하니까 개구리의 정의에 무릎을 꿇고 만 것이다.

개구리가 자랑스럽다. (1988. 4. 23)

이소현 /6년

왕초가 거북이의 그림을 빼앗을 때, 개구리가 용기있는 강도라고 하였다.

하지만 그 말은 틀린 말이 아니다.

왕초가 다가와서 때릴라고 하고, 또 다시 왕초가 물었다. '이래도 강도가?' 하고 물을 때 개구리가 '그래!' 하는 용기가 너무나도 좋았다.

왕초는 나쁜 짓만 하고 잘난 체하는 게 안 좋았다.

이상욱 /6년

　나도 한번 싸워 본 적이 있다. 그것도 진성이와 말이다. 4학년 때, 내가 진성이를 때렸다. 나는 가만히 있을려고 했는데, 나에게 달라 들어서 내가 땅에 눕혀 때렸는데, 이 글을 듣고 참 후회가 된다.
　다음에는 이런 일이 없도록 하겠다. 내 자신이 부끄럽다. 내가 왕초이고 진성이가 개구리인 것 같다.

진인균 /6년

　두 눈이 툭 튀어 나와서 개구리란 별명을 가진 전학 온 아이는 다른 아이들이 모두 겁이 나서 왕초에게 아무 말도 하지 못하고 있는데 참 용감하다. 그리고 싸움은 못하여도 할 말은 다 하고 또, 바른 말을 하는 점을 본받아야겠다.
　그리고 남에게 이기는 것은 주먹으로 힘으로 이기는 것이 아니라는 것을 알았다. 또 요즘 세상이 꼭 이런 세상인 것 같다. 그렇지만 개구리 같은 아이가 있으니까 곧 좋은 세상이 될 것이다.

　〈지붕없는 가게(지식산업사)〉에 실린 동시를 듣고(1989. 5. 31)
조현제 /5년

〈끼리끼리〉
　우리 나라도 어서 통일이 되어야겠다.

〈바람〉
　나도 자유로이 지내고 싶다.

강은희 /5년

〈끼리끼리〉
　이 시에서 나온 것처럼 우리의 남과 북이 언제 끼리끼리 모이겠나 궁금하다. 우리의 소원, 우리의 꿈이 언제 이루어지겠나.
　다른 나라들을 보면 모두 다 자기 나라가 있어 행복하게 지내는데, 우리 나라는 한 나라가 둘로 나뉘어져 언제나 불안에 떨며 서로 미워하며 지내니 다른 나라가 부럽다.
　우리의 소원, 우리의 꿈이 빨리 이루어졌으면 좋겠다.

〈편지〉
　이 시를 지은 사람은 자기 누나가 보고 싶어 잠을 잘 못 잔다고 한다.

나도 우리 언니가 참 좋다. 그러나 내 동생은 꼴보기 싫다. 나는 느꼈다. 이 시를 듣고 형제가 얼마나 중요한가를.
이 집은 가난해서 형제가 떨어져 있는데, 우리는 편안하게 집안에서 미워하다니, 누나인 내가 잘못했다. 이제부터라도 서로 싸우지 않고 잘 지내겠다.

이지영 /5년

〈컨닝〉
그 아이 어머니의 잘못이다.
시험을 잘 보라고 하면 아이들은 더 시험을 못보게 되는데…… 요즘 어른들은 다 그렇다.
그리고 컨닝을 한 아이도 잘못이다.
하지만 어머니가 시험 잘 보라고 윽박지르지만 않았어도 컨닝을 하지 않았을 텐데.

이성원 /5년

〈플라나리아〉
나는 이 글을 듣고 이 플라나리아가 꼭 우리나라 같다는 생각이 들었다.
몸뚱이가 잘린 것은 휴전선으로 잘린 것이고, 잃어버린 몸을 찾지 않는 것은 통일을 이룩하려고 하지 않고 전쟁 준비만 하는 것이다. 그리고 햇빛이 무서워서 돌 밑 가랑잎 밑에서만 사는 것은 강대국을 무서워하는 것이다.
빨리 통일이 되어야겠다.

〈팔리러 가는 소〉
요새 농부들은 다 죽어났다. 이 이야기 속에서 알 수 있다. 100만원에 산 게 80만원에 팔리다니! 나라에서 농부들도 잘 살게 해 줬으면 좋겠다.

〈파란 칡 잎에 빨간 산딸기(김용택 지음)〉를 듣고(1986. 2. 5)
임영훈 /5년
남자와 여자가 어떻게 그렇게 사이가 좋아지는지 모르겠다. 그러나 참 아름답다. 나도 그런 세계에 살고 싶다. 그것은 현실의 세계가 아닌 것 같다.
내가 그 남자 아이라면 그런 것은 못하겠다. 이 글은 제목은 하나인데 내용이 상당히 많다. 이 글은 참 좋다.

고형진 /5년

이 이야기는 여자와 남자의 만남의 이야기다.
 우리반 아이들은 여자와 논다면 질겁을 한다. 그러지 말고 여자와 남자와 같이 놀면 좋겠다.
 이 야기는 여자와 남자가 같이 놀고 일하는 이야기다.
 내 생각으로는, 키로 생각하면 장우영이와 이혜원 같다. 키 큰 여자 아이가 작은 남자 아이를 업어주기 때문이다.

변현숙 /5년

여자와 남자가 딸기를 주고 받는 것이 참 좋았다. 남자와 여자가 우산을 같이 쓰고 가는 것도 참 좋았다. 이 책은 참 잘 지었다고 생각한다.
 나는 이 책을 보고, 나도 그렇게 하고 싶다. 그렇지만 부끄러워서 못하겠다. 항상 파란 칡 잎에 빨간 딸기처럼 내 마음은 그렇다. 그러나 밖으로는 내가 이상하다. 나도 남학생을 참 좋아하고 친하고 싶다.

이지영 /5년

그 남자 아이가 그 여자 아이를 좋아했던 것 같다. 그 여자가 얼굴이 예뻐서 좋아했던 것 같다. 앞에는 좀 신이 나고 재미있었는데, 뒤에는 좀 이상하다. 그 둘이는 꼭 처녀 총각 같다. 조그만 것들이 벌써부터 그러면 안 된다고 생각된다.

〈알게 뭐야(이현주 지음)〉를 듣고(1987. 6. 29)

성주언 /4년

자기 것이 아니라고 그냥 내버려 두는 운전사가 밉다. 그리고 그걸 알았으면서 말 안 한 일꾼도 밉다.
 사기쳤는 거랑 다름 없다. 나중에 죽었으면 아마 지옥에 갔을 것 같다. 돈만 많이 벌면 단 줄 아는 사람 같다.

전나래 /4년

자기가 먹는 것이 아니라도 그렇지. 어떻게 그럴 수가 있어! 그리고 빵을 먹는다. 그것도 큰 집 빵이라.
 뭐든지 '알게 뭐야' 하면 못쓰는 거.

정창해 /4년

자기 일이 아니라고 '알게 뭐야' 하고 얘기하는 것은 잘못된 일이다.
　　만일 자기 아들이 시멘트로 만든 과자를 사 먹는다고 하면 그렇게 하지는 못할 것이다. 그리고 자기 집이 아니라고 밀가루를 시멘트라고 속인 것도 잘못된 것이다.
　　그 운전사의 집이 그 집이라고 하면 그렇지는 못할 것이다.

2) 영화 보고 느낀 글

　　우리는 지금까지 보고 듣고 겪은 것을 잣대로 삼아서 어떤 일에 대하여 옳고 그름을 가리거나 견주어 보게 된다.
　　나는 〈뿌리〉라는 영화가 인종 문제나 미국을 바로 보는 데 좋은 교재라 생각하여, 10년 전부터 비오는 날 체육시간 같은 때를 이용하여 이 영화를 보여주고 있다.
　　오늘날까지 흑인과 백인 사이에 보이지 않는 응어리가 풀리지 않고 있으며, 얼마 전에 우리 교포들이 큰 피해를 입은 미국 로스앤젤레스의 흑인 폭동 문제의 뿌리도 백인이 흑인을 잡아다가 노예로 부려 먹은 데에 있는 것을 알 수 있다.

영화 〈뿌리〉를 보고(1983. 10. 3)

흑인의 아픔

주혜라 /5년

　　백인들이 그렇게 잔인할 수가 없다. 나는 정말 백인들이 그런 사람인 줄 몰랐다.
　　쿤다킨테가 어른이 되어서 백인들에게 잡혀갔다.
　　잡혀가고 나서 사람들이 찾을 때 그의 아버지께서 "쿤타!" 하고 소리를 지르실 때에는 내가 울음이 나왔다. 꼭 우리 식구처럼 느껴졌다.
　　거기에는 환타도 잡혀갔고, 선생님도 잡혀가셨다.
　　배에 실어갈 때, 흑인들을 배 위로 내 놓고 그렇게 짠 바닷물을 몸에 부었다. 막 소리를 질렀다. 그 때는 내가 도리어 아픈 것 같았다.
　　흑인도 똑같은 사람인데 백인들이 물건 취급을 하였다. 백인들이 그렇게 잔인하였다.

생명의 귀함

이순명 /5년

〈뿌리〉를 보고 생명을 존중하는 흑인들에게서 정말 배울 것이 많았다.

흑인들이 정말 그렇게까지 생명을 존중한다는 것은 어느 누구라도 흑인에게 배워야 할 것이다.

나는 〈뿌리〉라는 영화에서 백인이 잘못했다고 생각한다. 그렇게 생명을 존중하는 흑인들을 본받지는 못하고, 피부 색깔이 다르다고 해서 흑인들을 노예로 부리고 자기들 멋대로 죽이고 살리고 하는 백인들이 미웠다.

한 사람의 생명은 이 세상 모두와도 바꿀 수가 없다. 그런데 그 당시의 백인들은 흑인들의 생명과 권리는 무시하고 어쨌든지 돈만 많이 벌겠다고 흑인들을 짐승처럼 다루었는지 모른다.

내가 흑인이었더라면

공혜성 /5년

내가 만약에 흑인이었다면 죽으려고 했을 것이다. 손, 발, 목을 쇠사슬에 묶인 채, 때리면서 일만 시키는 백인에게 순종만 할 수는 없었을 것이다.

이 뿌리라는 영화를 보고 백인이 흑인을 얼마나 못살게 굴었으며 어떻게 부려먹은가를 알았다.

흑인도 백인과 같이 똑같은 사람인데 짐승처럼 팔고 사고 부려먹고 때리고 하다니, 이 때는 백인이 너무했던 것 같다.

우리 나라와 가장 친한 나라가 이렇게까지 악독했을 줄은 몰랐다.

이 영화를 보기 전에는 흑인들을 그냥 때리고 일만 시키고 했겠지 이렇게 생각했는데, 막상 보니 짐승보다도 못한 대우를 하고 있었다.

내가 이러했다면 어떻게 되었을까 하고 생각하니 너무나도 끔찍하다.

흑인 노예들은 사람으로 태어나서 사람 대접도 못받고 살다가 죽어갔다.

백인들이 너무 잔인했다. 도망치지 말라고 발가락까지 자르다니. 백인들은 아예 흑인을 보고 한 마리 두 마리 하고 세었다. 이것을 보니 백인들이 미웠다.

이곳 저곳 도망치다가 끝내는 잡혀서 호되게 맞고 쓰러지고, 다시 일어나서 일을 하는 모습을 생각만 해도 끔찍하다.

다시는 이런 일이 이 땅 위에서 일어나지 않았으면 좋겠다.

3) 우리 삶 가까이에 있는 문제나 시사 문제에 대한 느낌

　나는 여름에 좀처럼 양말을 신지 않는다. 그게 시원하고 편하다. 가방에 양말 한 켤레를 넣어 다니다가 신어야겠다 싶을 때 간혹 신는다. 그런데 요즘 아이들은 여름에도 양말을 안 신으면 안되는 줄 안다. 내가 보기에는 나은 쪽으로 변한 게 아닌 것 같다. 그렇다고 아이들에게 강제로 양말 벗고 다니라 할 수는 없고 해서 체육시간에만 양말을 벗고 나가라고 한다. 그리고 양말 벗고 지내도 괜찮다 싶으면 벗어 버리라고 한다. 이 때 아이들의 느낌은 어떠했을까 나는 궁금했다.
　국민학생이 시계 차는 것에 대해서도 물어 보았다.
　다음 보기글은 이런 문제에 대한 느낌이나 생각을 쓴 것이다.
　이런 느낌글은 다른 아이의 행동에 영향을 주는데, 내가 말하는 것보다 효과가 낫다. 우리의 삶을 가까이서 들여다볼 수 있게 하고, 아무 생각없이 살아가기 때문에 일어나는 온갖 문제를 푸는 데도 도움이 되리라 믿는다.
　또 우리 나라 안팎에는 떠들썩한 그때 그때의 시사 문제는 아이들도 관심을 가지고 보고 듣는다. 이런 문제에 대해서도 흔히 텔레비전에 나오는 '나도 한마디'식의 앵무새 같은 느낌이나 생각 말고, 선생님 이야기나 부모님의 이야기를 듣기 전에 '나는 어떻게 보고 느끼는가?'를 말하고 쓰도록 한다.

국민학생이 시계를 차고 다니는 것에 대해(1984. 5. 20)
차지은 /5년

　국민학생이 시계를 차고 다니는 것은 좀 바보스러운 사람들 같다.
　문제는 국민학생 한 사람이 시계를 차고 있으면 애들도 어머니께 졸라서 사 달라고 하는 아이들이 대부분이다. 그러다가는 시계가 전염된다.
　우리 샛별학교 어린이는 시계 차고 오는 아이들이 그렇게 적지는 않다.
　내 생각으로는 시계는 꼭 필요한 사람이 차고 다니는 것은 몰라도 아이들은 대부분 뽐내려고 차고 다니는 것 같다.
　국민학생이 시계를 차고 다니는 것은 좀 일찍인 것이다.

정경화 /5년

　저는 국민학생이 시계를 차는 것을 반대하지는 않습니다.
　국민학생도 필요할 때가 있지 않아요? 점심시간 볼 때, 약속시간 볼 때, 집에서 학교로 갈 때에 보는 시간 등 많이 있습니다.
　저는 어른들만 시계 차는 것을 싫어합니다. 그래서 우리 집 식구는 시계가 다 자기 것 하나씩은 있지요.
　내 시계는 돈들 들여 산 게 아니고, 우리 아빠 회사 다닐 때 보너스로 받은 시계지요. 좋지 않은 시계지만 틀리지 않고 잘 가지요.
　저는 우리들도 시계 차는 것은 싫지 않습니다.

김수진 /5년

　맨발로 어제 하루, 그리고 오늘도 맨발로 지냈다.
　어제 하루는 처음이라 부끄러웠다. 게다가 실내화도 신지 않았기 때문이다.
　특히 물 있는 곳은 질펀하기 때문에 어제는 실내화를 신었으면 하고 생각했으나 오늘은 다르다.
　맨발이 복도에 닿으면 발바닥에 시원한 느낌이 든다.

장민정 /5년

　처음에 찝찝하고 그렇지만 나중에 그렇지 않다. 나도 지금은 그렇다.
　그런데 바닥에 대니까 참참하고 시원했다. 기분이 좋았다.
　실내화를 신으면 실내화에 더운 열이 나오는 것 같다.

이지영 /5년

　맨발로 지내면 좋지 못하다.
　왜? 발바닥에 뭐 이상하게 자꾸 붙는다. 그리고 피아노 치러 갈 때 피아노 선생님께 부끄러웠다. 그래서 어제 피아노 치러 갈 때 양말을 신었다.
　양말과 실내화를 신으면 좋겠다.

신은정 /5년

　한마디로 말해서 불쾌하고 찝찝하다.

〈'85 미스코리아 선발대회〉를 보고(1985. 5. 21)
강은희 /5년

여자들이 나와서 엉덩이를 흔들면서 몸매를 자랑하는 것을 보니 미친 여자들이나 마찬가지로 느꼈다.

하나같이 눈이 쪽 잡아 째졌다.

예쁜 여자들도 있었지만 수영복을 입고 남자들이 아주 많은 데서 엉덩이를 흔들면서 자랑하다니 정말 보기 흉하다.

미스코리아는 뭣 때문에 뽑는가 모르겠다. 우리나라는 빚덩이 나라면서 쓸 데 없는 데 돈을 1500만원이나 쓰다니 참으로 한심하다.

방수경 /5년

나는 미스코리아 선발대회를 보고, 아무리 예쁜 얼굴이지만 속 몸까지 보여주고 쪼깨난 쪼가리를 하나 걸치고 여자, 남자, 노인 할 것 없이 모두 보게 되니 부끄럽지도 않나봐 하고 생각했다. 그것도 관객 중에는 3분의 2가 남자이고 사회자도 남자이다.

그 사람들 즉, 미스 똥걸레가 여자 망신 다 시킨다.

고형진 /5년

미스 코리아 선발대회에서는 여자들이 수영복 차림으로 나온다.

내가 볼 때는 미친 사람같이 보인다. 만일에 시내에서 그렇게 다니면 사람들이 어떻게 보겠나? 아마 모두들 '미친년'이라 할 것이다.

돈 들여서 그런 거 하는 사람들이 한심하다.

미스 코리아 선발하는 게 아니라 미친 사람 선발대회라 할 것이다.

〈대한적십자대표단의 평양 방문 모습을 보고〉(1985. 12. 25)
정욱상 /5년

내가 생각했던 평양과는 많이 틀렸다. 높은 건물은 없고 초가집만 있고, 사람들도 자유롭게 걷지 않고 군대식으로만 걷는 줄 알았는데, 여자들은 우리 나라 여자처럼 양산도 쓰고 옷도 우리들이 입는 옷처럼 서양에서 입는 옷들이었다.

빌딩도 있고 차도 돌아다니니까 우리 나라처럼 느껴졌다.

문봉기 /5년

북한은 왜 우리와 통일은 안 할까? 왜 북한은 전쟁 준비만 할까? 우리와 뭉쳐서 자유롭게 살았으면 좋겠다. 나는 미국과 소련 같은 나라가 원망스럽다.
　북한의 환경 모습은 생각보다 발전하였다. 휴전선에 도로가 있는 것을 꿈에도 생각 못했다.
　빨리 통일을 했으면 좋겠다. 그 날이 빨리 왔으면.

김정화 /5년

　우리가 생각한 것보다 더 좋은 생활을 하는 것 같다.
　우리들처럼 텔레비전도 있는 것을 보았다. 난 그때는 옥수수만 먹고 낡은 옷만 입고 불행할 줄 알았는데 그것이 아니었다.
　다 같은 민족끼리 서로 못 산다고 한 게 좀 이상하게 느껴졌다.

허민 /6년

　텔레비전을 통해 본 평양의 거리는 이때까지 상상한 것과는 너무 차이가 있었다.
　모두들 옛날 한복을 입고 딱딱한 걸음으로 걸어갈 것이라 생각했지만, 양복을 입고 있는 사람, 원피스를 입고 있는 사람도 있었다. 그리고 못 먹어서 말라빠진 얼굴에는 슬픔이 가득 차 있겠지 싶었는데, 포동 포동 살찐 얼굴엔 웃음이 가득 차 있었다. 또 손도 흔들어 주었다. 우리 나라 사람들의 북한에 대한 생각이 달라졌으면 좋겠다.

김태섭 /5년

　북한에는 차도 다니지 않고 마음대로 돌아다니면 안 된다고 알았는데 그렇지 않았다. 또 옥수수죽이 아닌 쌀을 먹었다. 돌아다니는 사람들의 얼굴 표정도 밝은 편이었다. 버스가 많이 다니는데 사람도 많이 타고 있었다. 아주 못 사는 곳은 아니라고 생각했다.

4) 우리 겨레의 과제와 인류 과제에 대한 느낌
　우리 겨레의 가장 큰 과제는 남북 통일이고, 온 인류가 꼭 이룩해야 할 과제는 세계 평화다.
　우리 겨레가 헤어져 살아 온 지 48년째가 되도록 통일을 이루지 못하는 것은 몇 사람의 정치 지도자가 통일을 이루고 싶은 간절한 마음을 먹지 않아서 그렇기도 하겠지만, 우리 7천만 남북한 국민이 통일에 대한 간절한 마음을 가지지 않아서 그럴지도 모른다.
　기회만 있으면 우리 겨레가 풀어야 할 과제와 온 인류가 이룩해야 할 과제에 대하여 보고 듣고 생각하고 느낌을 가져야 한다. 그리하여 간절한 마음을 품어야 한다.

여러 해 전에 텔레비전에서 생방송으로 내보낸 헤어진 가족 찾기 프로그램은 이런 문제를 느끼고 간절한 마음을 품기에 충분했으리라.

그리고 전쟁은 오락이 아니고 장난이 아닐 뿐 아니라 참혹한 파괴요, 멸망이다.

나는 교실에서 이런 문제에 대한 쓸거리를 주고 느낌글 쓰기를 해보게 한다. 이런 글을 쓰면서 전쟁의 참혹함을 느끼고 평화를 생각하도록 해보려는 것이다.

〈흩어진 가족을 찾는 텔레비젼 프로그램을 보고〉(1983. 7.)
이용호 /5년

요즈음에 흩어진 가족을 찾는 방송을 보았습니다. 한 가족이 만날 때마다 울고 합니다. 이것은 모두 다 전쟁 때문에 이렇게 된 것입니다.

우리 아버지도 그 중의 한사람입니다. 우리 아버지는 아버지의 형님이 이 방송에 나올까 하는 생각으로 날마다 이 방송을 봅니다. 우리 아버지는 다른 가족들이 만날 때마다 울고 합니다.

전쟁은 나쁜 것입니다. 전쟁은 왜 일어날까요. 전쟁의 슬픔은 오랜 시간이 지난 지금도 남아 있습니다.

김순덕 /5년

흩어진 가족 찾기 방송을 보고 정말 놀랐습니다. 형제를 잃어버린 사람들은 정말 한없이 많았습니다. 내가 만약에 어머니와 헤어져 산다면 하루도 살지 못할 것입니다. 그런데 가족을 잃어버린 사람들이 길고 긴 33년이란 세월 동안 어떻게 살아왔는지, 어서 빨리 가족들을 다 찾았으면 좋겠습니다.

〈꺼져가는 등불을 끄지 않고〉를 듣고(1986. 4. 16)
조동혁 /5년

나는 이 〈꺼져가는 등불을 끄지 않고〉를 듣고 참으로 많은 것을 느꼈습니다.

선생님께서 한 장면 한 장면 읽어 나가실 때면 그때 그때 눈물이 핑 돌았습니다.

그 중에 '엄마와 코오 잠잔 아기'는 엄마가 좋다고 죽은 엄마 옆에서 자다가 그만 콩크리트 더미에 깔려 '엄마' 이 한 마디도 못해 보고 얼굴을 찍히고 말았습니다. 이게 전부다 핵 전쟁 때문에 이 가엾은 아기마저 죽고 말았습니다.

왜 전쟁을 해야 합니까! '전쟁', 이 한 낱말이 온 세상 사람들을 정복했습니다. 왜 힘센 나라들이 약한 나라를 깔보고 짓누르고 있습니까! 무기 살 돈만 있고 가난한 사람들을 도와 줄 돈은 없단 말입니까! 어느 한 구석에는 사치만 부리고 돈을 휙휙 날릴 만큼 부자들이 있고, 어느 한 곳에는 밥 한 그릇도 못 먹을 형편이 있을 만큼 차이가 난단 말입니까! 이 책을 들고, 우리 반 아이들 대부분이 슬픔에 잠기고 말았습니다.

전쟁! 너무들 좋아하시지 말고, 전쟁을 하지 말고 우리 함께 내일을 향해 단계를 밟으면서 꾸준히 걸어 나갑시다.

5) 그 밖의 느낌글

하루 하루 살아가면서 누가 시켜서가 아니라 속마음에서 우러나온 글이 있다. 보기글과 같은 이런 글은 주로 일기장에서 발견하게 된다.

이 아이의 생각이 앞으로 또 어떻게 변해갈지 알 수는 없지만, 뚜렷한 자기만의 생각을 가지고 살아가는 이 아이가 믿음직스럽다.

나의 앞날

주지용 /6년

아버지는 고제 국민학교를 졸업하고 대구에 가서 구두 닦기, 휴지 팔기와 비올 때는 비닐 우산을 팔았다고 했다.

지금은 국민학교를 졸업하고 중학교를 안 다니는 아이들이 없다. 나는 중학교 다 하고, 고등학교에 붙으면 계속 하고, 떨어지면 공장에서 일하든지 아버지 밑에서 옷 만드는 일을 하겠다. 아버지는 사장, 나는 직공이 되어 돈을 잘 벌면 된다. 또 엄마는 고등학교 떨어지면 나하고 같이 과자 장사나 술 장사를 하자고 했다.

왜 나하고 할라 하는 사람이 많을까? 수원 고모부도 오라 하고, 수원 이모집에서도 오라고 한다. 참말로 걱정이다.

고등학교를 나와야지 겨우 장가를 들지, 중학교를 나온 사람에게는 시집을 안 갈라고 한다. 그래서 공부를 푸지기 해야 한다. 나한테 시집 올 사람이 없으면 노총각으로 살면 되지 뭘 걱정하나, 우리 반 아이들아.
(1988. 12. 8 일기)

밥 굶기

김향숙 /5년

오늘 내가 밥을 한 번 굶어보려고 했다.
아침을 굶으려고 했을 때 먹고 싶어서 아침은 먹었다. 점심도 먹었다. 점심은 꼭 안 먹으려고 했는데 닭 백숙이라서 먹었다. 저녁은 죽어도 안 먹으려고 했는데 배가 고파 또 먹었다.
내가 끈기가 없는 모양이다. 이것도 생각보다는 아주 어렵다고 느껴졌다. 이것도 마음 먹기에 달렸다고 생각된다. (1989. 8. 19 일기)

전쟁

김용주 /3년

이번에 이라크와 미국이 전쟁을 했다. 그런데 그것 때문에 석유를 못 사서 난리가 났다고 한다.
내가 피아노 교실 갔다 오는 길에 주유소 앞을 지날 때 사람들은 줄을 서 있고, 차들은 여기저기에 있었다.
국민학교 3학년이 이런 것을 적으면 잘난 체한다고 할지 모르지만, 전쟁 때문에 나라가 좋지 못하고, 전쟁을 해서 온 세상까지 피해를 보게 되면 좋을 게 뭐 있고 남을 게 뭐 있나? 난 서로 생각이 달라도 남을 미워하고 존중하지 않는 사람은 되지 않겠고, 이 세상 모든 사람들도 그랬으면 좋겠다. (1991. 1. 16. 수)

4. 느낌글 쓰기 이렇게도 해 볼 수 있다.

'이야기 연속 낭독'이나 영화를 여러 차례 나누어서 볼 경우에는 그때그때의 느낌을 적어 두었다가 써야 할 수밖에 없다. 이런 경우 끝난 뒤에 연결시켜서 한 편으로 완성시켜도 좋고, 이어달리기 식으로 여러 사람의 느낌글을 날짜별로 모아서 발표하여도 재미있다.
책읽기도 마찬가지다. 한꺼번에 다 읽지 못했다면 '책 이름', '읽은 때', '내용과 느낌'을 일지를 적듯이 적어나가는 방법도 있다.

〈바보 이반의 이야기〉를 듣고

배영 /6년

여러 차례에 걸쳐 들어 온 그 이야기 즉, 〈바보 이반의 이야기〉는 언제 들어도 한결같이 재미있다. 또 느낀 점도 많다.

바보 이반은 진짜 사람이다. 왜냐하면 고향을 떠나 도시에 살던 형들이 불행을 당해 돌아왔을 때 반가이 맞아 주었기 때문이다. 내가 이렇게 말하면 다른 사람들은 뭐 원래 그렇게 해 주어야지 생각하지만, 그게 아니다. 이 세상 사람들은 자기만 잘 하면 되지 생각하고 남 생각은 눈꼽 만침도 생각해 주지 않기 때문이다. 이반은 자기의 살림도 그렇게 넉넉하지 않았지만 자기보다는 형들을 생각해 주었다.

자기 집이면서도 누가 냄새 난다고 밥을 나가서 먹으라고 하면 "좋아요"하고 밖에 나가서 먹고, 또 냄새 나 같이 못 살겠다고 하면 "내가 밖에 나가서 살지요"하고 자기가 새 집을 또 지어서 살았다. 나 같으면 그렇게 못했을 것이다. 다른 사람은 모두 악마의 계략에 넘어갔지만 이반은 악마의 계략에 넘어가지 않고, 참고 견뎌 더욱 형제와의 우애를 두터이 했다. 형제의 사랑과 우애를 깨뜨리려고 하는 악마를 이겨내고 악마의 정체를 알아내어 요술을 자기에게 이롭게 쓰지 않고 오직 형들을 위해 썼다. 이 얼마나 참다운 삶인가! 이 세상 사람들은 아무도 이렇게 못할 것이다. 이것은 바보만이 살아갈 수 있는 길이다. 난 이때까지 옷 잘 못입은 거지와 바보를 놀렸지만, 이제부터 그러지 않겠다. 참된 생활을 따져 살아가는 사람들을 왜 내가 놀렸는지 후회도 된다.

또 이반은 만병통치라 할 수 있는 풀뿌리를 찾아가지고 공주의 병을 고치려고 나섰다가 불쌍한 거지를 도와 주었다. 난 이 귀절에서 '이 바보야, 니가 거지를 도와 주지 않으면 넌 공주의 신랑은 물론 임금님까지 될 수 있는데, 그 기회를 놓쳐서 거지를 도와 주니? 이 바보야!'하고 생각했다. 그렇지만 이 생각은 곧 바뀌었다. 왜냐하면 거지 덕분으로 공주의 병을 고칠 수 있게 되었기 때문이다.

이반은 임금이 되어도 천한 일을 했다. 그래서 그 동네 사람들은 모두 바보만 살았다.

이반은 눈 앞에 보이는 손익을 가리지 않고 참된 진실로 세상을 진실되게 살아갔다. 그리고 눈 앞에 보이는 손익만 가리는 사람은 바보라는 것을 느꼈다. 나도 이젠 이반같이 어떤 괴로움이 닥치더라도 남이 무어라고 욕해도 상관하지 않고, 언제나 착한 마음으로 또 예수님의 가르침대로 이 세상 생활을 허비하지 않고 진실되게 살아가야겠다. (1988. 9. 28)

영화 〈뿌리〉를 보고

　이 영화 처음에 쿤타킨테가 태어난다.
　쿤타킨테가 15살이 되어서 얼굴에 보자기를 씌워 어떤 곳에 간다. 가서 어른이 되어 온다. 거기에는 큰 어른에게 덤비는 게 있는데, 다른 이들은 아무도 덤비지 않는데 쿤타킨테만 덤빈다. 쿤타킨테는 참 용감하다.
　백인이 노예를 잡으러 올 때 목에 거는 쇠사슬과 손목에 하는 사슬, 손가락 조이기 등 무서운 물건들을 가져온다. 나는 그 때 별로 안 무서웠다. 그런데 내가 흑인이라고 생각하니 영화 볼 마음이 싹 가셨다.
　그리고 백인들은 왜 흑인들을 잡아가는지 모르겠다. 일을 시킨다면 자기들은 손이 없나, 발이 없다, 다 있으면서 노예를 부린다. 참 나쁘고 잔인하다.(1986. 10. 31 정미숙 /5년)

　쿤타킨테가 북 만들 나무를 찾다가 그만 노예로 끌려갔다. 쇠사슬로 손을 꽁꽁 묶었다. 거기에 선생님도 잡혀 오셨다. 환타도 잡혀왔다.
　배에 들어가서 두 손을 꽁꽁 묶으고 누워있다. 똥도 오줌도 그냥 그대로 싸야 한다. 정말로 찝찝하다.(1986. 11. 3 정미숙 /5년)

　다행히 주인은 좋았다. 그리고 토비를 맡아 기르는 사람은 휘들러이다. 휘들러는 흑인이다. 하지만 완전히 도망칠 생각은 없다. 그래도 흑인 정신은 있는 것 같다. 흑인들끼리인지 너무 겁은 내지 않고 말도 차츰 잘 한다.
　쿤타는 창고 귀뚜라미를 잡아 놓고 자기의 사정을 얘기하며 가족들에게 전하라 이르고는 내보낸다. 얼마나 외롭고 쓸쓸하고 가족을 보고 싶어 귀뚜라미에게 전할까? 토비는 아직도 쇠사슬에 묶여 일을 한다. 일을 하다가 넘어졌는데 날카로운 쇠를 주었다. 그리고 밤마다 긁었다. 사각사각 드디어 끊었다. 그 때 휘들러가 보고 "빨리 도망가거라"하며 자기 입장은 생각도 안 하듯이 도망가라고 했다.
　토비는 가다가 지쳐서 물에 식혔다. 저러다 잡히면 어떻게 하지. 가다가 지쳐서 눈을 보았다. 그 때 멍멍 하는 소리와 함께 백인이 토비를 잡으려고 한다.(1986. 11. 10 김은영 /5년)

　쿤타킨테가 말을 배우는데 말을 가르쳐 주는 사람이 '너의 이름은 토비'라고 두 번 정도 말하니깐 '쿤타킨테'라 말했다. 나는 그 때 참 우스웠다.
　우스운 점은 있으나 쿤타가 정말 불쌍했다. 목에다 쇠고랑을 차고, 얼마나 답답하겠는지 모르겠다.
　또 일하다가 넘어져서 도끼 부서진 것을 주웠다. 그래서 밤에 문을 닫고 그 다음 날 아침에 일하고, 그 날 밤에 드디어 풀었다. 그러나 쿤타의 책임자가 보고 도망을 가라고 하였는데 그 때 나는 쿤타가 자기 고향으로 무사히 도망을 가면 좋겠다고 생각했다.
　나는 쿤타가 무사히 가면 알라신이 있는지 없는지 알 수 있다.(1986. 11. 10 이창진 /5년)

　토비가 탈출을 해서 도망을 가던 도중에 사냥개가 발견을 하여 토비는 잡혔다.
　잡혀서 집으로 와서 어디에 토비를 걸어서 토비의 등에 회초리로 무작스럽게 막 때렸다.
　토비를 때릴 때마다 내가 맞는 것처럼 간이 막 콩닥콩닥 그러면서 뛰고 무서웠다.
　그로부터 6년 후에 토비는 건장한 청년으로 늠름하게 자랐다. 쇠사슬은 풀렸다.
　제3부의 제목은 만딩카의 후예이다.(1986. 11. 11 김민정 /5년)

　쿤타킨테가 도망을 가다가 잡혀서 발가락을 잘리고 말았다.
　쿤타는 기절을 해서 간호하는 사람이 돌보아 주었다. 회복이 되어서 발을 보고는 으악 하고 고함을 지른다. 쿤타는 발가락이 잘렸다고 고함을 지른다.
　쿤타는 용기를 잃었다. 그런데 어떤 여자가 용기를 심어 주어서 4년 후에는 잘 걸었다.
　나는 이런 생각이 들었다. 용기가 있으면 뭐든지 할 수 있다는 것을.
　쿤타킨테여, 고향으로 꼭 가길 바란다.(1986. 11. 11 이창진 /5년)

〈독서 일기〉

이진 /3년

　　책 이름 : 똘배가 보고 온 달나라
　　읽은 데 : 처음~끝
　　읽은 때 : 1991.　.　.(날짜가 빠졌음)
　　내용과 느낌 :
　참 재미있는 이야기다. 우스운 이야기는 이현주 목사님의 '알게 뭐야'가 우스웠다. 그리고 권정생 선생님의 '무명 저고리와 엄마'는 전쟁 때문에 남편과 자식을 잃은 한 어머니의 뼈져리게 슬픈 이야기이다.
 전쟁이 없으면 얼마나 좋을까? 어린이들이 이런 책을 많이 읽었으면 좋겠다.

 책 이름 : 꼬마 옥이
 읽은 데 : 8쪽~끝
 내용과 느낌 :
 슬픈 이야기가 많고, '화려한 초패'란 이야기가 재미있었다. 시골에 있는 학교와 도시의 학교가 형제를 맺었다.
 책상도 없는 데서 공부하는 시골 학교 아이들 모두가 잘 살았으면.

 책 이름 : 한국 전래 동화집 2
 읽은 데 : 다 읽었음
 내용과 느낌 :
 우습고 창작 동화보다 푸근한 느낌의 이야기들이다. 우리를 깨우쳐 주고, 가르쳐 준다. 할머니 할아버지 느낌이 든다.

 책 이름 : 못나도 울 엄마
 읽은 데 : 다 읽었음
 내용과 느낌 :
 못나도 울 엄마는 엄마의 정이 무엇인지 가르쳐 주고 있다.
 여러 동화 중에서 '청개구리'를 읽으면서 나는 눈물을 흘렸다.
 찢어지게 가난한 개구리 엄마와 아들이 살아가는데, 어머니는 아들 학비를 마련할려고 떡장사를 하신다. 어느 날 아들이 '엄마는 죽어도 상관없어'하며 집을 뛰쳐 나간다. 밖에 나가 나쁜 짓을 한다. 마침 그 날 그 나라 공주가 결혼을 해 꽃마차를 타고 거리를 시가 행진한다. 개구리 엄마는 거기서 떡을 팔다가 보초병에게 꾸중을 듣는다.
 "거지보다 더 더러운 옷을 입고선. 나가! 행진한다고 초가집까지 철거했는데."하며 간다. 하지만 계속 떡을 팔다가 꽃마차에 밟혀 죽었다. 보초병은 공주님이 보면 큰일 난다 하면서 시체를 싣고 가 버렸다. 개구리는 이 사실을 알고 울었다. '개굴 개굴 개굴' 눈물겨웠다.

 책 이름 : 나도 쓸모 있을 걸
 읽은 데 : 43~91쪽
 내용과 느낌 :

여러 지방의 사투리가 시에 나와서인지 재미있고, 동시보다 훨씬 재미있다.
　그 중에서도 '청개구리'(안동 대곡분교 3년 이용국), '딱지 따먹기'(강원 사북국교 4년 강원식), '내복 장사 굶어 죽겠네'(부산 감천국교 6년 엄재섭)가 마음에 든다.

설명하는 글 쓰기 지도

이 성 인

1. 글쓰기의 네 가지 방법

흔히 글을 쓰는 방법으로 서사, 설명, 묘사, 논증의 네 가지를 든다. 어떤 사람은 이 네 가지에 설득을 더하여 다섯 가지로 말하기도 한다. 그렇지만 어린이들이 쓰는 글은 서사문, 설명문, 감상문, 논설문(주장하는 글)의 네 가지로 나누어 지도하는 것이 좋겠다는 생각이다. 물론 이 밖에도 일기나 편지 그리고 시가 있으나 여기서는 논의하지 않겠다. 우선 네 가지 글의 특색부터 생각해 본다. 서사문은 겪은 일을 쓰는 것이므로 이야기글이라고 해도 좋겠다. 감상문은 느낌을 위주로 하는 글이니 느낌글이라 할 수 있다. 설명문은 어떤 사실을 잘 알 수 있도록 풀이하는 글이니 풀이글이라 하면 좋을 것이다. 논설문(주장하는 글)은 자기 의견을 근거를 들어 내세우는 글이니 내세움글 또는 주장글이라고 해도 좋겠다.

오락에 대하여

경기 문원국교 4학년 이용욱

어른들은 오락 하면 다 나쁘게 생각하시지만 아이들은 나쁜 오락을 가지고 있지 않다. 그리고 오락 종류는 어드벤처, 아케이드, 시뮬레이션, 롤플레잉 등이 있다. 어드벤처는 모험이고, 아케이드는 싸우면서 하는 모험이다. 싸워도 징그러운 장면은 나오지 않는다. 시뮬레이션은 작전을 지시하고 돈을 벌거나 하는 오락이다. 그리고 이 오락은 지루한 한편 두뇌회전을 빠르게 한다. 자신을 유리한 쪽으로 판단하는 능력도 늘게 된다. 롤

플레잉에서 '롤'은 임무란 뜻이고 '플레잉'은 수행한다는 뜻이다.
어른들도 오락을 해 보시면 나쁜 것이 아닌 줄 아실 것이다.

　이 글은 제목으로 보면 감상문이 될 수도 있고, 논설문도 될 수 있겠지만, 여기서는 어른들에게 어린이들의 오락을 설명하는 글이 되어 있다. 이처럼 사실과 느낌 가운데 무엇이 중심이 되는가에 따라 글의 갈래가 달라질 수 있다.
　서사문과 설명문을 객관적인 성격이 우세한 글이라고 한다면, 감상문과 논설문은 주관이 우세한 글이다. 물론 감상문이나 논설문도 객관적 사실(근거)을 바탕으로 해야 한다.
　어린이들이 가장 많이 쓰게 되는 글은 서사문이고, 감상문이나 설명문도 자주 쓰게 된다. 주장하는 글은 좀체로 보기 드물다. 감상이나 설명도 서사문의 한 부분으로 쓰이는 수가 많다.
　어린이들에게 글쓰기 지도를 할 때는 다음과 같은 순서로 지도하는 것이 좋으리라 생각한다.

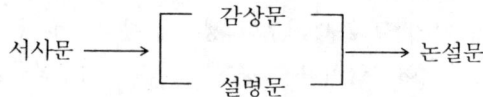

2. 설명문의 특징과 지도 방법

　설명문은 보통 어떤 사람이나 사물에 대하여 자기가 알고 있는 것을 쓰는 글이다. 따라서 어느 때, 어느 자리에서 있었던 사건을 쓰는 글이 아니고, 흔히 되풀이되는 일, 굳어져 있는 일반적 사실을 쓰게 된다. 〈쓰기〉 교과서에 나오는 소개하는 글 단원은 모두 설명문 쓰기 단원이다.
　서사문의 문장은 대개 과거 시제로 되어 있는데 견주어, 설명문은 거의 동사의 현재형이나 형용사의 기본형으로 되어 있다. 다음 글은

13개의 문장으로 이루어져 있는데 마지막 문장을 제외한 나머지 문장은 모두 현재 시제로 되어 있다.

은영이

이수국교 3학년 이새롬

　나는 우리 반 친구들 중에서 '은영이'라는 친구가 가장 좋다.
　은영이는 외동딸이고 사당동에 살고 키가 나보다 조금 작다.
　외동딸인 친구들은 자기 밖에 사람들을 잘 생각하지 않는 것으로 아는데 은영이는 그렇지 않다.
　내 지우개가 떨어지면 언제나 웃으며 주워 주고, 지우개가 없어지면 빌려 준다.
　한 번도 다른 친구와 싸우지 않았고, 친구들을 잘 이해한다.
　칭찬을 받아도 뽐내지 않고 오히려 부끄러워한다.
　2학년 때부터 계속 같은 반이어서, 나보다 더 자세히 나를 아는 것 같다.
　4학년이 되어도 은영이와 같은 반이 되고 싶다.
　은영이는 웃을 때가 가장 매력적이다. 보조개가 들어가고 입이 크게 벌려진다.
　마음도 잘 통해서 비밀이 없다.
　그런데 은영이는 내가 특별한 아인 줄 알고 있지만 난 평범한 보통 아이이니, 나를 보통 아이로 이해해 주었으면 한다.
　20년 후에도 영원한 친구가 될 것이다.

　이러한 설명문을 쓸 때는 어느 정도 설명할 대상에 대하여 무엇을 설명한 것인지 미리 구상을 하고 써야 한다. 그런데 교과서에서 소개하는 글 쓰기 단원의 전개 방식은 모두 천편일률의 개요짜기로 글을 쓰게 하고 있다. 이렇게 해서 나오는 글은 생생한 글이 되지 못하고 죽은 글이 되고 만다.
　교과식의 개요짜기는 설명문 쓰기에서 별로 도움이 안 된다. 너무 개요를 의식하고 쓰면 틀에 박힌 글이 되고 만다. 그러니 설령 개요를 짜더라도, 글을 쓸 때는 개요를 보지 않고 쓰고, 나중에 글 고치기 할 때 개요와 비교해 보면서 빠뜨린 것이 있는지 살펴보도록 하는 것이 좋겠다.

3. 소개하는 글

소개하는 글은 전형적인 설명문의 한 가지이다. 설명문은 자기가 가장 잘 알고 있는 사람이나 사물을 소개하는 것에서 시작하는 것이 좋다. '나' '우리 집' '우리 식구' '우리 엄마' '우리 아버지' 같은 제목으로 소개하는 글을 써 보게 한다.

나

서울 인헌국교 5학년 여경은

내 이름은 여경은이다. 인헌국민학교 5학년 3반이다. 나는 우리 집 3남매 중의 막내이다. 나의 취미는 롤라 타기이다. 그리고 사는 곳은 봉천 11동이다. 성격은 말괄량이다. 좋아하는 과목은 사회이며, 좋아하는 과일은 귤이다. 그리고 별명은 키다리이며 만화책을 좋아한다. 희망은 선생님이며, 존경하는 분은 유관순이다.

나

동작국교 4학년 민영신

우리 자매중 나는 막내이다. 그래서 재롱을 부린다. 나는 안경을 쓰고 있는데 엄마께선 텔레비전을 가까이서 봐서 안경을 썼다고 하신다.
나는 머리카락이 길다. 나는 머리카락이 길어야 좋다. 나는 엄마께서 머리카락을 자르라고 하시면 싫다고 화를 낼 정도로 머리카락 자르는 걸 싫어한다.
나는 키가 크다. 줄을 설 때도 맨 뒤에 선다. 나는 맨 뒤에 서기가 싫고 앞에 서고 싶다. 왜냐면 맨뒤에만 서서 지루하고 싫기 때문이다.
나는 그림, 만들기를 잘 한다고 여러 사람들에게 칭찬을 받는다. 엄마께서는 아빠께서 꼼꼼하시고 솜씨가 좋아서 내가 아빠를 닮아서 그렇다고 하신다. 그리고 나는 그리기를 좋아한다. 할 일을 하고 시간이 남으면 남은 시간을 그림그리기로 활용한다.
나는 책읽기도 좋아한다. 그리기와 마찬가지로 책을 남은 시간에 읽는다. 사실은 책읽기보다 그림그리기를 더 좋아하지만, 책읽기가 더 간단해서 책읽기를 주로 한다.
나의 장래 희망은 의학을 전공하여 의학 박사가 되어 식생활에 대해 연구하고 아픈 사람을 진찰해 주는 것이다. 나는 너무나도 의사가 되고 싶다.
 나는 여러 사람에게서 착하고 인정이 많다고 칭찬을 듣는다. 그래서 동생(친척)도 잘 보고 친구와 사이가 좋다고 많은 얘기를 듣는다.
 나는 친구가 많다. 우리 학교 4학년 아이들 중 나를 모르는 아이가 없다. 나는 모르는 아이가 조금 있지만 친구가 많다.

 앞의 글은 구체적인 내용이 없이 단조로운 자기 소개가 되었다. 교과서대로 소개하는 글을 쓰게 하면 이처럼 아주 재미없는 글이 되고 만다. 앞글과 같은 소개로는 글쓴이의 개성적인 모습을 전혀 알 수 없다.
 이에 견주어 뒷 글은 구체적인 사실을 들어 자기 소개를 썼기 때문에 글쓴이에 대하여 잘 알 수가 있다. 다만, 글 고치기 단계에서 글의 순서를 바로잡도록 지도하여야 한다. 이를테면 장래 희망을 쓴 부분은 이 글의 가장 뒷부분에 놓도록 한다.

우리 집

이수국민학교 4학년 정미현

 우리 집은 다세대 주택이고 방의 수는 3개입니다. 가족 사항은 아버지, 어머니, 오빠, 나 이렇게 넷입니다.
 아버지는 KBS 방송국 즉 채널 7, 9번의 엔지니어로 일하십니다. 엔지니어란 텔레비전과 라디오에 통신이 잘 갈 수 있도록 도와주는 일입니다. 어머니는 평범한 주부이지만 성격은 언제나 느긋하십니다.
 오빠는 5-1반이고 노래를 잘 부릅니다. 나는 4-2반이고 좀 장난을 잘 치는 개구쟁이입니다. 그러나 나는 막내라서 오빠의 사랑까지 빼앗아 버려요.
 기르는 동물은 거북이 2마리인데, 내 주먹만한 크기의 거북이가 1마리, 조그만 거북이도 1마리예요. 언제나 화목한 우리 가족을 본받아서 거북이 가족도 화목해졌으면 좋겠어요.
 참, 그리고 내가 바라는 것은 더욱 가족끼리 감싸 주었으면 좋겠어요.

 이 글은 객관적인 사실을 주로 쓰고 맨 뒷부분에 자기 느낌을 덧붙여 놓았다. 이렇게 어린이들의 설명문에는 감상이 섞여 들어가는 것이 보통이다.

4. 설명문의 글감

설명하는 글은 대개 교사의 시킴을 받아 쓰게 된다. 이 때 설명하는 글을 쓰라고 지시하는 것이 아니라, 글의 제목을 주고 보기글을 한두 편 읽어 준 다음 쓰게 한다. 설명하는 글의 제목은 대개 다음과 같다.

　나, 우리 집, 우리 식구, 내 동생, 우리 어머니, 우리 아버지, 내 동무, 나의 하루 생활, 내가 요즘 하고 있는 일, 우리 집 강아지, 우리 선생님, 우리 학교, 우리 동네, 학교에서 집까지 가는 길, 우리 집 농사, 우리 아버지(어머니)가 하시는 일……

이 밖에도 다음과 같이 자기가 가지고 있는 물건을 글감으로 하여 쓸 수도 있다.

　　　　　　　　　　　　　　안경

　　　　　　　　　　　　　　　　　　서울 이수국교 5학년 하승목

　우리 가족은 다 눈이 나쁘다. 엄마는 렌즈를 했고 나, 동생, 아빠는 안경을 꼈다. 그래서 안경에 관한 사건이 참 많다. 내가 방바닥에 놓아 둔 동생 안경을 밟아 테가 부러진 일, 잠잘 때 안경알이 빠진 일, 해수욕장에서 썬그라스를 잃어버린 일 등 수없이 많다.

　나만 해도 2학년 때부터 지금까지 안경을 3번째 갈아 썼다. 이번 내 생일 선물로 안경을 또 바꿔 주신다고 하니 그러면 4번째 안경인 셈이다.

　내가 시력이 나쁜 이유는 아마 유전인 것 같다. 아버지, 어머니, 할아버지부터 해서 고모, 고모부, 삼촌, 숙모, 고종사촌까지 다 안경을 끼고 있다. 물론 내가 텔레비전을 많이 봐서 그럴 수도 있다.

　나는 뿔테, 금테, 쇠테 등 여러 가지 안경테를 써 봤다. 그리고 나는 다른 아이보다 눈이 많이 나쁜 것 같다. 도수가 높은 안경을 쓰면 눈이 더 나빠진다고 한다. 그러니까 눈 관리를 더 철저히 해야겠다.

물론 이런 글감에 대하여 쓸 때 흔히 설명문이 되지만, 경우에 따라 서사문이나 감상문으로 쓸 수도 있고 주장하는 글이 될 수도 있으니, 꼭 설명문 쓰기를 강요하여서는 안 된다.

5. 설명문을 생생하게

흔히 어린이들에게 설명문을 쓰게 하면 아주 재미없고 쓸데 없는 사실만 두서없이 열거하는 글이 되고 마는 수가 많다.
다음 글들에서 알 수 있는 것과 같이 어린이들이 쓰는 설명문은 일반적 사실을 풀이하는 글이라도, 구체적 사실을 곁들여 쓰는 것이 훨씬 재미있고 생생한 글이 된다.

우리 선생님
서울 남사국교 6학년 김민선

우리 선생님은 참 자상하시다. 남자 선생님이셔서 맨 처음에는 싫었는데 지금은 좋다. 맨 처음 수업 시간에는 계속 설명해 주셔서 지겨웠는데, 지금은 선생님의 수업시간이 재미있기만 하다. 아이들이 떠들어도 "조용히 하세요."하시곤 곧 수업에 들어가신다. 어린 아이들을 때리시는 적이 없으시다. 체육 시간도 재미있기만 하다. 기본 동작을 가르쳐 주어야겠다고 하시며 앞으로 구르기, 우향우, 좌향좌, 뒤로 돌아를 가르쳐 주셨다. 우리 반 아이들도 체육 시간을 좋아한다.
어느날 여자 부반장 엄마가 우리들 먹을 것을 사오셨는데 교장 선생님이 받지 못하게 하였다고 선생님은 우리들의 먹을 선물을 받지 않으시고 돌려 보냈다. 아이들은 "우리 선생님은 참 이상해. 6반 선생님은 선물을 받아 아이들에게 준다고 하는데." 하고 아이들은 우리 선생님을 원망했지만 나는 선생님이 더 좋다고 생각한다.

우리 어머니
서울 남사국교 5학년 하수연

우리 어머니께서는 나와 10살 차이인 동훈이를 보신다고 늘 피곤해 하신다. 언제나 일어나셔서 나와 동생 경조를 불러 등, 어깨를 주물러 달라고 하신다. 아버지께서도 걱정스런 모습이시면서도 우스갯소리로 "엄마가 병원 가시면 니가 밥하고 경조는 설겆이해야 한데이. 청소도 하고 동훈이도 봐야 한데이." 하신다. 주무를 때마다 엄마가 아파하시는 것을 보고 너무너무 불쌍해 보였다. 30분 주무르고 나면 어머니께서는 기운을 차리시고 아침밥을 지으신다.

점심 때가 되면 여느 때와 같이 활기를 되찾으신다. 동훈이의 이유식도 만드시고, 동훈이를 유모차에 태우고 마을을 도신다. 동훈이도 그 때에는 활기찬 모습으로 활짝 웃는다.

동훈이가 오줌을 잘 싸므로 기저귀를 많이 빨아야 한다. 그래서 그 때에는 나와 경조가 동훈이를 본다. 어떤 때는 내가 30분 동안 업을 때도 있고 유모차에 태우고 여러 갈래로 갈라진 곳을 탐험하듯 간다.

그러나 특별한 때에만 그렇고 여느 때에는 동훈이를 앉혀 놓고 웃긴다고 온힘을 다 쓴다. 그러나 동훈이가 엄마를 보면 또 운다. 그러면 엄마는 적당히 웃겨 주고 다시 기저귀를 빠신다. 그 30여 분만 보는 것도 힘든데 엄마가 하루 종일 보는 것은 얼마나 힘들까? 정말 믿어지지 않는다.

그리고 아빠가 늦게 들어오시는 날에는 엄마 혼자서 아기를 보신다. 나는 엄마를 도우려고 하면 엄마는 이마에 주름을 잡고 나에게 호통치는 것 같이 이야기하신다.

"야, 니 보지도 못하면서 마 자라. 일어나면 눈이 시뻘거면서 더 안 자면 어찌 되겠노, 눈이?"

그러면 나는 순순히 내 방에 들어가 머리를 베개에 묻는다. 그 이유는 더 이상 엄마께 걱정을 끼치지 않기 위해서이다. 내가 만약 내 고집을 꺾지 않으면 엄마는 더 마음이 쓰라리실 것이고, 나와 엄마 다 마음이 상하게 된다. 그 때 내가 고집을 꺾어야 엄마도 밤동안 편안히 동훈이를 볼 수 있다. 이럴 때면 엄마가 힘드시지 않게 아빠께서 빨리 오시면 좋겠다.

우리 아빠

서울 이수국교 3학년 최유미

우리 아버지께서는 우리를 위해 밤 늦게 들어오셔서 아침 일찍 나가신다. 우리 아버지께서는 저녁 일찍 들어오시면

"아이고, 온 몸이 아프구나."

라고 말씀하신다. 나는 아버지 어깨를 주물러 드리고 싶지만 그럴 수가 없었다. 내가

"아빠, 어깨 주물러 드릴까요?"

라고 말씀드리면 아버지께서는

"아니다. 됐어."

라고 말씀하신다. 그러면 아버지께서는 피곤해서 얼른 주무셨다. 나는 그러시는 아버지가 불쌍하다. 우리가 공부 잘 하라고 피곤하셔도 참으시고 열심히 일을 하신다. 나는 열심히 일하시는 아버지를 위해서라도 공부도 열심히 하고 몸도 튼튼히 하고 부모님 말씀 잘 듣겠다. 우리 아버지께서는 매일 나하고 동생한테
 "아빠 걱정은 하지 말고 우리 딸과 아들 공부나 열심히 했으면 좋겠다."
라고 말씀하신다. 이제부터는 공부 잘 하고 부모님 말씀 잘 듣는 착한 딸이 되겠다.

나의 하루

서울 방배국교 5학년 이지영

 나의 하루는 요즘 너무 바쁘다. 나만 그런 것은 아니겠지만 나는 요즘 쉬는 것도 힘들다. 요즘 아이들은 화장실도 재촉하며 가는 것 같다. 나만 해도 그렇다.
 아침에 일어나서 세수하고 밥 먹고 양치질하고 옷 입고 가방 메고 학교로 꾸불꾸불 길을 걸어간다. 그리고 학교를 갔다 온 다음 학원을 두 군데 갔다 온다. 요즘에는 병원까지 다니고 있어서 더욱 힘들다.
 우리 엄마는
 "지영아, 힘들더라도 조금만 참아라. 방학이 되면 좀 덜할 거야. 그리고 방학 때 속셈은 쉬게 해 줄게."
하신다. 매일 그 소리만 하신다. 나도 이 소리에 질렸다. 하지만 '나 잘 되라고 하는 소린데 뭐.' 이러고 넘겨 버린다.
 이러는 게 좋긴 좋다. 아빠께서 들어오실 때는 카폰으로 연락을 해서 공부 안 하나 하나 물어 보시고 공부를 하면 내 선물을 한아름씩 사 오신다. 또 오늘은 전화로 연락을 했더니 아저씨 보내서 무엇을 주신다고 하셨다.
 학교 생활을 본다.
 1교시에는 '국어' 능력껏 듣는다.
 2교시에는 '산수' 능력껏 듣는다.
 3교시에는 '사회' 능력껏 듣는다.
 야, 한 시간만 있으면 점심 먹는다.
 4교시에는 '자연', 능력껏 군침을 돌리면서 기다린다.
 드디어 내가 좋아하는 점심 시간. 야, 이젠 누구랑 먹을까. 이런 생각을 가지고 학교를 다닌다.

하루가 이렇듯이 우리가 커서 사회인이 되어서 이렇게 바쁘다면 정치하는 사람은 아주 좋은 정치를 할 수 있을까. 연예인(가수)들도 정을 줄 수 있는 노래를 부를 수 있을까.
내가 어른들께 하고 싶은 말이 있다.
"엄마 아빠, 우린 힘들어요. 쉴 수 있는 시간을 주세요."

대상을 설명할 때 더욱 생생하게 나타내는 방법은 대상을 그대로 그려내는 것이다. 이를 묘사라고 한다. 사람을 설명할 때 모습이나 행동을 눈에 보이듯 그려내는 방법으로 쓴 글을 보여 주고, 그 모습을 떠올려 보도록 한다. 서사문에도 이러한 묘사의 방법으로 쓰는 것이 좋지만, 설명문의 경우에도 대상을 묘사하면 글이 생생해진다.

내 짝궁
고일국교 3학년 이정훈

우리 학교에서는 일 주일마다 자리를 바꾼다. 나는 맨 첫자리에 앉았다가 한 칸 뒤로 갔다. 이번 내 짝궁은 나와 같은 단지에 산다. 학교에서 몰래 필통을 보았더니 나와 같은 안전 연필을 갖고 다닌다. 내 짝궁은 몸이 날씬한 것 같은데 허벅지가 굵다. 얼굴은 수박처럼 동그란 모양으로 생겼다. 나보다 발표를 잘 하는데 목소리가 작아 옆에 앉아도 들리지 않는다. 내 짝궁은 내가 나쁜 소리 하면 꼬집는다. 꼬집는 것도 보통이 아니다. 한번 꼬집으면 피가 흐르지 않고 맥박이 뛰지 않을 정도로 되게 꼬집는다. 내 짝궁이 꼬집으면 나도 싸우지만 몰래 팔과 허벅지 등을 꼬집는다. 내 짝궁의 앞의 여자는 내 짝궁을 보호해 준다.
우리 반 여자들은 꼬집기 대장들이 모여 있는 것 같다. 3학년 중에선 다른 반보다 우리 반이 3학년 전체에서 수문난 것 같다. 우리 반 여자들은 정말 못 말린다.

우리 선생님
경북 부림국교 3학년 정소영

우리 선생님은 머리가 희다. 눈은 크고 길며 둥글다. 눈동자는 말똥말똥거린다. 코는 넓적하고 펑퍼졌다.
그 다음 우리 선생님 입. 잠깐, 이런 말을 해도 되는지 모르겠지만, 우리 선생님 입은 연못에서 금방 나온 오리의 튀어나온 입 같다.
또, 우리 선생님은 고생을 많이 하셔서 입술이 부르터져 껍데기가 붙어 있다.
　우리 선생님 목은 가늘고 길어서 매력적이다. 목이 긴 남자는 어른이 되면 멋쟁이라더니 우리 선생님은 할아버지가 되어서도 멋쟁이가 되시려나 보다.
　우리 선생님 손은 쭈글쭈글하고 핏줄이 볼록 튀어나왔다. 그것도 다 우리 때문일 것이다.
　성격은 매우 **빠르다**. 성질이 났다 하면 무엇이든지 날아갈 판이다. 그리고 무슨 일이든지 빨리 하고 꼭 해내신다. 학급 신문 만드시는 걸 보면 남자가 꼼꼼하시다. 기분이 좋으실 때에는 씽긋 웃으신다. 허허 웃으실 때도 있으시다. 그런 모습을 보면 나도 기분이 좋고, 웃음이 절로 나온다.
　우리 선생님이 고생을 안 하시면 좋을 텐데. 그 고생, 고생, 고생 때문에……
　정들면 잘 하다가, 헤어지면 정말 한 번도 안 볼 것처럼 그렇게도 변덕스러우신 우리 선생님, 그래도 이 세상에서 세 번째로 좋으신 우리 선생님, 나는 진정으로 선생님이 좋아요.

6. 서사문 속에 담긴 설명

물의 오염

　　　　　　　　　　　　　　　부천 원종국교 6학년 이한희
　성당에서 테니스 공을 가지고 놀았다. 아이들을 모아서 짬뿡(공을 주먹으로 날리는 것)을 했다. 내가 실수로 너무 세게 날려서 똥물에 빠졌다. 그러나 다행히 쉽게 꺼낼 수 있었다. 계속 하다 보니 공이 또 똥물에 들어갔다. 아이들은 똥물을 시궁창, 똥창, 구정물이라고 부른다. 한복판에 공이 들어가 돌을 던져 물이 퍼지는 것에 의해 꺼냈다.
　옛날에는 그렇게 더럽지는 않았다. 송사리, 미꾸라지, 개구리 등이 많이 있었는데, 요즘은 그 물이 오염돼 파리와 모기가 들끓고 물의 색도 검은 색이다. 그 똥물을 따라서 올라가면 기름이 둥둥 떠 있고, 그 위를 더 올라가면 논에서는 농약을 쓴다. 또 우리 동네 근처는 폐수를 내 보낸다. 물에서는 악취가 나고 물의 색도 검다. 또 물을 보면 갖가지 쓰레기가 쌓여 있다. 신발짝, 자전거 바퀴, 봉지, 종이, 연탄 등 물이 점점 오염되어 가고 있다.

농약을 쓰는 논에는 퇴비를 많이 주고, 하수도로 통해 나가는 물은 정화시켜 내보내고, 쓰레기를 물에 버리지 않으면 전같이 물은 맑아지고 개구리와 미꾸라지 등을 볼 수 있을 것이다. (4. 9)

달팽이
부천 원종국교 6학년 양동원

우리 미성 아파트 5동 옆에는 밭이 있는데, 밭을 일구고 싶은 사람이 일구어 아무거나 심어 가꾸는 곳이다. 우리도 12칸 밭에서 2칸이 있는데, 거기에 케일, 배추, 갓, 상추, 근대, 호박 이렇게 6가지를 심었다.
  엄마와 시장에 갔다 오는 길에 근대를 뜯어 근대나 물을 묻혀 먹으려고 밭에 들어와 보니 배추 어린 잎줄기에 구멍이 송송 뚫려 있어 배추 잎사귀를 보니 이상한 보라색 벌레와 달팽이, 녹색 벌레가 갉아먹은 것 같았다. 그래서 벌레들은 다 죽이고 달팽이는 가지고 놀았다. 달팽이는 동그런 짐을 등에 매달고 천천히 기어가고 있었다. 기다랗게 늘인 목 끝에서 길어졌다 짧아졌다 하며 안테나처럼 빙글빙글 도는 네 개의 까만 촉각은 더욱 신기했다. 또, 머리를 툭 치면 쏙 들어가는 모습은 우스웠다. 자연의 세계에는 신기한 일이 많다는 것을 느끼게 되었다. 오늘의 달팽이 관찰은 참 재미있었다. (6. 12)

 이 두 글은 모두 일기로 쓴 것인데 글의 형식은 서사문이다. 그러나 이 글 속에는 설명의 부분이 들어 있다. '물의 오염'에서는 가운데 부분이 설명이고, '달팽이'에서는 첫 부분이 설명이다. 앞의 글에서는 현재와 과거를 비교하기 위해서 일반적 사실을 설명한 것이다. 이렇게 함으로써 글의 내용을 잘 알 수 있게 되었다.
 다음 글도 일기로 쓴 것인데, 어머니와 아버지를 설명한 부분이 들어 있다. 그런데 묘사의 방법으로 써서 아주 생생하게 되어 있다.

아버지
서울 개화국교 6학년 신현복

3월 18일 (화) 비
 학교 수업이 파하고 청소를 하고 있었다. 밖의 운동장에는 비가 보슬보슬 내리고 있었다. 이대로 집으로 돌아가다간 옷만 흠뻑 비에 적실 것 같았다. 그러면서도 어머니께서 학교에 찾아오셔서 우산을 전해 주시기를 기대하지를 않았다. 이유는 남들이 듣기에는 너무 엉뚱한 것이다.
　현재 우리 아버지, 어머니의 연세는 각각 59세, 53세이시다. 서로 너무 늦게 만나 결혼하셨던 탓이었다. 그런 분들인만큼 그 분 모두의 검은 머리카락에는 흰 머리카락이 몇십 개나 나 있고 얼굴에는 주름살이 퍼져 있다. 거기에다 어머니께서는 키가 나와 몇 센티미터 차이로 작으신데다 아버지께서는 노오란 황금 이빨을 가지셨다. 그런 분과 함께 거리를 걷노라면 창피하기 짝이 없을 뿐이다.
　'그러니 차라리 비나 맞으며 집으로 돌아가는 것이 낫겠지.'
　이것이 내 삐뚤어진 생각이었다. 그런데 내가 예상했던 것과는 반대로 아버지가 나를 마중하러 오셨다. 청소하는 아이들 앞에서 그 노오란 황금 이빨을 내보이시며 아버지는 말씀하셨다.
　"현복아, 우산 가져왔다."
　"네……, 안녕…히… 가세……."
　등골이 오싹해진 나머지 말을 잘 잇지 못했다. 꼭 남들 앞에서 발가벗겨진 알몸 상태의 기분이라고나 할까? 아무튼 그 때는 너무나도 창피스러웠다. 저런 아버지를 가졌다는 것이. 나는 이런 삐뚤어진 마음을 고쳐 보려고 했지만, 그것이 어렵기만 하다.

7. 맺는 말

　아이들에게 설명문을 쓰게 할 때 흔히 '우리 나라의 기후'니 '우리 나라의 자연'이니 '우리 나라의 산'이니 하는 제목으로 쓰게 하는데 이것은 올바른 지도 방법이 아니라고 본다. '요즘 하는 놀이'에 대해서 쓰라고 하면 어렵지 않겠지만, '우리 나라의 산'에 대하여 쓰라면 기껏해야 교과서나 백과사전에 있는 내용을 베껴 쓰는 정도가 될 것이다. 이런 제목으로 글을 쓰라면 아마 교사들도 제대로 쓰지 못할 것이다. 어디까지나 아이들이 잘 알고 있는 것, 관심을 가진 문제에 대하여 쓰게 해야 한다. 그래야 잘 쓸 수 있고, 흥미를 가지고 쓸 수 있다.
　어린이들에게 일기 지도를 중심으로 글쓰기 교육을 하면 주로 쓰는 글은 서사문과 감상문이 된다. 글 속에 설명으로 쓴 부분이 있긴 하지만 전체가 설명이 된 글은 거의 없다. 그러므로 일기 쓰기로 모든 글쓰기 지도를 대신할 수는 없다. 또한 〈쓰기〉 교과서의 설명문 쓰기 단원은 분량도 적고(한 학기에 한 단원), 내용도 제대로 된 것이라고 할 수 없다. 아이들에게 글감을 주어 설명하는 글을 쓰도록 하는 지도는 아이들이 자기 자신과 주변 사람 그리고 자기 주위의 일에 대하여 잘 알 수 있도록 하는 교육 방법이라고 하겠다.

 글쓰기 지도를 열심히 하는 교실에서도 주로 일기 쓰기나 서사문 쓰기를 위주로 가르치는데, 설명문과 감상문, 주장하는 글, 시, 편지 같은 여러 갈래의 글을 고루 지도하는 것이 진정한 '삶을 가꾸는 글쓰기 교육'이 될 것이다.

편지 쓰기 지도
― 사람의 마음을 이어주는 편지글 ―

최 창 의

  편지는 일상 생활을 하면서 사람끼리 하고 싶은 말을 나누는데 빼놓을 수 없는 중요한 매체이다. 그러나 각종 통신 수단이 발달함에 따라 편지를 쓰거나 받는 기회가 드물어졌다. 아이들 역시 편지는 학교에서 시켜서 혹은 어떤 행사를 맞이하여 쓰는 것으로 받아들이고 있다. 편지의 독특한 맛이나 장점이 잊혀지고 있는 것이다.
  편지는 쓰면서 즐겁고 받아서 즐거운 글이다. 그것은 내가 상대에게 하고 싶은 말이나 맺힌 마음을 마음껏 털어놓을 수 있기 때문이다. 사람의 따듯한 사랑과 정을 전해주기 때문이다. 손쉽게 거는 전화에 비해 상대방을 훨씬 깊고 진지하게 생각해서 쓰는 게 편지다.

1. 입으로 말을 하듯 자연스럽게 써야 한다.

  편지글은 사람이 하는 말과 가장 가까운 글이다. 그러니 실제로 만나서 입으로 할 말을 그대로 쓰면 된다. 오랫만에 친구를 만났다면
  "참 오랫만이야! 그 동안 어떻게 지냈어?"
하고 말할 것이다. 어느 겨울 날, 전에 가르쳐 준 선생님을 만났다면
  "날씨도 차가운데 그 동안 건강하셨어요?"
하고 말할 것이다. 이처럼 입에서 저절로 나오는 말로 쓰면 된다. 더군다나 편지는 다른 글에 비해 글을 받아 볼 대상이 뚜렷하다. 그러므

로 글을 쓰기 전에 상대방의 얼굴을 눈 앞에 떠올려 그 사람과 지금 이야기를 나누고 있다는 기분으로 쓰는 게 좋다.
 아이들이 편지글을 쓰기 시작해 인사말부터 막히는 경우가 흔히 있다. 그 까닭은 대부분 화려한 계절 인사나 옛부터 굳어진 안부 인사를 떠 올리기 때문이다. 예를 들면
 "오곡백과 물씬 향기를 날리며 가슴이 텅빈 가을 날……"
어쩌고 하는 어설픈 감상투나
 "아버님, 그 동안 만강하옵시고……"
하는 춘향전 식의 어려운 안부 인사다. 이런 첫 인사부터 살아있는 말로 스스럼없이 쓰도록 해야 한다.
 '하고 싶은 말' 역시 쉬운 말로 간결하게 써야 한다. 지나치게 어려운 한자말을 쓰거나 화려한 문구만을 어지럽게 늘어놓으면 편지의 생명과도 같은 진실성이 떨어진다. 사연을 너절하게 써서 받는 사람이 무슨 말을 썼는지 알아볼 수 없게 해서도 안 된다.

〈보기글 1〉

 탄광에 계시는 아빠께

 아빠, 컴컴하고 무서운 굴 속에서 밤낮을 가리지 않고 일하시느라 참 고생이 많으시지요.
 아빠는 언제나 "공부 열심히 해서 이 아빠처럼 살지 말고 부자집에서 잘 살아야 해."하고 말씀하셨지요. 부자집에서 잘 사는 것만이 최고라고 생각지 않지만, 저는 아빠의 말씀이 머릿속에서 늘 맴돌아요.
 아빠, 9월말 시험 점수를 보시고 점수가 낮다고 도장을 안찍어 준다고 하셨지요. 그때 저는 "아빠, 잘 할테니 찍어 주세요"하며 졸랐지만, 아빠는 찍어 주지 않으셨어요.
  …………
 우리가 잠잘 때도 아빠는 무서운 밤길을 걸어 일터에 나가시죠. 그리고 한 달 동안 진 외상값과 용돈이 모자라서 다른 사람들처럼 술도 안 잡수시고 일찍 퇴근하시는 거 다 알아요. 우리가 사고 싶은 것, 먹고 싶은 것 못 사 주실 때 가슴 아픈 마음도 저는 알고 있어요.

언젠가 아빠가 어렸을 때 공부는 잘 했지만 돈이 없어서 다니고 싶은 학교를 못 다니셨다고 말씀하실 때, 아빠의 두 눈에는 눈물이 괴어 있었어요. 그래서 우리에겐 더욱 열심히 공부하라고 말씀하시는 것 같아요.
　　아빠, 정말로 열심히 공부할래요. 그래서 꼭 아빠가 바라시는 일을 해내겠어요. 지금 일이 고되고 어렵더라도 그런 날을 기다리며 참아 주세요.
　　아빠, 이젠 줄여야겠어요. 언제나 몸 건강하시길 빌어요.

10월 30일
아빠의 딸 강숙 올림

　이 글은 탄광에서 일하는 아버지에게 보낸 글이다. '하고 싶은 말'을 마치 마주앉아 이야기를 나누듯 써서 정이 듬뿍 담긴 편지가 되었다. 매일 만나는 아버지이기 때문에 인사말도 편하게 썼지만 오히려 자연스럽고 적절하게 느껴진다. 평소에 아버지가 한 말이나 모습을 그대로 살려 써서 아버지에 대한 고마움이 잘 드러난 편지글이다.

2. 하고 싶은 말을 솔직하게 써야 한다.

　편지글 쓰기를 하다 보면 몇 줄 쓰다가 마는 아이들이 있다. 그러면서 쓸 말이 더 이상 없다고 한다. 이런 아이들은 대개 편지란 별난 이야기를 쓰는 걸로 잘못 알고 있는 경우이다. 아이들이 쓰는 편지는 실제로 어떤 전할 말이 있거나 특별한 부탁을 하기 위해 쓰는 일은 그리 많지 않다. 부모님이나 선생님, 가까운 친구에게 평소 하고 싶은 말을 쓰는 게 대부분이다. 그러므로 날마다 겪는 일과 그 속에서 갖는 생각이나 느낌이 중요한 내용이 될 수 있다. 요즘 집이나 학교에서 하고 있는 일과 생각, 즐거웠던 일이나 보람있었던 일, 잘못한 점 등을 쓰면 되는 것이다.
　또 지나치게 편지의 격식을 강조하다 보면 정작 하고 싶은 말을 쓰는 데 자칫 장애가 되기도 한다. 편지는 다른 글과 달리 일정한 형식과 예의를 갖춰 써야 하지만 그런다고 형식만 잘 갖추었다고 해서 좋은 글이라고 할 수 없다. 격식 못지않게 '어떤 내용을 써야 하는가?'에 대한 지도가 중요하다. 더구나 저학년 아이들을 지도할 때는 형식 지도에 앞서 '하고 싶은 말', 곧 사연을 자연스럽게 쓰는 데 더 힘을 쏟아야 한다고 본다.

다음으로 자신의 생활과 마음을 정직하게 전해야 한다. 읽고 나서도 무슨 말을 썼는지 모르겠거나 상대방의 생각이 전해 오지 않을 때에는 좋은 편지글이라 할 수 없다. 하고 싶은 말을 솔직하게 털어놓지 않고, 마음에도 없는 이런저런 말을 늘어놓았을 때 이런 현상이 벌어진다. 서투르고 맞춤법이 틀린 편지라도 진실되게 쓴 글이 감동을 준다. 편지를 쓸 때만 갑자기 착한 아이가 된 것처럼 거짓되게 쓰지 않도록 주의해야 한다.

〈보기글 2〉

동생에게

내 사랑하는 동생 옥희야!
너에게 잘해 주지 못해 미안하다. 언제나 집에서 큰소리 떵떵치고 너에게 야단만 치니 말이다. 또 나는 약속을 안 지키면서 너에게만 강조하고 안 지키면 때리기도 했어. 그 때 이 언니가 미웠지? 내가 나쁘다는 것을 알면서도 자꾸 그렇게 되고, 고치려고 노력해도 잘 안 돼. 참을성이 없나 봐.
네가 상을 타서 엄마 아빠에게 칭찬을 받을 때 그것을 못참아 너에게 욕을 하니 말이야. 그래서 엄마 아빠가 나에게 남자라고 하고 깡패라고 불렀지. 하지만 이 언니는 남자라는 소리가 좋다. 어쩌면 내가 남자로 태어나야 하는데 잘못 태어났는지도 모르지. 그렇지만 까부는 것도 욕하는 것도 언제가는 고쳐질 거야.
동생 옥희야 안녕.

11월 13일
언니 미경이가

동생에게 평소에 한 행동을 반성하며 쓴 글이다. 어떤 잘못을 했는지와 그 때 한 생각을 구체적으로 들어 썼다. '내가 나쁘다는 것을 알면서도 자꾸 그렇게 되고……' 하는 부분과 '그렇지만 까부는 것도 욕하는 것도 언젠가는 고쳐질 거야' 하는 다짐도 솔직해서 좋다.

〈보기글 3〉

하느님께

하느님, 하느님은 어디에 계십니까? 세상에 계십니까? 대답 좀 해 주십시오.
저에게 소원이 하나 있습니다. 저의 소원을 들어주십시오. 그 소원이 무엇인가 하면, 우리 아버지 술 좀 안 먹게 해 주십시오. 왜 이런 것을 들어달라 하는가 하면, 우리 아버지가 일찍 세상을 떠나시면 우리는 어떻게 먹고 자고 하겠습니까? 그리고 우리 아버지 몸에도 좋지 않을 것 같습니다.
아버지가 안 계시면 우리는 날마다 짜증이 나고 슬플 것입니다. 살아갈 수는 있겠지만 고생을 하면서 살아갈 것입니다.
하느님, 요전에 혜진이 아버지가 돌아가셨습니다. 혜진이 가족들을 잘 지켜 주십시오. 물론 다른 사람들도 다 그렇게 하여 주십시오.

11월 16일
김신자 올림

하느님께 쓴 편지인데 어린이답게 소박하고 순수하게 말을 하였다. 이 글을 읽고 나면 '하느님께 꼭 바라고 싶은 것을 진심으로 썼구나' 하는 것을 느끼게 된다. 터무니없는 바램이나 욕심이 아닌 '아버지가 술을 그만 먹게 했으면' 하는 삶에서 갖는 가장 절실한 바램을 담았기에 감동을 준다. 그리고 끝에 다른 사람의 아픔을 걱정해주는 것도 이 어린이와 같은 태도를 가진 사람이 아니면 흉내낼 수도 없을 것이다. 이처럼 자기가 하고 싶은 말을 정직하고 꾸밈없이 써야 사랑을 전할 수 있다.

3. 다양한 방식으로 편지 쓰기를 해 본다.

편지를 받을 대상을 다양하게 넓혀보거나 다른 문종을 편지글 형태로 써 보는 것도 좋다. 사물이나 자연, 작가 등 하고 싶은 말이 있는 대상이면 누구라도 괜찮을 것이다. 소나무나 바다와 이야기를 나누듯 쓸 수도 있고, 북한의 어린이에게 하고픈 말을 쓸 수도 있다. 농촌 어린이가 도시 어린이에게 쌀값 문제나 농촌의 어려움에 대해 말할 수도 있다. 더 나아가 책이나 텔레비전을 보고 얻은 감동이나 문제점을 지적하는 글을 작가나 연출자에게 보낼 수도 있다.

또한 이미 알려진 방법이지만 독후감이나 일기, 기행문, 관찰 기록문 따위를 편지글 형태로 쓸 수도 있다. 읽은 책의 주인공이나 작가에게 느낀 점과 하고 싶은 말을 편지글로 써보면 독후감에서 으례히 줄거리만 늘어놓는 일을 막을 수도 있다. 또 여행을 가서 보고 듣고 느낀 점이나 생물을 관찰한 내용을 편지글로 써보면 새롭고 알찬 글이 되기도 한다.

〈보기글 4〉

　　권정생 아저씨께

　　아저씨, 안녕하셔요?
　　언제 방학이었냐는 듯 개학이 빨리 오고 말았어요.
　　아저씨께서 강아지 두 마리와 가난하게 살고 계신다는 이야기에 저는 코끝이 찡해졌어요. 또 제 생활에 행복감도 느꼈고요.
　　사실 사람들은 부자가 되길 원해요. 저도 그러니까요. 또 모두들 입으로만 통일을 부르짖는 것 같아요. 그런 우리에게 이야기로 통일의 꿈을 키워주시는 아저씨가 저는 한없이 존경스러워요.
　　전 아저씨가 쓰신 '몽실 언니', '바닷가 아이들'을 다 읽었어요. 눈물이 나오려는 것도 간신히 참다 결국 눈물이 나오고 말았어요. 결핵에 걸리셨으면서도 우리들을 위해 동화를 써 주신 아저씨가 정말 고마워요.
　　건강하게 오래오래 사십시오.

8월 29일
조미혜 올림

　동화 작가인 권정생씨에게 쓴 편지글이다. 권정생씨의 살아가는 이야기와 동화를 읽고 생각한 점과 느낀 점이 잘 드러난 글이다. 이처럼 대상을 넓혀 써 보게 하는 것은 아이들이 자라면서 겪는 불편함이나 어려움을 편지 형태로 알리고 지적하는 태도를 기르는 데도 그 뜻이 있다.
　사람의 마음을 이어주는 다리 구실을 하는 편지를 우리 아이들이 즐겨 쓰도록 해야겠다. 그러면 세상이 한결 따뜻하고 정다워질 테니까.

조사 보고문 쓰기 지도

김용근

　어린이들과 마음을 병들게 하는 '우리말과 글'에 대해서 조사해보기로 했는데 마침 '한글날'이 중간에 있어서 쉽게 우리말에 대해 접근할 수가 있었다. 아이들도 1학기 때 '공해문제'에 대한 현장조사를 해 본 경험이 있고 그동안 우리말에 대한 흥미를 가지고 있는터라 모두가 좋다고 하면서 열심히 조사하는 모습들이 보기 좋았다.
　우선 모듬별로 무엇을 할 것인가를 토론하게 했다. 하는 방법이나 차례는 지난 학기때와 비슷하게 하면 된다고 이야기를 할 뿐 아무런 간섭을 하지 않고 단지 참고가 될 만한 자료나 책을 소개해주었다.
　기간은 약 20일간으로 정해서 조사하고 연구하는 시간들은 수업이 끝난 후에 모듬별로 모여서 함께 시작하였다. 6개 모듬이 '우리말 바로쓰기 조사' 중에서 '우리말 쓰임 조사' '옷과 사탕 이름 조사' '우리 동네 간판 조사' '얼음과자와 과자 이름 조사' '학용품 이름 조사' '신발과 장난감 이름 조사'로 나누어서 조사하고 결과를 정리하여 발표하였는데 눈에 띄게 아이들에게 많은 변화가 일어났다. 될 수 있으면 다른 나라 말(외래어)을 쓰기보다는 우리말을 쓰려는 모습들이 많았고 친구가 간혹 잘못 말한 다른 나라 말이 있으면 옆에서 서로들 고쳐서 말해주거나 "우리말이 아니다"고 말하는 모습들을 자주 볼 수 있었다. 또한 다른 나라 말로 된 '학용품', '신발', '과자', '다른 나라 말로 된 옷' 따위들은 아예 거들떠 보지도 않을 정도로 태도들이 많이 변했다. 모듬별로 아이들이 조사하여 쓴 글을 한 편 보이기로 한다.

〈우리말 바로쓰기 조사〉

1. 모듬 이름 : 영구모듬
2. 조사한 사람들 : 전미경, 송성훈, 조영민, 조연섭, 이선주, 문지훈
3. 기간 : 10월 2일 - 10월 19일
4. 조사를 하게 된 동기

　'한글날'을 맞아 선생님이 일상생활에서 다른 나라 말(* 외래어도 우리말이 아님)을 너무 많이 쓴다고 안타까워했다. 그러면서 다른 나라 말을 우리말로 고쳐 보는 조사를 하여 우리의 자랑스러운 한글을 생활속에서 바르게 쓰도록 하자고 했다. 우리 모듬은 우리말에 관심이 있는 터라 우리가 쓰고 있는 말을 조사하기로 정하고 시작하였다.

　조사를 하다보니까 단순히 해야 된다는 마음보다는 이러다가는 한글이 사라질지도 모른다는 생각이 많이 들었다. 처음에는 "에이 뭐 그렇게 많겠어"라고 생각하였는데 뜻밖에 너무 많은 다른나라 말이 우리 생활에 쓰이고 있는 것을 알았다. 또 무심코 우리가 쓰고 있는 외래어 하나 하나가 우리 나라를 어지럽게 하고 급기야는 한글이 다른 나라 말 속에 파묻혀 버리는 안타까운 사실을 알고 가슴이 무척 아팠다. 충분히 우리말로 말할 수 있는데 외래어로 쓰고 있는 것 같아 이번 기회에 다른 나라 말을 뿌리 뽑자는 생각이 들기까지 했다.

　조사를 하면서 흥미가 생기고 몰랐던 것도 알게 되니까 힘든 것도 모르고 하게 되었다.

5. 조사방법
① 우리말과 다른 나라 말(외래어)를 찾아본다.
② 다른 나라 말 중에서도 우리가 생활에서 잘 쓰는 다른 나라 말과 그렇지 않은 다른 나라 말을 찾아본다.
③ 찾은 것을 우리말로 고친다.
④ 도서관이나 책방에서 도움이 되는 책들을 찾아본다.
⑤ 어른들이나 친구들에게 쓰고 있는 다른 나라 말을 물어보고 공책에 적어 놓는다.

⑥ 우리말 사전과 신문을 뒤져본다.
⑦ 방송에서 자주 나오는 말들을 잘 듣고 공책에 기록해둔다.
⑧ 여러 차례 모임을 갖고 토론을 벌인 후에 잘 다듬어서 정리한다.

6. 조사내용

우리가 자주 쓰고 있는 다른나라 말 81개를 우리말로 고쳐 보았다,. 대체로 일본말은 할아버지나 할머니나 어른들께서 많이 쓰시고 계시며 영어는 젊은 언니 오빠나 우리 또래들이 많이 쓰고 있다.

할아버지나 할머니들께서 일본말을 많이 쓰시는 까닭은 '일제 침략기' 때 일본 사람들이 하던 말이 입에 배어서 쓰신다고 생각되며, 우리 또래나 젊은 언니 오빠들이 영어나 다른 나라 말들을 쓰고 있는 까닭은 아무래도 나라가 발전하고 서로 문화를 주고 받으면서 자연스레 다른 나라 말이 들어오고 많이 나돌고 있기 때문이라고 생각된다.

우리들이 조사한 내용은 다음과 같다.

〈우리들이 조사한 내용〉
■ 밑줄은 다른나라 말(외래어나 한자말)
■ ( )는 우리가 고친 우리말

o 어머니 노트(＊공책) 사게 돈 좀 주세요.
o 와르바씨(＊나무 젓가락) 좀 주세요.
o 쓰메끼리(＊손톱깎이) 어디 있니?
o 자, 점심시간입니다. 식사(＊밥, 진지) 하러 갑시다.
o 벤또(＊도시락) 싸 왔나?
o 쓰봉(＊바지)은 입었니?
o 가방 종류는 책가방, 손가방 등(＊따위, 들)이 있다.
o 가이댕(＊계단)에 갈 때는 조심해라.
o 오야(＊우두머리)는 어디 갔니?
o 시야시(＊차갑다)된 걸로 주세요.
o 팝콘(＊옥수수 튀긴 것, 깜박) 먹어라.
o 다마(＊구슬) 따먹기 하자.
o 요지(＊이쑤시개) 좀 가져오너라.
o 타이어(＊고무바퀴) 좀 갈아주세요.
o 레코드(＊노래 모음판) 얼마죠?

o 야! 이 게임(*놀이) 참 재미 있다.
o 공간다 골키퍼(*문지기) 잘 막어!
o 뉴스(*소식) 좀 보자.

o 아저씨, 닥꽝(*노란 무)에 모잘라요.
o 저 선수는 지금 드로링(*던지기)을 하려고 합니다.
o 오늘따라 리어카(*손수레)가 무거운걸.
o 그 무비카메라(*움직이는 사진) 얼마입니까?
o 저 벨(*종)소리 아름답다.
o 와! 비스켓(*과자) 너무 맛있다.
o 오렌지(*귤) 얼마예요.
o 우리조(*모듬)가 제일 잘했다.
o 우리 집 키(*열쇠) 어디있지?
o 이 카렌다(*달력) 구 만원 짜리야!
o 저 커텐(*창가리개) 좀 봐 예쁘지.
o 우리 반 티셔츠(*윗옷)가 왔다.
o 타올(*수건) 좀 줘.
o 텔레비전(*말하는 바보상자)보다는 책을 많이 읽읍시다.
o 내 파트너(*짝지)가 못 생겼다.
o 영민아! 패스(*주고 받기)
o 급하다 급해 화장실, 변소(*뒷간)가야 해.
o 저 여자 핸드백(*손 가방) 봐.
o 미니 스커트(*짧은 치마) 입으니까 춥지요.
o 찬스(*기회)를 또 놓쳤다.
o 언니가 하이힐(*뾰족구두)를 신고가네.
o 피자(*서양 빈대떡)가 먹음직스럽구나.
o 다마네기(*양파)는 둥글고 맵습니다.
o 우리 축구 시합(*경기, 내기)하자.
o 저 여자 히프(*엉덩이)가 너무 커.
o 사진은 앨범(*사진 모음책)에 꽂아야지.
o 카메라(*사진기)로 내 얼굴을 잘 찍어라.
o 어머! 스타킹(*긴 양말)에 구멍났어.
o 아이스크림(*얼음보송이, 얼음과자)은 맛있지만 몸에 해로와.
o 저 아이가 코너킥(*구석차기)를 하고 있어.
o 비가 오니까 우비(*비옷)를 입어라.

○ 우리편이 프리킥(*놓고 차기)이야.
○ 오늘 오후(*늦은) 7시에 보자.
○ 저기에 있는 빌딩(*건물)이 무척 높구나.
○ 자, 빨리 아이디어(*새로운 좋은 생각) 내봐.
○ 조립식(*끼워 맞추기) 건물
○ 호랑나비 한마리가 앗싸(*좋다, 얼쑤)
○ 이 물건을 저 입구(*어귀)에 갖다 놓으렴.
○ 감사합니다(*고맙습니다)
○ 어머니께서 간식(*사이참)을 가지고 오십니다.
○ 우유값이 30원 인상(*올리다)되었습니다.
○ 기름값이 500원 인하(*내리다)되었습니다.
○ 특히(*더구나) 이 부분이 더 재미있구나.
○ 우리 시내에 쇼핑(*문건사기, 장보기)하러 갈까?
○ 오늘 스케줄(*예정, 계획)없니?
○ 우리 집 가족(*식구)은 네명이다.
○ 소련과의(*과) 외교를 시작합니다.
○ 자기가 맡은 역할(*할일)은 제대로 해야지.
○ 쓰레기 매립장(*묻다)이 모자르다.
○ 등산(*산에 오르다) 갈래?
○ 돌아오는 휴일날(*쉬는 날) 낚시가자.
○ 화가난 친구가 이제는 미소(*웃음)를 지었다.
○ 매년(*해마다) 이맘때가 되면 고향생각이 난다.
○ 얘야 냉수(*차가운 물) 좀 가져와라.
○ 우리가 들어갈 순서(*차례)입니다.
○ 전체 차렷(*자세바로)!
○ 선생님께 경례(*인사하기)
○ 우리 생활인으로의(*으로) 다짐을 굳게하자.
○ '속초' '속초' 파이팅(*잘하자)!

7. 조사하고 나서 느낀 점

처음엔 '우리말 바로쓰기' 조사를 한다고 했을 땐 참 재미있을 것 같다고 생각했는데 생각과는 달리 너무나 힘들고 어려웠다. 조사를 하면서 제일 보람을 느꼈을 때는 외래어 하나 하나를 알아내어서 우리말로 고쳤을 때였고, 정말 그때 기쁨은 누구도 알지 못할 것이다.

다음은 아이들이 조사하고 말한 내용이다.
　　전미경 : 우리글도 잘 모르면서 다른 나라 말만 알면 좋은 건 줄 아
　　　　　　는 사람이 많다. 하루빨리 외국말은 되도록 쓰지 말고 우
　　　　　　리말을 찾아내고 지키자.
　　송성훈 : 너무 다른 나라 말이 우리 나라 말로 되어가고 있다. 하루
　　　　　　빨리 우리 나라 말을 쓰고 다른 나라 말은 쓰지 말았으면
　　　　　　좋겠다.
　　조영민 : 다른 나라 말을 우리말로 고치니 무척이나 가슴 뿌듯하고
　　　　　　나도 애국자가 된 기분이다.
　　조연섭 : 조사하고 보니 우리말이 별로 없다. 우리말이 죽어가고 있
　　　　　　는데 함께 살렸으면 좋겠다.
　　이선주 : 처음엔 힘들었지만 이렇게 조사를 하고 나니까 보람있고
　　　　　　마음이 뿌듯하다.
　　문지훈 : 우리 고유말이 점점 사라지고 있어서 우리 모두 우리말을
　　　　　　찾아서 쓰도록 해야겠다.

　이번 '우리말 바로쓰기'는 정말 뜻깊은 조사였다. 그 이유는 요즘 사람들은 외래어를 쓰면 유식해 보일까 하고 좋은 우리말이 있는데도 힘든 다른 나라말을 쓰려고 하는 것 같다. 세계에서 가장 독창적이고 과학적이라는 한글이 이렇게 사라져가고 있는 것이 가슴 아팠다. 우리들이 '우리말 바로쓰기'를 하게 되어 사라져 가고 있는 우리말을 조금이라도 살렸으면 더 바랄 것이 없다.
　정말 이번 조사는 사라져 가고 있는 우리말에 대해 다시 한번 생각하게 해준 기회였다.

시 쓰기 지도
— 시를 쓰는 일이 즐겁도록 —

김 진 문

1. 글머리에

 교직 생활 초기부터 아이들이 쓰는 글에 관심을 갖고 이 날 이때껏 글쓰기 지도를 내딴에는 꽤 열심히(?) 해 왔지만 아직 남들에게 '내 지도 사례는 이렇소' 하고 보일만한 모범 지도안이 못된다. 그래서 시 쓰기 지도 사례에 대한 원고 청탁을 받고 자꾸 망설인 것이 사실이다. 내가 아이들에게 시를 쓰게 하는 방법은 우리 글쓰기 회원이라면 누구든지 현장에서 적용해 본 적이 있을 평범한 사례라는 것을 먼저 밝혀둔다.

2. 시와 교과서와 아이들

 ㅈ국교에서 5학년을 담임할 때의 일이다. 쉬는 시간에 옆반 아이들이 국어 읽기책에 실린 시들을 운동장 계단에서 책을 펴놓고 삼삼오오 모여 소리내어 열심히 외우고 있었다. 그런데 내가 보기에는 그 시가 아무 재미도 없는 시였다. '좋은 시도 아닌 듯한데 읽는 사람에게 아무 재미와 감동을 주지 못하는 시를 아이들에게 굳이 외우게 할 필요성이 있겠는가' 하는 생각과 함께 교사들도 시를 보는 바른 안목을 갖는 것이 중요함을 새삼 느꼈다.

그 뒤 그 반에 들어갈 기회가 있어서 인간적인 삶의 내용이 담긴 시집 '재운이', '꽃 속에 묻힌 집', '해바라기 얼굴', '일하는 아이들', '큰길로 가겠다' 같은 시집에 나오는 시를 읽어 주었더니 아이들이 시를 듣고 숙연해지기도 하고 한바탕 웃음이 터지기도 하였다.

몇 편의 시를 읽어주고 난 뒤 아이들에게 물어 보았다.

"재미있니? 지금까지 너희들이 읽어왔던 시하고는 어떻게 다르니?" 아이들 대답으로는 이런 시를 처음 들어 보았단다. 자기들 생활과 형편을 어떻게 그렇게 시로 잘 표현했는지 너무 재미있고 가슴이 찡하단다. 그래서 나는 시가 이렇게 재미있고 너희들도 부담없이 이런 시를 쓸 수 있다는 동기 유발을 위해 슬쩍 "이제, 그만 읽을까?" 하고 물어보았다. 그랬더니 아이들 대답이 한결같이 "아뇨. 더 읽어 주세요. 그 책 한권 다 읽어 주세요."해서 한 시간 내내 시만 읽어주고 나온 적이 있다.

3. 지도교사는 글쓰기에 대한 바른 생각을 가져야

글쓰기 지도를 바르게 하고 싶은 교사는 먼저 기초적으로 글쓰기 전반에 대한 바른 생각을 가지기 위해서 글쓰기 지도의 교과서라 할 수 있는 이오덕 선생님이 쓴 「삶을 가꾸는 글쓰기 교육(한길사)」과 「어린이는 모두 시인이다(지식산업사)」는 필수적으로 읽어야 한다고 생각한다. 그렇지 못할 경우에도 글쓰기 교육의 전반적인 용어에 대한 뜻매김이라도 확고히 이해하는 것이 무엇보다 중요하다. 이에 대한 것은 한국 글쓰기 교육연구회에서 나온 「글쓰기 교육의 이론과 실제 Ⅰ(온누리)」를 참고하는 것이 좋겠다.

4. 학년초의 몇 가지 계획

1) 시와 친숙해지기 위해 자신의 생활 감정과 삶이 나타난 시와 산

문을 많이 읽도록 한다. 아이들의 글모음인「일하는 아이들」,「우리 반 순덕이」,「나도 쓸모있을 걸」,「비오는 날 일하는 소」,「공부는 왜 해야 하노」등의 시집과 산문집을 구비해 두고 수업 시작 전 아침시간, 또는 틈나는 대로 읽어주거나 아이들에게 간단히 감상을 이야기 하도록 한다.

2) 주 1회 정도 글쓰기 시간을 갖는다.(시와 산문)

3) 좋은 내용의 동화책과 어른이 쓴 동시를 많이 읽힌다.(학급문고를 갖춘다.)

4) 일기를 꾸준히 쓰도록 한다.

5) 조별로 벽신문(월 1회)과 가족신문(연 2회)을 만들도록 한다.

6) 주별 활동 계획을 다음과 같이 세울 수 있다.
- ⊙ 월 - 새소식 발표 : 자기의 주변(마을, 집, 친구, 어른, 학교, 길거리에서 본 것, 각종 언론매체 등)에서 보고 들은 새소식을 아침시간에 10여분 정도 발표할 시간을 갖는다.
- • 일기장 제출(남자)
- ⊙ 화 - 좋은 시와 산문 감상하기
- • 일기장 제출(여자)
- • 컴퓨터 배우기 : 전산실에서 한글 문서 편집 익히기(아침시간)
- ⊙ 수 - 이야기 듣기 : 교사가 아이들에게 해주고 싶은 이야기나 아이들이 알고 있는 이야기 발표하기
- • 시, 산문 쓰기
- ⊙ 목 - 크로키(아침시간 30분간 이용)하기와 좋은 노래 부르기
- ⊙ 금 - 전산실에서 컴퓨터 익히기(아침시간 40분간)
- ⊙ 토 - 매주 토요일 특활 시간을 융통성과 다양성을 주기 위해 아래와 같이 운영해본다.

1주 : 학급 어린이회
2주 : 주제 토론회
3주 : 독서하기
4주 : 즐거운 시간 갖기(오락회)

7) 기타 계획
◉ 자기 집의 뿌리 알기(본관, 자기 조부와 외조부 이름 정도는 꼭 알아두기)
◉ 자기 고장과 마을의 땅이름 유래와 전설 알아보기
◉ 교실에 놀이방 만들기(장가, 바둑, 윷, 고무, 공기돌 등 마련)
◉ 교실에 덩굴식물 가꾸어 관찰해보기(호박, 조롱박, 오이, 수세미 등)
◉ 시화전 열기(연 1회), 문집발행(연 1회)
◉ 자기 식구 손발 그리기와 여름방학을 이용하여 손톱에 봉숭아꽃 물들이기
◉ 학교 앞 냇가에 나가 식물과 나무 등을 관찰하고 이름 알기
◉ 판화 지도해 보기

5. 시쓰기 지도 과정

앞서 말한 바와 같이 교사 자신도 시를 보는 바른 안목을 지녀야겠지만 아이들에게도 좋지 않은 시 몇 편을 읽어주어 스스로 알도록 한다.
예를 들어 다음과 같은 시를 읽어주고 질문을 해본다.

 '김장감'―늦가을을 만진다/김장감을 만진다/걱정도 담긴다/(이하 생략)
 '시골 아침'―어머니는 아궁이에 새벽을/태우고 있다/솥 안엔 아침이 끓는 소리/(생략)/아침을 쪼아먹는 참새들/나는 산새 울음을/신나게

쓸어 모으고 있다.

생활이 담긴 시를 자주 읽고 들어 본 아이들에게 위의 시가 재미없고 말을 꾸며 쓴 시라는 것을 다음과 같은 질문을 통해 알도록 한다.

⊙ 우리가 늦가을을 만질 수 있을까?-가을을 어떻게 만져요.
⊙ 아궁이에서 새벽을 태울 수 있을까?-나무에 불이 붙지, 새벽이 불에 탄다는 것은 좀 이상해요. 우리 엄마도 오늘 아침에 장작을 뗐어요 등의 대답이 나온다.

1) 글감 찾기 지도
무엇을 쓰게할 것인가?

생활시는 한 일, 놀이, 본 것, 느낀 것, 생각한 것, 들은 것들 중에서 고르게 한다. 순간적인 감동을 받은 일과 생활에서 느끼거나 생각한 것들 가운데서 고르라고 해도 아이들은 막연함을 느낀다. 또한 관념적인 글감보다는 현실 생활 장면에서 고르도록 하는 것이 좋다. 예를 들면 가을이라는 글감보다는 농촌 아이들의 경우 농사일을 도왔던 경험, 집에서 심부름이나 밥을 했던 일, 감을 땄던 일 등에서 글감을 고르게 해야 한다는 뜻이다.

또 한 가지, 자기 집에서 기르고 있는 동물에 대해 쓰려고 할 때 어떤 글감으로 썼으면 좋을까? 아이 하나를 지명시켜 집에서 소 때문에 있었던 일을 말해 보게 한다.

1. 집에서 소를 팔았던 일, 2. 소죽을 끓였던 일, 3. 소꼴을 벴던 일, 4. 소가 송아지 낳던 모습, 5. 소가 미웠던 일, 6. 소가 일하던 모습, 7. 소 때문에 꾸중들었던 일, 8. 소울음 소리, 9. 소가 자기 새끼를 사랑하는 모습 등을 발표했을 때 그 가운데서 자기에게 가장 느낌이 강한 것(자기 마음에 가장 강한 인상으로 남아 있는 것)을 쓰도록 한다.

글감 고르기가 익숙하지 않을 경우에는 아이들의 생활 중에서 공통으로 쓸 수 있는 글감(공부와 놀이에 대한 것 등)을 2~3번 정도 정해

주어 쓰게 하든가 또는 주별, 월별 글감표를 만들어 주고 쓰게 할 수도 있겠으나 아이들이 쓰고 싶은 것을 마음껏 쓰게 하는 것이 가장 좋은 방법이다.

2) 본보기 시 들려주기
내 경험으로는 공통의 글감을 주고 쓰게 했을 때 또래의 아이들이 쓴 시 몇 편을 들려주었다. 이 경우는 시를 쓰는 처음 몇 번 정도만 본보기 시를 읽어주었다.
　교사 : (본보기 시를 낭독한 후) 지금 낭독한 시를 들어보니 어때요?
　아동 : 아주 재미있게 썼어요. 가슴이 뭉클해요. 자기가 한 일을 솔직히 나타냈어요. 사투리도 썼어요.
　교사 : 그래요. 여러분들도 이와 같은 시를 충분히 쓸 수 있습니다. 그럼, 여러분들이 고른 글감으로 시를 한 번 써 보세요.
　그리고 다음과 같은 말을 해준다.
　⦿ 자기가 한 대로, 본 대로, 들은 대로, 느낀 대로, 생각한 대로, 솔직히 써라.
　⦿ 짧고 간추린 말로 써라.
　⦿ 생전 처음 쓰는 마음가짐으로 남이야 어떻게 쓰든 상관치 말고 써라.
　⦿ '아, 그렇지' 하는 순간의 감동을 마치 눈앞에서 겪듯이 써라.
　⦿ 하나의 중심내용(주제)이 나타나도록 써라.
　⦿ 남의 작품이나 교과서의 동시를 흉내내지 말아라. 방금 읽어준 시를 흉내내서는 안된다.(사람마다 얼굴이 다르듯이 개성이 저마다 있다는 것을 강조한다.)
　⦿ 연과 행은 상관치 말고 써라. 내용이 중요하다.
　⦿ 시 쓰는 동안에는 일체 말하지 말자.(다 쓴 아이도 옆 아이에게 방해가 되지 않도록 조용한 분위기를 유지하도록 할 것.)

3) 구상과 쓰기
이것은 어떻게 쓸 것인가? 라는 문제와 직결된다. 내 경험으로 볼 때 아이들은 구상(얼거리 짜기)을 따로 하는 것이 아니라 시를 쓰는 것과 동시에 일어진다는 것이다. 그때의 경험을 지금 직접 겪는 것처럼 되돌아가 쓰도록 하는 것이 중요하다. 쓰는 시간은 15-30분 정도가 알맞다고 생각된다. 시간이 너무 길면 시를 꾸며 쓰는 경우가 있기 때문이다.

일차로 쓸 때는 원고지보다 공책이나 16절 백지에 죽죽 써 내도록 하는 것이 좋다. 원고지에 쓸 경우 시의 내용보다 원고지 쓰는 법과 글의 맞춤법에 아이들이 신경을 쓰기 때문에 오히려 방해가 될 수도 있다. 따라서 작품 고치기가 끝나고 작품이 완성되었을 때 원고지에 옮겨 쓰도록 해야 한다. 이때 원고지 쓰는 법도 아울러 지도한다.

4) 글고치기 지도

글고치기 지도에는 개별지도와 전체지도가 있다. 특히 이 지도단계에 있어서 교사가 유념해야 할 일은 아이들의 글을 마음대로 함부로 뜯어 고쳐서는 안된다는 것을 알아둘 필요가 있다. 고칠 때는 반드시 글 쓴 아이의 생각과 의견을 물어 아이가 직접 고치도록 하는 것이 가장 좋다.

글고치기 기준은 다음과 같다.
- 솔직하고 꾸밈없이 썼는가?
- 짧고 간추린 말로 썼는가?
- 남의 작품을 모방하지 않았는가?
- 더 써 넣어야 할 말은 없는가?
- 틀린 글자는 없는가?
- 쓸려고 했던 중심 생각이 잘 나타나 있는가?

아이들에게서 처음부터 좋은 작품이 나오리라고 기대해서는 안된다. 처음 써낸 시를 보고 아마도 교사들은 실망할 것이다. 왜? 그것은 시의 형태가 아니고 산문 형태이기 때문이다. 10명 중 8~9명은 내용도 없는 산문형태를 시라고 써냈을 것이다. 그것은 당연하다. 시란 매끄러운 말로만 꾸며 쓰는 것을 당연한 일로 알아온 아이들 수준에서는 이렇게 써낸 시를 먼저 잘 썼다고 칭찬해주는 것이 중요하다. 그래야만 시쓰기에 계속적인 관심과 흥미를 유발시킬 수 있다.
　전체 고치기 지도에는 다음의 방법이 있다.
　교사가 1차로 써낸 한 아이의 작품을 칠판에 적어놓고 글 쓴 아이의 생각을 물어서 고친다. 이 방법은 아이들이 글을 어떻게 고쳐야 하는가를 잘 몰라서 시범적으로 보여줄 필요가 있을 때 하는 방법으로 한두 번으로 그쳐야 한다. 위와 같은 기준에 의해 아이들 스스로 고치게 하되 건성으로 글고치기가 되지 않도록 한다.
　개별지도는 교사와 글쓴 아이가 일대 일로 마주 앉아 고치는 방법으로 고치기 지도에서 가장 효과적이다. 수업이 끝난 오후에 3~4명 정도씩 남겨 지도한다. 이때 글고치기 지도를 하면서 평소 못 나누었던 대화도 나누면 아이들과 인간적인 신뢰감을 다질 수 있는 계기도 된다. 이렇게 해서 10일 정도면 한 반 아이들의 작품을 모두 고치기 지도를 할 수 있다. 시간이 걸려도 하나의 작품을 아이들이 자기 손으로 직접 완성케 하는 기쁨을 맛보도록 하는 것이 중요하다.

〈고치기의 실제〉

　(1) 처음 써낸 시

소뿔
경북 울진 4년 정이원

어미소가 웬 일인지
뿔을 마구 벽에다 박었다.
송아지는 엠메엠메울
엇다. '어미소가 얼마나 아플
까?'
송아지는 계속 엠매엠매
울엇다. '어미소야 재발 뿔을 벽에 박지마라. 송아지를 위해서라도 재발 박지마라.'

⊙ 소가 뿔을 어떻게 박던가?
⊙ 소가 왜 그랬을까?
⊙ 소뿔은 괜찮더냐?
⊙ 박었다를 박았다로 하는게 좋지 않을까?
⊙ 행을 다시 생각해 보아라.
⊙ 울엇다를 울었다로 고쳐라.
⊙ 재발을 제발로 고쳐라.
⊙ 부호에 대해 다시 생각해 보아라.
⊙ 쓴 날짜가 빠졌다.
⊙ 그외 더 써넣어야 할 것은 없니? 등등

(2) 완성된 작품

소뿔

경북 울진 4년 정이원

우리 소가 웬일인지 뿔을
벽에다 콱콱 박았다.
화가 디게 났다.
송아지가 쭈쭈를 먹다가
깨물어서 그렇다.
뿔에 피가 철철 났다.
어머니가 헝겊으로 싸매 주었다.
송아지는 엠매엠매 울었다.
어미소야!
제발 뿔을 박지 마라.
송아지를 위해서라도
제발 박지 마라.
한참 뒤에 어미소는
아픈걸 아는지
가만히 있었다.   (92. 4. 7.)

고쳐쓰기 지도에서 고학년쯤 되면 시의 행과 연을 굳이 강조하지 않아도 아이들 스스로 거의 한다. 그것은 교과서의 시들을 보고 익혔기 때문이다. 위 아이의 경우는 지도해 주어야 한다.

5) 발표와 감상

글을 쓴 뒤 그냥 둔다면 아무 가치가 없다. 모든 아이들에게 자기가 쓴 시를 발표할 기회를 주는 것이 좋다.

발표와 감상은 다음과 같이 한다.
1. 교사 또는 글을 쓴 아이가 실제로 낭독하는 방법.
2. 개인 문집으로 원고를 철해주는 방법.
3. 교실 벽면을 이용해 게시하는 방법.
4. 주간, 월간, 계간, 연간문집 또는 학급 신문으로 펴내는 방법.
5. 작품 전시회(시화전)를 여는 방법 등.

어쨌던 적절한 방법으로 글을 발표하여 아이들이 성취감을 맛보게 해주어야 한다.

감상은 서로의 작품을 바꿔 읽거나 낭독할 때 그 느낌을 말할 수 있도록 한다. 이 때 교사도 자신의 감상을 아이들에게 말해주면 좋겠다.

또 하나, 학급신문이나 문집을 펴내고 싶어도 경비마련 때문에 애를 먹거나 좌절하고 만다. 나의 경험으로는 교사 자신이 부담하거나 아이들의 폐품 수집 활동으로 마련한 경우도 있었고 학부모의 후원을 받아 펴낸 적도 있었다. 학년말에 펴내는 학급문집은 15만원(100쪽/16절모조지/자필/마스타/100부 기준)이상의 경비가 들기 때문에 큰 부담이 아닐 수 없다.

6. 맺는 말

아이들의 시가 지금까지의 잘못되고 고정된 관념에서 벗어나서 제대로 된 작품이 나오자면 적어도 6개월에서 1년 가까이 걸린다. 그것도 교사의 관심과 꾸준한 지도가 뒤따를 때만이 가능하다.

부산의 한 선생님은 '글쓰기는 똥누기'와 같다고 했다. 아주 적절한 말이라고 생각한다. 모든 교육의 궁극적인 목적이 아이들 삶의 바탕을 튼튼하고 올바르게 가꾸어주는 데 있듯이 글쓰기 교육도 예외일 수는 없다. 현재의 잘못된 교육의 독소를 풀어주고 아이들이 자연과 사회의 온갖 사물에 대해 바르게 생각하고 볼 줄 알며 자신의 삶을 소중하게 여기는 태도를 갖게 하는 글쓰기 교육이야말로 가장 좋은 인간교육이라고 확신한다. 따라서 교사들은 아이들이 쓴 글을 통해 그들의 삶을 귀히 여기고 가꾸어주는 민주적 태도로 교육하는 자세를 항상 잃지 말아야 할 것이다.

아이들과 함께 하는 글 맛보기

이 성 인

1. 글 맛보기는 왜 필요한가

　일본에서 생활 글쓰기 운동의 '파브르'라고 부른다는 고쿠붕 이치 타로오는 다음과 같은 말을 했다.
　'쓴 것은 될 수 있는 대로 많이, 학급 어린이 모두가 함께 맛보도록 한다. 감상하게 한다. 잘 표현한 대문은 잘 생각해 내어서, 그 사실을 나타내는 데 알맞은 일본말로 쓴 것임을 깨닫게 한다. 그렇지 않은 곳은 잘 생각해 내지 못한 때문이고, 일본말을 알맹이가 없이 쓴 때문임을 알게 한다. 따라서 잘 생각해 내게 한 것은 표현 이전, 쓰기 전 지난날의 자리에서 잘 보고 있었기 때문임을 가르쳐 준다. 다섯 가지 감각과 몸과 혼(마음)을 잘 썼기 때문임을 깨닫게 한다. 감정이 풍부하고 생각이 든든한 점은 사람이기 때문임을 느끼게 한다. 반발하고 싶은 것이 있으면 조금도 사양하지 않고 말하게 한다. 이렇게 해서 지난날의 생활사실을 바탕으로 하여 자기를 바로 세우고 서로를 이어가는 마음을 북돋워 간다.'('지금을 위한 일'에서, 이오덕 옮김)
　글쓰기 지도에서 '쓰기' 지도만큼 중요한 것이 '글 맛보기'다. 합평이라 해도 좋고 감상이라 해도 좋다. 어떤 글이 참글이고 어떤 글이 거짓글인지, 어떤 글이 좋은 글이고 어떤 글이 좋지 않은 글인지 가려낼 줄 알아야 참글, 좋은 글을 쓸 수 있다.
　흔히 선생님들에게 글쓰기 교육을 하자고 하면, 대답이 대개 "글을 쓸 줄 몰라서 못 하겠다, 안 된다"는 말이다. 그럴 때마다 나는 "글을 잘 쓰고 못 쓰고는 관계가 없습니다. 아이들 글을 볼 줄만 알면 됩니다”하고 말했다. 그런데 아이들에게 어떤 글이 참된 글이고 어떤 글이 거짓글인지 스스로 알 수 있도록 하고, 좋은 글과 좋지 않은 글을 구별할 줄 알게 지도하면, 아이들의 글 쓰는 힘이 훨씬 나아지는 것을 알게 되었다.

우리는 보통 교사들끼리 아이들 글을 돌려 읽고 함께 의논하는 것을 '합평'이라고 한다. 아이들에게 글을 보여 주고 느낌을 말하게 하거나 쓰게 하는 것을 '글 맛보기'라고 한다. 아이들에게 글을 보여 주고 의논하게 해 보면, 뜻밖에도 글을 보는 아이들 눈이 정확하다는 것을 깨닫게 된다.

글쓰기 지도를 할 때, 아이들에게 본보기로 보여 주는 글은 유달리 잘 쓴 글보다는 평범한 글, 같은 또래가 솔직하게 쓴 글이 좋다. "이 정도는 나도 쓸 수 있겠다" 하는 말이 나오는 글을 보여 주면, 쓰고 싶은 마음을 불러일으키는 지도로 성공한 셈이다. 글을 쓰게 하기 전에 반드시 본보기글을 한두 편 보여 주는 것이 좋다.

이와는 따로, 아이들에게 틈틈히 아이들 글을 되도록 많이 읽고 감상하게 하는 것이 여러 모로 좋다. 우선 같은 아이들의 생활과 감정을 알 수 있다. 어른들이 아이들에게 주는 어린이 문학작품을 읽게 하는 것도 중요한 교육의 수단이지만, 같은 또래 아이들의 글을 읽게 하는 것은 그 못지 않게 중요한 일이다. 또, 글을 볼 줄 알게 되면 글을 쓰는 데도 크게 도움이 된다.

2. 글 맛보기는 어떻게 할까

글 맛보기의 방법을 몇 가지 생각해 본다.

첫째는 참글과 거짓글을 구별하도록 하는 일이다. 이오덕 선생님의 책에 거짓글의 보기가 여럿 나오는데, 그런 글을 칠판에 적거나, 복사하여 아이들에게 나누어 준 다음 거짓된 점을 찾아 보게 한다.

우리 선생님

국민학교 5학년

아침부터 비가 주룩주룩 내렸다.
 학교에 도착하니 벌써 많은 동무들이 와 있었다. 제각기 숙제 이야기와 공부 이야기에 한참 떠들썩한 시간을 보냈다.
 이윽고 공부 시작할 때가 되었는데, 석훈이가 보이지 않았다.
 선생님께서는 창 밖을 내다보시고 계셨다. 나도 걱정이 되었다.
 '언제나 1등으로 오던 석훈이가 오늘 따라 웬일이지.'
 걱정이 되는 한편 아직 학교에 오지 않은 석훈이가 슬그머니 미웠다.
 석훈이는 우리 반에서 공부도 제일 못하고 말썽만 부린다. 그뿐 아니라 석훈이 옆에만 가면 지독한 냄새가 나서 모두들 석훈이 옆에 가기 싫어한다.
 선생님께서는 아직도 창 밖을 내다보신다.
 '선생님도 참 석훈이가 늦게 오는 것을 뭘 그렇게 걱정하실까.'
 나는 석훈이가 오든 오지 않든 공부를 하고 싶었다.
 이윽고 석훈이가 왔다. 선생님께서는 석훈이를 부르셨다.
 "석훈이 이 녀석, 왜 이렇게 늦었어."
 석훈이는 그냥 벙긋 웃기만 했다.
 "왜 이렇게 늦었냐니까?"
 선생님께서는 회초리를 들고 석훈이 엉덩이를 한번 딱 때리셨다.
 "석훈아, 말해 봐, 응."
 선생님의 목소리는 울음 섞인 목소리였다. 선생님의 이런 목소리는 처음이다.
 석훈이 때문에 공부가 늦게 시작되었다. 선생님께서는 그게 안타까운 것이었다. 쉬는 시간이 되었다.
 선생님께서는 석훈이 옆에 가시더니
 "석훈아, 아까 많이 아팠지."
하시며 때린 곳을 주물러 주셨다. 석훈이는 부끄러워 다른 곳으로 피하려고 했다. 선생님께서는 석훈이가 한 행동을 보고 벙긋 웃으며 꼭 껴안아 주셨다.
 우리들은 선생님의 고마움을 느꼈다.
 우리들은 선생님께서 공부 잘 하는 아이, 잘 사는 집 아이를 좋아하시고 아껴 주시는 줄 알았는데……
 '나도 이제부터 공부 못 하고 다른 동무들에게 욕 먹는 친구들은 친절하고 상냥하게 대해 줘야지.'

하고 마음먹었다.
　스승의 은혜는 하늘 같아서……
　선생님, 저희들은 선생님의 훌륭한 가르침을 받아 선생님께서 바라시는 우리 나라의 훌륭한 일꾼이 되겠습니다.
　우리 선생님!

　이 글은 이오덕 선생님에 따르면 거짓글이다. 이런 글이 왜 거짓인가를 교사는 알아야 하고, 아이들도 이런 글의 거짓된 점을 찾아낼 수 있도록 일깨워 주어야 한다.
　이와 같이 참과 거짓을 구별하는 공부는 글쓰기 교육에서 아주 중요한 자리를 차지한다. 우리 주위를 보면 멀쩡한 선생님들조차 옳고 그름의 판단을 하지 못하는 것을 본다. 심지어 김지하씨가 젊은이들의 분신을 두고 정신 나간 글을 썼을 때도 '좋은 글'이라는 둥 공감이 간다는 둥 하는 교사가 있었다. 나는 이런 현상이 잘못된 교육 때문에 생긴 것이라고 본다. 옳고 그름을 판단할 수 없도록 가르친 우민 교육. 우리가 참교육을 제대로 한다면 이런 어리석은 사람들이 줄어들 것이고, 그만큼 사람이 살 만한 세상을 앞당길 수 있을 것이다.

　둘째는 좋은 글을 찾도록 해 본다. 아이들에게 여러 편의 글을 복사해서 나누어 준 다음 "지금 나눠 준 글들을 읽어 보고, 가장 잘 썼다고 생각하는 글, 마음에 드는 글 제목에 동그라미를 치세요." 하고 말해 준다. 칠판에 글제목을 쓰고 잘 썼다고 표시한 글에 손을 들게 하여 숫자를 적는다. 그런 다음에 글 하나 하나에 대해 잘 썼다고 본 아이들의 의견을 말해 보게 한다. 나중에 교사의 의견을 덧붙여도 좋다.
　좋은 글을 고르게 할 때는 형편 없는 글과 섞어 놓고 고르게 하기보다는 비슷하게 좋은 글 가운데 가장 좋다고 느끼는 글을 찾아내게 한다. 이 때 꼭 좋은 글이 되는 논리적인 이유를 따질 필요가 없다. 그냥 느낌으로 '감'으로 찾아내게 한다. '참 그렇구나' 하는 공감이 바로 좋은 글을 찾는 조건이 된다.
　글을 쓰게 하거나 평가할 때, 제발 글의 길이에 대한 말은 하지 말

앉으면 좋겠다. 세상에 장편 소설이 단편 소설보다 훌륭하다고 말할 사람이 있는가? 소설이 시보다 훌륭하다고 말할 사람이 있는가? 그런데 왜 유독 아이들 글에 대해서는 글의 길이를 가지고 따지는가? 원고지 10장은 써야 한다느니 일기장 한 쪽을 채워야 한다느니 하는 교사들은 정신이 있는 사람인가 묻고 싶다. 얼마전 어느 학부모에게 들은 이야기다. "우리 애 선생님은 일기를 열 줄 써오라고 해서 열한 줄 써와도 한 대, 아홉 줄 써와도 한 대씩 때린대요." 이런 사람은 선생이고 뭐고 할 자격조차 없다. 짧게 써야 할 글이 있고, 길게 써야 할 글이 있다. 짧게 썼더라도 할 얘기를 다 했다면 더 쓸 필요가 없는 것이고, 길게 썼더라도 자세하지 않은 부분이 있으면 아직 부족한 것이다.

셋째는 글에서 좋지 않은 점, 고쳐야 할 점을 찾도록 한다. 여기서 간단하게 세 가지 관점만 말하면 1) 정직하게 썼는가 2) 자세하게 썼는가 3) 생생하게 썼는가 하는 점이다. 무슨 말인지 알 수 없으면 자세하지 않게 썼거나, 문맥이나 어법이 잘못된 글이다. 어떤 점이 자세하지 않은가 말하게 하여 더 써 넣어야 할 것을 알게 한다. 문맥이나 어법이란 말이 어려우므로 이상한 글은 '글이 꼬였다'고 말하게 한다. "이 글에서 어느 문장이 꼬였는지 찾아 보세요." 이렇게 말하면 된다. 그리고 제대로 바로잡아 보게 한다.
　'선생님께서 깃발이 내리는 순간 최문경과 다른 선수가 막 뛰었다. 또 다시 우리 반은 응원이 시작되었다.'
　이 글은 다음과 같이 바로잡아야 한다.
　'선생님께서 깃발을 내리는 순간 최문경과 다른 선수가 막 뛰었다. 또 다시 우리 반은 응원을 시작하였다.'
　저학년은 '-습니다'하는 높임말체와 '-다'하는 예사말체를 섞어 써도 괜찮듯이 글이 좀 '꼬여도' 별 문제 삼을 필요가 없다. 하지만 고학년이 되면 문법 지식을 알 필요는 없지만, 글을 쓸 때 말법에 맞게 쓰도록 실제 문장으로 연습을 해서 익혀 두어야 한다.
　아이들 글을 지도하거나 일기 지도를 할 때, 꼼꼼하게 아이들 글을 바로잡아 주는 것도 좋지만, 별로 효과가 없다. 그보다는 잘못된 문장을 따로 옮겨 적어 놓았다가, 시간이 날 때 칠판에 적어 놓고 아이들이. 나와서 직접 고치게 하는 것이 효과가 있다. 틀린 것 같으면 또 다른 아이들이 나와서 고친다. 이렇게 몇 차례 하면 대개 제대로 된다.

넷째, 글을 읽고, 글에 나타난 글쓴이의 생각이나 태도에 대해서도 의견을 말해 보게 한다. 솔직하게 썼다 하더라도 글쓴이의 생각이나 태도가 잘못되어 있을 수 있기 때문이다. 다음과 같은 글이 그 보기다.

시험

국민학교 3학년

오늘 시험을 보았다. 첫째 시간에는 시험 공부를 하였다.
그런데 둘째 시간의 종이 울리자 선생님께서 조금 있다가 산수 시험지를 내어 주셨다.
나는 시험지를 보자마자 '2개 넘으면 안 되는데'라고 생각하고 맨처음 이름만 쓰자마자 부처님께 기도를 드렸다.
한참 있으니까 종이 울릴 것 같아 내가 잘 모르는 문제를 써서 답을 알려 달라고 보내 주었다. 그러나 내 짝은 곧바로 답을 써서 주었다. 조금 있으니까 내 짝이 답을 알려 달라고 썼다. 나는 선생님이 보지 못하게 몰래 몰래 답을 써 주었다.
나와 내 짝과 같이 주고 받는데 갑자기 마치는 종이 울리고 있었다.
다행히 우리 분단 조장을 따돌리고, 계속 주고 받으면서 마지막 문제를 마치고 선생님께 내었다.
그런데 나는 마음이 조금 두렵기는 하였다. 아이들이 보았을까 봐 한편으로는 무서웠다.
아이들과 말할 기분이 나지는 않았지만 아이들에게 그 일을 들킬 것 같아서 즐겁게 이야기도 주고 받았다.
마지막인 자연 시험을 볼 때에는 주고 받지 않으려고는 했지만 이 시험지가 성적표에 들어간다는 것을 알았기 때문에 아이들 몰래 주고 받고 주고 받고 하였다.
기분 좋게 답을 쓰고 있는데 뒤에 있는 영주가 어깨를 탁 쳤다. 본 것이 아닐까? 무서웠다. 나는 아무 일도 아닌 것처럼 웃으면서 뒤를 돌아보았다.
그 아이는 아무 것도 모르는 것같이 그냥 웃기만 했다. 그리고는 엎드려서 막 웃었다. 나는 이해가 가지 않았지만 다행이라고 생각하며 기분 좋게 시험지를 풀고 시험 시간을 마치었다.

이런 가치 문제에 대한 의논을 할 때 교사가 나서서 자기 의견을 말해 버리는 것보다는 아이들끼리 토론하여 결론을 내리게 하는 것이 좋다. 좀 더디더라도 스스로 깨우치는 것이 참된 배움이다. 그 시간에 결론을 맺지 못하는 것이, 교사가 결론을 제시하는 것보다 낫다고 생각한다.

아이들에게 글을 읽어 줄 때는 "이 글은 참 잘 쓴 글이니 한번 들어 보세요." 하는 것보다 "내가 글을 읽어 줄 테니 좋은 글인지 아닌지, 거짓 글인지 잘 생각하며 들어 보세요." 하고 판단의 기회를 주는 것이 좋다.

3. 문집을 활용한 글 맛보기

학급문집은 일년에 한 번 두껍게 묶어 내는 것보다 한 달이나 두 달에 한 번씩 얄팍하게 내는 것이 더 바람직하다. 그 까닭은 아이들이 자기가 쓴 글뿐 아니라 다른 동무들의 글을 읽고 맛보면서, 글을 보는 눈을 기르고 생활을 가꿀 수 있기 때문이다. 가장 대표가 되는 보기가 이호철 선생님의 〈꽃교실〉과 윤태규 선생님의 〈신나는 교실〉, 주중식 선생님의 〈들꽃〉이다. 우리 나라 글쓰기 교육의 가장 높은 봉우리를 이루고 있는 〈꽃교실〉은 주마다 꼬박꼬박 나오고 있다. 이래서 〈꽃교실〉 아이들의 글과 삶이 훌륭한 것이라고 나는 믿는다.

이렇게 자주 문집을 낼 수 없다면, 벽신문이라도 활용하자. 모둠마다 큰 스케치북 한 권씩 마련하여 모둠 식구 모두의 글을 주마다 한 편 이상 적어서 벽에 걸어 놓게 하면 좋은 감상 자료가 될 것이다. 그래 놓고 주마다 가장 좋은 글을 아이들이 심사하게 해 본다. 이런 방법도 아이들에게 글을 쓰고 싶은 마음을 불러일으키는 데 조금이라도 도움이 되지 않을까 싶다.

교사가 아이들 글을 평하는 것도 잘못된 점을 꼬집기보다는 되도록 칭찬 위주로 하는 것이 좋다. 평을 할 때는 앞에 적은 고쿠붕 씨의 글을 참고하면 좋겠다.

"'눈은 강아지가 떴지만, 내가 더 기뻤다'는 표현이 참 좋구나."

이 글은 어느 학급문집에 교사가 평을 달아 놓은 것이다. 이에 대해 이오덕 선생님은 다음과 같이 말했다.

"이런 글평은 이렇게 해야 합니다. '그 때 그 자리에서 느꼈던 마음을 잘 되살려 썼구나'라고." 아이들 글평 하나도 마음을 기울여 해야 한다는 것을 알 수 있다.

우리 나라 모든 교실에서 아침 자습 때마다 좋은 시 한 편을 칠판에 적어 놓고 '시 맛보기'를 하면 얼마나 좋을까?

문장 연구, 다 같이 합시다

이 오 덕

　삶을 가꾸는 글쓰기 교육은 아이들 앞에서 정직하게 써라, 바르게 살아라고 말만 해서 그 열매를 거둘 수 있는 것이 아닙니다. 글을 어떻게 써야 하는가를 실제 글을 보여 주어서 아이들이 몸으로 느낄 수 있도록 해야 합니다. 그렇게 하기 위해서는 무엇보다도 선생님들이 아이들의 글을 잘 알아야 하겠고, 따라서 문장 공부를 하지 않을 수 없습니다. 어떤 글이 좋은 글인가, 가치가 있는 글인가, 어떤 글을 쓰게 하는 데 힘을 들여야 하는가, 어떤 말로 쓰게 해야 하는가, 아이들이 글을 못 쓰거나 남의 흉내만 내거나 거짓글을 쓰거나 알 수도 없는 이상한 글을 쓰는 까닭이 어디에 있는가…… 이런 문제를 실제 글을 두고 연구해야 합니다. 그래서 우리 글쓰기회 회원들은 모두가 아이들의 글에 대해서만은 올바른 식견을 갖추지 않으면 안된다고 생각합니다. 말하자면 전문가가 되는 것이지요. 근사하게 어려운 말 좋아하는 세상 사람들이 알아듣기 쉽게 말한다면 어린이 문장학, 또는 그냥 문장학이란 학문 분야에서 '학자'가 되는 것입니다. 이런 큰 마음을 가지고 공부를 할 필요가 있습니다. 더구나 우리는 이론만을 캐고 따지는 '학자'에 그치지 아니하고 어디까지나 아이들의 삶 속에서 실천을 하는 교육자가 되어 있다는 점에서 커다란 자랑을 가질 수 있습니다.
　여기서 아이들의 문장을 연구하는 틀을 몇 가지 짜 보았습니다. 지금부터 보여드리는 문장 연구의 틀은 다음과 같습니다.

■ 문장연구 카드 ㉮ (보기 1·2·3)
■ 문장연구 카드 ㉯ (보기 4)
■ 문장연구 카드 ㉰ (보기 5)
■ 문장연구 카드 ㉱ (보기 6)
■ 우리 말 바로잡기 카드 (보기 7·8·9·10)

이것을 차례로 해설하겠습니다.

■ 문장연구 카드 ㉮

　이 연구 카드는 얼마 전 일본 도쿄대학에서 연구를 마치고 온 박은희 선생이 갖다준 잡지 '解放敎育'(91년 7월호)에 실려 있는 '생활작문의 〈파브르〉가 우리들에게 남긴 과제'(乙部武志)란 글을 읽고 우리도 이런 카드를 만들어 문장연구를 해 봐야겠다는 생각이 들어, 그 책에 나온 양식을 거의 그대로 옮겨 본 것입니다. 오토베(乙部)씨가 쓴 글을 읽었더니 일본에서는 교육실천가요 평론가에다가 아동문학작가까지 겸했던 고쿠분 이치타로오(國分一太郎, 1911–1985)를 '생활작문의 파브르'라고 하는 모양입니다. 내가 받은 잡지 91년 7월호도 임시증간호로 '생활작문의 계승과 발전'을 특집으로 꾸미고 그 작은 제목으로 '고쿠분 이치타로오를 추도하는 한 이정표로서'라고 달아놓았습니다. 이 카드는 바로 고쿠분 씨가 만년에 각 지방의 연구서클 회원들에게 만들도록 권장한 것이라고 합니다. 고쿠분 씨는 평소에 내용과 형식이 함께 잘 정리된 한 편의 문장을 쓰도록 주장했는데, 그와는 반대가 되는 듯한 이런 방법—아이들이 쓴 글에서 그 어느 한 부분 한 부분을 귀하게 여기자고 하는 주장을 만년에 했다고 합니다. 일본잡지에 나온 양식과 내가 여기 보인 양식이 다른 것은 다만 마지막에 '그밖' 난을 하나 더 두었다는 것뿐입니다.

　그리고 실제 카드에 적어 넣은 것을 보니 '본문'도 내가 들어 놓은 것보다 더 짧고, 다른 난도 더 간단하게 적었습니다. 카드 이름도 '문장연구 카드'가 아니고 '분류 카드'라고 되어 있습니다. 그러니까 어떤 글의 한 부분을 이렇게 들어 놓고 그 글의 어디가 어떻게 잘 되었는가를 한 차례 살펴서 적어 두는 것입니다. 그래서 이런 카드를 많이 만들어 모아 두었다가, 지도할 때 수시로 이것을 활용하도록 하는 것이라 짐작됩니다. 오토베 씨의 글에는 다만 이 카드 양식만 보여 주었을 뿐이고 자세한 설명이 없습니다. 저는 이 카드를 활용해 보고 싶어서 양식은 그대로 하되 우리는 문장을 좀 연구하는 방향으로 할 수 있겠다는 생각에서 이렇게 쓴 보기를 들었으니 그리 알아주시기 바랍니다. 물론 제가 쓴 것과는 달리 (고쿠분 씨가 본래 뜻한 대로) 아주 간단히 적어 넣어 '분류'하는 카드로 써도 좋겠습니다.

다만 '가름'난만은 '본 것' '들은 것' '한 것' '생각한 것' 이렇게 나눴으면 좋겠습니다 (학교 생활, 사회 생활, 자연 뭐, 이렇게 하지 말고 말입니다). 그 잡지에 실린 글에서 분류를 어떻게 한다는 설명이 없습니다. 다만 써 넣은 보기에 '눈'(目)이라고 하는 글자만 하나 있습니다. 이것은 '눈으로 본 것'을 자세하고 정확하게 쓴 글이란 것이지요. 아마도 '눈' '귀' '코'(냄새) '손'(손으로 무엇을 만든 일) '몸'(온몸으로 일하거나 놀이를 한 것)…… 이렇게 분류하지 않았나 생각됩니다. 우리가 객관 사물을 인식하고 진리를 붙잡는 가장 확실한 길은 아무래도 우리 자신의 눈으로 보고 귀로 듣고 손으로 만지고 몸으로 행하는 것이겠지요. 글쓰기는 이렇게 해서 지식을 머리로 외어서 관념으로 된 말로 쓰는 것이 아니라 몸으로 부딪쳐 살아가는 삶 속에서 잡은 진리를 그대로 보여주는 글이 되어야 비로소 삶을 가꾸는 교육이 될 것입니다.

카드 ㉮에서는 보기를 세 가지 (본 것, 한 것, 생각한 것) 들었습니다. 이 가운데서 '본 것'을 쓰는 글이 가장 많아야 되는데, 실제로 알맞은 보기글을 찾으려니 잘 나오지 않았습니다. 이것은 우리가 얼마나 사물을 바로 보고 자세하게 붙잡는 지도를 게을리하고 있었던가를 말해준다고 봅니다. 가장 중요한 지도를 우리는 제대로 못하고 있습니다. 모르고 있고 또는 잊어버리고 있는 것이라 하지 않을 수 없습니다.

실제로 써넣는 것은 '보기'를 보시면 알 수 있습니다. '본문'은 반드시 그 글이 나온 데(학급문집 그밖)를 밝혀야 하고, 아울러 지도한 선생님의 이름도 적어 두는 것이 좋겠습니다. 글을 쓴 아이의 이름이나 학교와 학년은 말할 것도 없고, 어떤 제목으로 쓴 글의 한 부분 또는 전문이라는 것도 밝혀야 합니다. 여기 든 보기에서는 쓴 날짜와 지도자를 몰라서 안 쓴 것이 있습니다.

■ 문장연구 카드 ㈏

문장연구 ㈏ ㈐ ㈑ 이 세 가지는 우리가 지금까지 해왔던 아이들 글의 합평을 이런 틀로 맞추어 보았다고 할 수 있습니다. 그러니까 잘된 글이고 잘못된 글이고 가릴 것 없이 어떤 글도 이 카드에 올려서 연구 대상으로 삼을 수 있습니다. 따라서 '본문'에는 특수한 경우가 아니면 작품(한 부분이 아니고) 전문을 써넣은 것이 좋겠습니다. 그 자리가 좁으면 앞이나 뒤에다 덧붙이면 되겠지요.
　문장연구 ㈏는 이야기글(산문)을 다룹니다. 여기서는 우선 그 글이 어떤 '갈래'가 되는가를 생각해 보고, 다음에는 '글의 중심'이 어디에 있는가를 살피고, 세번째로는 그 글에 나타난 글쓴이의 생활태도나 생각이 어떤가를 따져보도록 하고, 네번째는 표현이 잘된 곳과 잘못된 곳, 어째서 그런 표현을 하게 되었는가를 생각해 보고, 다섯번째는 어른 말에 오염된 점을 지적하는 자리를 마련했습니다. 마지막에 '그 밖' 자리가 있는데, 여기서는 어느 자리에도 들어갈 수 없는 의견을 쓴다든지, 어떤 자리에서 못다한 말을 보충한다든지, 참고 자료를 적으면 되겠습니다.

■ 문장연구 카드 ㈐

앞에서 말한 ㈏는 이야기글(산문)이고, 이 ㈐는 시를 다룹니다. 맨처음에 작품을 읽고 우선 느낀 것을 아주 짧은 한 마디 말로 적어 넣습니다. 그 다음 난에서는 그런 느낌이 어째서 우러났는가를 생각해 봅니다. 작품에 삶이 있는가 없는가 하는 문제가 우리 나라 아이들이 쓰는 시나 '동시'에서 흔히 가장 먼저 논의되겠기에 이런 자리를 두었고, 다음은 표현을 어떻게 하였는가를 생각하고, 네번째는 삶의 문제나 표현 문제에서 그렇게 쓰게 된 까닭을 생각하도록 했습니다. '그 밖'은 앞에서 다하지 못한 말을 쓰면 되겠지요.

■ 문장연구 카드 ㉣

이 카드에는 어느 학생의 작품뿐 아니라 그 작품을 평가한 사람의 말을 따질 수 있도록 해놓았습니다. 그러니까 이것은 평가한 사람의 글이 나와 있는 것만을 대상으로 하게 되겠습니다. 아이들이 보는 신문이나 잡지뿐 아니라 요즘은 각처에 있는 글짓기 학원 같은 데서 나오는 책이나 선전자료에도 아이들의 글을 평하는 어른들의 말을 읽을 수 있습니다. 이런 평가의 말이 대개는 아이들의 글을 조금도 알지 못하는 무지한 어른들이 제멋대로 아이들의 글을 난도질하는 말로 되어 있어서, 잘못된 지도를 바로잡을 수 있도록 하는 일이 매우 급합니다.

■ 우리 말 바로잡기 카드 (보기 7·8·9·10)

이것은, 지금 우리 말이 아주 잘못되어 가는 것을 그 누구보다도 글쓰기를 가르치고 있는 우리 글쓰기 회원들이 먼저 깨달아서 바로잡도록 했으면 좋겠다 싶어 생각해 본 것입니다. 이 카드는 보기를 네 가지 들어놓았는데, 양식은 어느 것이나 똑같습니다. 다만 적어넣은 내용이 다를 뿐입니다. 그리고, 이 카드는 어른(선생님)이 조사해서 쓸 수도 있고, 아이들이 쓸 수도 있습니다. 어른이 쓰는 카드라면 맨 밑에 있는 '지도'란 말을 없애거나 '비고' 또는 '참고'라고 바꿔 쓰면 되겠지요. 아이들이 써넣는 카드도 꼭 교사가 지도의 말을 적어넣어야 하는 것이 아니고, 또 아이들이 쓰는 카드에 낱낱이 지도 말을 써넣을 수도 없으니, 아주 '참고'라고 써 두는 것도 괜찮을 듯합니다.

〈보기 7〉은 신문이나 광고지에 나오는 상품광고문에서 잘못된 말을 찾아내어 본 것입니다.

〈보기 8〉은 소설이나 동화와 같은, 어른들이 쓰는 문학작품에서 잘못된 것이 발견되었을 때 적어 두도록 하기 위해 보기로 든 것입니다.

〈보기 9〉는 아이들이 늘 보는 교과서에서 잘못된 것이 나타났을 때 적어 두도록 하기 위해 보기를 든 것입니다.

〈보기 10〉은 신문이나 잡지에 아이들이 쓴 글이 흔히 발표되어 나오는데, 아이들의 글도 잘못 쓰는 경향이 많으니 이런 조사를 할 수 있었으면 좋겠다 싶어 들어놓은 보기입니다.

아이들에게 이런 조사를 하게 하면 스스로 잘못된 말과 글을 잘 깨칠 수 있게 되리라 생각합니다. 그리고 이런 카드를 많이 모아서 한 학기나 한 학년이 지난 다음에 그것을 분류해서 살펴보면 귀한 자료를 얻어낼 수 있을 것 같습니다. 관심을 가지고 많이 활용해 주시면 좋겠습니다.

카드를 만들 때는 너무 크게 하지 마시고, 16절지를 반으로 접은 크기나, 다시 또 그것을 반으로 접은 정도로 하여(종이가 작아서 써넣을 자리가 모자랄 것 같으면 '지도'난을 없애도 되지요), 주머니에 넣어서 언제든지 가지고 다닐 수 있게 하면 좋겠습니다. 요즘 아파트에 사는 아이들이라면 날마다 상품광고지가 방안에 들어오니, 그런 종이 뒷쪽을 이용해 쓸 수 있도록, 한 달에 한 번씩 못 쓰는 광고지를 모아 두었다가 학교에 가져오라고 해서, 만들기 시간에 그 종이를 똑같은 크기로 잘라 카드 만들기를 하는 시간을 가지는 것도 좋겠다는 생각이 듭니다.

그리고 아이들에게 조사를 하게 할 때는 1분단은 교과서, 2분단은 상품광고, 3분단은 동화 이렇게 나누어서 조사하게 하지 마시기 바랍니다. 그렇게 하면, 가령 상품광고를 조사하게 되어 있는 아이가 동화책을 읽게 되어서 그 동화책에 나온 잘못된 말을 조사해 적어 두고 싶어도 자기가 맡은 분야가 아니기에 그만두는 결과가 흔히 되기 때문입니다. 또 동화책을 조사하게 되어 있는 아이가 동화책을 읽을 기회는 없는데 거리를 지나다가 눈에 띈 잘못된 가게 간판이 있어 그것을 적어두고 싶어도 자기가 맡은 것이 아니기에 그만두는 수가 있게 되지요. 그러니 분단별로 조사분야를 맡기는 일은 매우 졸렬한 지도 방법이라 하겠습니다. 책을 읽든지 신문을 보든지 눈에 띈 것이면 누구든지 수시로 적어두도록 하는 것이 옳겠습니다.

혹시 아이들이, 이것은 잘못 쓰는 말이기는 하지만 어떻게 바로잡아야 할지 모르는 말이라면 '바로잡기'에 쓰지 말고 가져와서 선생님께 물어 보도록 하면 되겠습니다. 이렇게 해서 아이들이 물어왔을 때 선생님도 분명하게 모르는 말이라면 잘 모른다고 정직하게 말씀을 하시는 것이 좋겠고, 그래서 그 말을 아이들과 같이 연구하는 과제로 삼으면 더욱 좋겠습니다.

또 한 가지는, 이 '우리 말 바로잡기'에서 보기로 든 것이 '글'뿐인데, 입으로 하는 '말'도 이와 같이 조사하면 좋겠습니다. '카드'에 나온 '글'이란 글자 밑에 (말)이라고 써넣으면 되지요. 라디오나 텔레비전에서 듣고 있는 말뿐 아니라 조회 시간에 교장선생님이 하시는 말씀 가운데도 어려워서 잘 모르는 말, 잘못된 말을 들었으면 곧 적어두는 태도를 가지도록 했으면 좋겠습니다. 일요일에 교회당에서 들은 목사님의 설교말도 대상이 되겠고, 장관이고 대통령의 말도 대상이 되어야 하고, 언제나 듣는 선생님의 말도 당연히 대상이 되겠습니다. 다만 이렇게 잘못된 말을 조사하는 것은, 그런 잘못된 말을 한 사람을 드러내어 보이려는 데 뜻이 있는 것이 아니고, 우리는 누구나 잘못된 말을 하는 것이고 그래서 될 수 있는 대로 깨끗한 우리 말을 찾아 쓰도록 서로 일깨우고 스스로 반성하기 위해서 조사한다는 것을 잘 알려둘 필요가 있습니다. 이렇게 하면 우리 말을 바로잡는 일을 아이들이 스스로 깨달아 할 수 있으니 참으로 좋은 교육이 될 것이라 믿습니다.

몇 가지 틀을 잡아본 것이니 회원 여러분께서는 힘이 돌아가는 대로 이 가운데서 선택하셔서 실천해 보시기 바랍니다. 물론 실천하면서 더욱 더 창의성을 보태실 필요도 있는 줄 압니다.

문장 연구 카드 ㉮　　　　　(보기 1)

가름	본 것
본문	**발견**　　경기도 시흥군 소래국민학교 6-7 이동영 오늘 이상한 발견을 하였다. 쇠그릇에 물을 가득 붓고 그릇 모서리가 마르게 한 다음 스프레이로 물을 조금씩 부었더니 그릇 표면으로 흐르지 않는 것이었다. 조금 더 부었더니 물의 높이만 올라갈 뿐 아무 변화가 없었다. 이상하다 싶어서 그릇 표면과 수평이 되게 보았다. 그릇 표면이 물을 떠받쳐주는 것 같았다. 물은 그릇 표면이 막고 있어서 조금씩 부으면 쏟아지지 않았다. 그래서 한번 그릇 표면에 손가락을 대니까 손가락을 타고 물이 흘렀다. 그릇 표면에 있는 떠받쳐주는 힘이 사라져서 물이 흐르는 것 같다. 참 묘한 일이다. (전문)
서술(설명 묘사)	실험 관찰한 결과를 설명한 글이다. 글월이 모두 짧고 과거형인데, 마지막에 느낌을 쓴 두 글월만 현재형이다.
높이 평가하는 까닭	1. 관찰한 것을 잘 알 수 있게 썼다. 2. 간추린 말로 요령있게 썼다.
낱말·글의 선택	1. 자기가 하는 말로 쓴 것이 좋다. 다만 '것이었다'란 말이 글말이 되었다. 또 '그릇 표면이 물을 떠받쳐 주는……'부터 나오는 '그릇 모서리' '그릇 표면' 따위 말은 '그릇 가장자리'라고 해야 잘 맞는 말이 된다. 2. 비유나 상상으로 묘사한 글이 아니다.
표현할 수 있었던 근거	1. 실제로 자기가 해 보았기에 이렇게 쓸 수 있었다. 2. 어째서 이런 실험을 하게 되었는가 하는 점이 밝혀져 있지 않다. 담임 선생님의 숙제가 아니었던가 하는 생각이 드는데, 그러고 보니 이 실험을 교실에서 하였는지 집에서 하였는지 알 수 없다.
그밖	일부러 실험하고 관찰해서 이와 같이 쓸 수도 있지만, 평소 생활에서 마음이 끌리는 어떤 대상을 자세하고 정확하게 붙잡아서 쓸 수 있게 하는 것이 좋겠다.

문장 연구 카드 ㉮   (보기 2)

가름	한 것
본문	계란을 풀기 시작했다. 팔이 무척 아팠지만 아빠가 하는 것을 본 적이 있어서(사실 우리 집에서는 엄마보다 아빠가 빵을 더 잘 만든다) 거품을 잘 내었다. 흰자의 거품이 바가지를 엎어도 안 떨어지자 거품 일은 데에 노른자, 우유, 버터, 설탕, 밀가루를 넣어 잘 저어서 판에다 종이를 깔고 만든 것을 붓고 예열된 오본에 넣어 스타트를 시켰는데, 빵이 안 부어 오른 줄 알고 전번에 동생과 해먹다 실패한 생각이 나 가슴이 조마조마했다. 14분이 지나 땡 했는데, 부풀긴 부풀었는데 익지 않아서 온도를 보았더니 빵 온도가 아니고 과자 온도, 즉 180°가 아니고 160°여서 180°로 돌려서 빵이 다 되어 맛있게 먹었다. (서울 월천 6-2 최승희 '빵 만들기'에서. 학급문집 〈땅〉 1992. 2) 주순중선생 지도
서술(설명 묘사)	한 차례를 따라 썼다. 글월이 모두 4개인데, 과거형으로 되어 있다.
높이 평가 하는 까닭	자기가 한 것을 그대로 자세하게 쓴 것이 좋다. 설거지를 하든지, 밥을 짓거나 빵을 굽든지, 또 그밖에 무슨 일을 하든지 그렇게 한 일을 한 차례를 따라 자세하고 정확하게 쓴 글이 드물다.
낱말· 글의 선택	자기가 하는 말로 썼다. 세번째와 네번째 글월은 여러 가지로 많은 내용을 한 글월에다 써놓았지만 그런데로 읽힌다. 그래도 좀 짧게 끊어 쓰는 것이 좋겠지.
표현할 수 있었던 근거	바로 자기가 해본 일이기에 이렇게 쓸 수 있었다. 더구나 그 일은 하고 싶어서 한 일이다. 일과 놀이와 학습이 하나로 된 상태라 하겠다.
그밖	

문장 연구 카드 ㉮   (보기 3)

가름	생각
본 문	**생명의 귀중함**　　　　중학교 1년 김대섭 아까전에 선생님이 생명의 귀중함에 대해서 일기장에 써 보라고 할 때에는, '곤충 등의 하등 생물들은 지능지수가 낮고 아! 내가 죽으면 이제는 끝이다. 이제는 가는 거다라는 생각 등도 할 수 없기 때문에 우리가 다른 약한 동식물을 죽이는 것은 별로 나쁜 일이 아니다'라고 쓰려 했는데, 글을 다듬으려고 자꾸만 생각해 보니까 또 이런 생각이 들었다. 아주 어린 아기는 자기 생명의 귀중함에 대해서 그렇게 깊게는 생각하지 못한다. 하지만 아기가 죽으면 우리는 아기가 자신의 생명의 귀중함을 잘 알고 있기 때문에 슬퍼하는 것은 아니다. 아기에게도 생명이 있기 때문에 그 생명을 잃고 가는 아기가 불쌍해서 운다. 그런데 왜 다른 동식물의 생명의 귀중함은 존경하지 못하는가?라는 생각이 들었다.
서술(설명 묘사)	방금 자기가 생각을 한 것, 그 생각이 어떻게 달라졌는가를 쓴 글이다.
높이 평가 하는 까닭	○ 생각한 것, 그 생각이 달라진 것을 아주 자세하고 분명하게 붙잡았다. ○ 자기 중심의 생각에서 넓고 커다란 세계를 생각하게 되었다. ○ 남이 가르쳐준 지식이나 책에서 읽은 이론이 아니고 삶과 몸에서 배어난 생각이다. ○ '아기가 죽으면 우리는 아기가 자신의 생명의 귀중함을 잘 알고 있기 때문에 슬퍼하는 것은 아니다' 아주 훌륭한 깨달음이다.
낱말· 글의 선택	○ 어려운 말을 쓰지 않고 자기가 하는 말로 썼다. ○ 곤충이 죽는 경우에 느끼고 생각하는 것을 아기가 죽는 경우와 견주어서 썼다.
표현할 수 있었던 근거	○ 생명이 귀중하다는 것을 아마도 선생님한테서 배웠던 것 같다.(그러나 그렇게 배운 지식을 그대로 토해내지는 않았다.)

	○ 이런 생각은 머리로 공상하거나 궁리해서 얻을 수 있는 것이 아니다. 어디까지나 체험에서 우러난 생각이다.
그밖	말의 오염 문제 ○ 곤충 등의 하등 생물들은(→ 곤충과 같은……) ○ 이제<u>는</u> 가는 거<u>다라는</u> 생각 등도(→ 이제는 가는 거다 하는 생각 같은 것도) ○ …… 존경하지 못하는가?<u>라는</u> 생각이 들었다.(→ 존경하지 못하는가 하는 생각이……)

문장 연구 카드 ㉯ (보기 4)

나온 곳	서울 구의국민학교 1-4 문집〈비행기 날리기〉92. 2. 20 (지도교사 이부영)
본 문	**은행**　　　　　　　　　　　　　　　　1학년 김성민 엄마가 은행을 구워주셨다. 　처음엔 쓰다가 많이 먹으니 맛있었다. 불이 두 번씩이나 꺼졌다. 그렇지만 불을 붙였다. 나는 은행을 구으는 엄마만 쳐다보았다. 불꽃이 재미있게 타올랐다. 　엄마는 안 드시고 구으기만 하셨다. 드시라고 말했다. 그러나 엄마는 안 드셨다. 엄마는 은행이 맛이 없나보다. 난 맛이 있는데. 　다섯 개도 넘게 먹었다. 엄마가 그만 먹으라고 했다. 난 아쉬웠다. 엄마가 내일 또 구워준댔다. 　아쉬움은 녹아버리고 기쁨만 남았다. 기분이 좋았다. 내일은 엄마도 잡수시라고 해야지. 나도 먹고. 내일이 기대된다. (11월 21일)
글의 갈래	한 것을 쓴 글(서사문)
글의 중심	엄마가 구워준 은행을 맛있게 먹었다.
생활 태도 생각	○ 쓴 것을 먹었다. ○ 엄마를 고맙게 생각하는 마음이 나타나 있다.
표현	○ 은행을 굽는 장면을 아주 잘 잡았다.

	'불이 두번씩이나 꺼졌다. 그렇지만 불을 붙였다. 나는 은행을 구으는 엄마만 쳐다보았다. 붉꽃이 재미있게 타올랐다.' ○ 어머니를 고맙게 생각하는 마음이 잘 나타났다. '엄마는 안 드시고 구으기만 하셨다. 드시라고 말했다.' '내일은 엄마도 잡수시라고 해야지.' ○ 말하는 듯이 쓴 것이 좋다. '난 맛이 있는데.' '…… 잡수시라고 해야지. 나도 먹고.'
어른 말 잘못된 말	'아쉬움은 녹아버리고 기쁨만 남았다' 어른스런 재주를 부린 말 같다. 더구나 이 자리에는 자연스럽게 씌어진 말이 아니다. '내일이 기대된다'도 어른스런 말이다. 일기로 쓴 듯한 이 글이 집에서 부모의 잘못된 가르침을 받았다고도 볼 수 있고, 글짓기 학원 같은 데서 이런 말재주를 배운 것 같기도 하다.
그밖	(표현 난 보충) '엄마는 안 드시고 구으기만 하셨다. 드시라고 말했다. 그러나 엄마는 안 드셨다. 엄마는 은행이 맛이 없나보다. 난 맛있는데' 이렇게 어머니 마음을 생각해서 쓴 것이 훌륭하다. '구으는' '구으기만'-'굽는다'란 움직씨의 줄기와 벗어난 끝바꿈의 모양을 바로 쓰는 지도

문장 연구 카드 ㉲   (보기 5)

나온곳	재능나라 92. 1. 2
본 문	시험 시간 대구 아양국교 3년 송주경 사각사각 연필 소리 시험 시간이면 그렇게 떠들던 아이들도 조용해진다 모르는 문제들이 알쏭달쏭 머리만 자꾸

	긁적거린다 이럴 줄 알았으면 좀더 열심히 공부하는 건데 하지만 후회는 소용이 없다
느낌	또 이런 걸 썼구나 하는 느낌이다.
삶이 있다 삶이 없다 삶의 바탕 생각	시험이라면 누구나 절실한 문제가 되어 있고, 아이들마다 남다른 체험을 하고 느낌이나 생각이 있을 것이다. 그런데 이 글에는 그런 것이 없다. 자기만의 삶이 없고 감동이 없다. 제목이 삶에 관한 것이라고 해서 반드시 삶을 쓴 글이 되지는 않는다.
표현 (낱말 문장)	'사각사각 연필 소리' '그렇게 떠들던 아이들도 조용해진다' '모르는 문제들이 알쏭달쏭' '머리만 자꾸 긁적거린다' '이럴 줄 알았으면……' 이런 말들이 죄다 누구나 흔히 쓰는 개념으로 된 말로 되어 있다.
이렇게 쓴 까닭	1. 어느날 어느 시간에 실제로 겪었던 일, 마음의 움직임을 붙잡아 쓴 것이 아니다. 2. 남의 글을 흉내내어서 머리로 적당하게(근사하게) 말을 만들어 맞추게 하는 잘못된 교과서의 동시지도로 공부한 아이가 쓴 것이다.
그밖	실제로 제 가슴에서 우러난 느낌을 잡아서 쓰는 지도를 받지 않은 아이들은 모두가 이런 것을 동시라 하여 쓰고 있다. 그러나 이것은 장난글이지 시가 아니다.

문장 연구 카드 ㉣   (보기 6)

나온 곳	創作敎育社 월간 글짓기 校室 92. 2월호
	〈일기문〉 오빠가 미워 동산국민학교 2학년 김지혜 옥균이 오빠가 전화를 했다. 우리 가족들은 옥균이 오빠가

본 문	전화를 하거나, 우리 오빠와 같이 돌아다니거나 또 우리 집에 오는 것을 싫어한다. 　그러나 우리 오빠는 옥균이 오빠가 전화를 하거나 같이 돌아다니고 또 우리 집에 올 때를 좋아한다. 　오늘 온 전화는 어디서 만나자고 한 전화다. 나는 가면 엄마 아빠께 이른다면서 못 가게 막았다. 그런데 오빠가 그냥 가버리려고 해 나는 가게에 가려고 밖으로 나갔다. 　오빠가 못 가게 막으며 마구 때렸다. 나는 가게에 못 가고 집에 왔다. 오빠가 책상에 앉아 나보고 　"재수없어" 이렇게 말했다. 　나는 속으로 '내가 할 소리야. 모르면 가만히 있어. 너 나한테 맞을래?' 생각했다. 그냥 오빠에게 말하면 맞기 때문이다. 　오빠가 때려서 미안하다고 사과했다. 하지만 그 날 오빠가 제일 미웠다.
평가한 말	문단을 나누어 상세히 설명하는 힘은 아직 부족하나 앞으로의 가능성은 풍부하다. 마지막 부분에 가서 속으로 중얼거림은 너무 귀엽다.
학생작품에 대한 의견	이 글은 문장표현보다는 이 글을 쓴 아이의 생활태도가 문제될 것 같다. 이 아이의 부모는 이 아이를 시켜서 오빠가 놀러 가지 못하게 언제나 감시를 하고 있는 것 같다. 이 아이는 부모 편이 되어 오빠를 감시하는 노릇을 아주 잘 하고 있다. 힘으로는 오빠한테 지겠지만 엄마 아빠를 제편으로 하고 있기 때문에 오빠도 마음대로 못하고 동생한테 굴복하고 만다. 이 아이는 부모한테 잡혀 있는 오빠를 동정하기는커녕 아주 미워하고 있다. 이런 이 아이의 태도가 옳은가? 그것은 자세한 사정을 모르기 때문에 아주 잘라 말하기는 어려우나 적어도 이 아이가 오빠를 그렇게 붙잡아두고 있으면서 조금도 오빠 편이 되어 생각해 보지 않으려 한다는 것은 문제가 있다고 본다.
평가한 말에 대한 의견	1. 이 평가 말은 누가 읽으라고 쓴 것일까? 2. 일기는 남에게 보이기 위해서 쓰는 글이 아니니 이만하면 된 것이다. 이런 글을 날마다 '상세히 설명하는' 식으로

	· 쓰라면 일기를 즐겨 쓸 사람이 없을 것이다. 3. 이 아이가 혼자말을 쓴 것은 좀 문제가 있는 말이다. 이것을 귀엽다니 잘못 본 것이다.
그밖	일기는 날짜가 적혀 있을 것인데, 책에 옮기면서 적지 않은 것이 잘못되었다. 일기글이 아니라도 쓴 날짜를 글 끝에 적어두는 것이 좋다고 지도해야 한다.

〈보기 7〉

우리 말 바로잡기		(이오덕)
나온 곳	집에 온 광고지 (동아출판사)	조사한 때 91. 11. 2
글	작년부터 나는 숙제를 끝내고 ①매일매일 한 시간씩 ②홈스터디로 공부한다. 그랬더니 학교공부가 더 재미있어지고 매일 공부하는 습관이 생겨서 성적이 많이 많이 좋아졌다. 새 학기에도 ①매일매일 홈스터디로 더 열심히 공부해야겠다.	
바로 잡기	① '매일매일'은 '매일' 이렇게 한 번만 써야 한다. ② 왜 공부하는 책 이름을 서양말로 붙여놓았을까?	
(지도)	① 잘 보았어요. '매일'보다 '날마다' 하면 더 좋겠지요. ② 어른들이 잘못하고 있습니다. '재미있어지고'도 '재미있고'나 '재미있게 되고'로 쓰는 것이 좋겠다.	

〈보기 8〉

우리 말 바로잡기		(이오덕)
나온 곳	주요섭 '사랑 손님과 어머니'에서	조사한 때 92. 2. 22
글	• "엄마가 풍금을 타나부다." 하고 나는 벌떡 일어나서 안으로 뛰어들어갔습니다. 안방에는 불을 켜지 않았었습니다. 그러나 음력으로 보름께나 되어	

	서 달이 낮같이 밝은데 은빛같은 흰 달빛이 방 한정반 가득히 차 있었습니다. • 나는 어머니의 이 말씀에 놀라서 떼를 좀 써 보려 했으나 석양에 빤히 비치는 어머니 얼굴을 볼 때 그 용기가 없어지고 말았습니다. • "아저씨는 무슨 반찬이 제일 맛나우?" 하고 물으니까 그는 한참이나 빙그레 웃고 있더니……
바로 잡기	앉았었습니다 → 앉았습니다. 석양 → 저녁햇빛 '그는 한참이나' 이렇게 나오는 '그'라는 말은 아이들이 쓰지 않는 말입니다. '아저씨는……' 하든지, '그는'을 아주 없애버려야 됩니다.
(지도)	이 소설 첫머리가 '나는 금년 여섯 살 난 처녀애입니다. 내 이름은 박옥희구요.……' 이렇게 시작됩니다. 여섯 살 되는 아이가 '석양'이라는 말을 쓴 것같이 되어 있는 것은 아주 잘 못되었지요. '나는 어머니의 이 말씀에……'도 '나는 어머니 말씀에'라고 쓰는 것이 우리 말답습니다.

〈보기 9〉

우리 말 바로잡기		(이오덕)
나온 곳	교과서 '생활의 길잡이' 5-2. 101쪽	조사한 때 92. 2. 22
글	우리가 먹고, 입고, 사용하는 것들은 여러 가지 과정을 거쳐서 여러 사람의 수고로 만들어진 것입니다. 그래서 우리는 이것들을 함부로 버리거나 손상시켜서는 안됩니다. 우리가 쓰고 나서 버리는 물건 중에서 활용할 수 있는 것들을 찾아봅시다.	
바로 잡기	사용하는 → 쓰는 과정 → 길 손상시켜서는 → 다쳐서는 활용할 → 살려쓸	
(지도)	'만들어진'도 '만든'으로 써야 우리 말답게 됩니다.	

〈보기 10〉

우리 말 바로잡기		(이오덕)
나온 곳	신문 '과천 시대' 91. 10. 25. 청계국교 5학년 이현경 글	조사한 때 92. 2. 22
글	사랑이 넘치는 나의 학교 바라만 보아도 즐겁고 기쁘다. 요즘은 맑은 가을 하늘 아래 더욱 돋보이는 교정이 나의 마음을 흐뭇하게 해준다. 우리 모두에게 언제나 사랑을 듬뿍 주시는 여러 선생님, 태양처럼 뜨겁게 정열을 다하고 종달새처럼 명랑하게 밝은 마음과 생각을 가지며 냇물처럼 꾸준히 새로움을 창조해가는 우리들. ('사랑이 넘치는 나의 학교' 첫머리)	
바로 잡기	나의 학교 → 우리 학교 교정 → 운동장 창조해가는 → 만들어가는 말이 재미가 없습니다. 어른들이 하는 말을 그대로 받아쓴 것 같아요.	
(지도)	'나의 집' '나의 학교' 이런 말은 서양식으로 된 말입니다. 　여기 써 놓은 말이 죄다 빈 말입니다. 재미가 없다는 것은 진정으로 쓴 말이 아니기 때문입니다. 어른이 대신 썼다고 볼 수밖에 없는 말입니다.	

2부 '쓰기' 교과서 분석

자기 말, 자기 이야기를 쓰지 못하게 하는 '쓰기' 교과서
1학년 '쓰기' 교과서 분석
2학년 '쓰기' 교과서 분석
3학년 '쓰기' 교과서 분석
4학년 '쓰기' 교과서 분석
5학년 '쓰기' 교과서 분석
6학년 '쓰기' 교과서 분석
국민학교 국어 교과서의 동시 분석

자기 말, 자기 이야기를 쓰지 못하게 하는 '쓰기' 교과서

이 오 덕

1. 들어가는 말

현재 가르치고 있는 '쓰기' 교과서가 어떻게 되어 있는지 살펴보기로 한다. 지면 관계로 1학년 1, 2학기 두 권만 언급한다.

일전에 시내 어느 아주머니가 전화를 걸어 왔다. 6학년에 다니는 아이가 있는데 좋은 책을 읽히고 싶고 글쓰기도 잘하도록 가르치고 싶은데 도움될 이야기를 해달라는 것이었다. 그래서 지금까지 어떤 책을 읽혔는가, 글쓰기를 싫어하지는 않는가 하고 물었더니 몇 가지 대답을 한 다음에 교과서 이야기를 하면서 이렇게 말했다.

"저희 애가, 지금 배우고 있는 교과서에 나오는 동시가 영 재미가 없다면서, 시가 되어 있지도 않다고 합니다. 네 편인가 실려 있는데, 그 중 '별'이라는 시가 좀 괜찮고 그밖에는 읽기도 싫은데 그걸 외우라고 한다면서 짜증을 내지요. 그래 교과서에 실린 글이 그럴 리 있나, 아이가 모르고 그러겠지 하고 제가 읽어 봤더니 아이 말이 맞았습니다. 우리 애가 시를 제대로 보는구나 하는 생각도 들었어요. 그런데 어째서 교과서가 그 모양이지요?"

나는 그 아주머니와 이야기를 마친 뒤에도 6학년 교과서를 살펴보지 못했다. 책도 구하지 못했고 시간도 없었다. 교과서가 잘못되어 있어도 선생님들은 그것을 마음대로 비판할 수 없는 형편이라는 것쯤은 나도 알고 있다. 한 아이의 어머니가 말한 '동시'교재의 이런 문제는 아마도 온갖 문제투성이로 되어 있는 교과서의 겨우 한 모퉁이의 모퉁이를 건드린 것에 지나지 않으리라. 그래 나도 여기 한 모퉁이를 살펴보게 되었지만, 무슨 교과목이든지 첫 출발을 하는 아이들이 배우는 교과서가 어떻게 되어 있는가를 살펴보면 그 다음을 이어가는 모든 학년의 방향과 내용을 대체로 짐작할 수 있을 것이라 생각되기에 이렇게 1학년 교과서를 살피게 된 것이다.

2. 어떻게 쓰게 하고 있는가

1학년 쓰기책에는 거의 쪽마다 공부할 것을 지시한 말이 나오는데, 그 말은 모두 '무엇을 어떻게 하여 봅시다'로 되어 있다. 이 '봅시다'란 말은 권유하는 뜻의 도움 움직씨지만, 해도 되고 안해도 그만인 말이 아니고 반드시 해야 하는 지시명령어로 된다.

이 '봅시다'가 1, 2학년 모두 모아 195번 나온다. 이 가운데서 '써 봅시다'고 한 것이 117번 나오지만, '지어 봅시다' '문장을 만들어 봅시다' '나타내어 봅시다'들을 모두 보태면 실지로 쓰라고 하는 지시는 이보다 훨씬 많다. 쓰기책이니 쓰라는 말이 자주 나오는 것은 당연하다고 할지 모른다. 더구나 글자를 바르게(바르게 쓰라는 말이 99번이나 나온다) 쓰도록 하기 위해 가로 세로 줄을 그어 놓고, 쓰는 차례도 가르치고 있어 마치 글씨 쓰기 공책처럼 되어 있기도 하니 말이다. 여기서 한글의 글자꼴을 과연 이렇게 가르치는 것이 과학의 이치로 보아 옳은가를 따질 수도 있고, 또 이렇게 바르게 쓰기를 가르쳐도 상급 학년이 되면 거의 모두 글씨가 엉망으로 되는 까닭이 어디에 있는가 하는 문제부터 논의해야 할 터이지만, 이런 것 다 그만두기로 한다.

글자쓰기를 한 다음에는 교사가 불러 주는 말을 받아쓰게 하는 공부와, 그림을 보고 글을 쓰게 하는 두 가지를 되풀이하도록 되어 있다. 받아쓰기는 쓰기 교과서가 마치 받아쓰기 시험지 모음 같은 느낌을 아이들에게 줄 것이 분명하다. 그렇지 않아도 점수경쟁으로 아이들을 들볶고 있는데, 교과서부터 이렇게 되었으니.

받아쓰기보다 더 문제가 될 것이 그림을 보고 글을 쓰게 하는 지시다. 왜 아이들이 방금 밖에서 뛰어논 이야기, 아침에 학교에 오다가 길에서 본 것과 들은 것을 쓰게 하지는 않고 그림을 보고 똑같은 글을 쓰게 하는가? 참으로 알 수 없고 이상한 것은, 이 쓰기 교과서가 아이들 각자 자기들이 겪은 일을 자기 말로 자유스럽게 쓰도록 하지 않고 있는 것이다.

꼭 두어군데-책 맨 마지막 쪽에 얼핏 보기에 자유스럽게 쓰라고 한 자리가 나온다. '1학년 1학기' 끝 쪽에는 '어제의 일을 그림일기로 써 봅시다'고 해 놓았다. 그런데 그 밑에는 어른이 아이 그림을 흉내낸 개념화가 그려져 있고, 그 한쪽에 '비가 왔다. 나무들이 좋아했다'라고 씌어 있다. 이것이 본보기글로 되어 있는 것이다. 이래서 아이들이 무슨 글을 쓰겠는가? 또 '1학년 2학기' 끝 쪽에는 '2학년이 되어서 꼭 하고 싶은 일을 생각하여 봅시다. 그리고 그 생각을 자세하게 써봅시다'고 해놓았다. 평소에 보고 듣고 한 것을 쓰는 공부는 전혀 하지 못하게 해 놓고 마지막에 가서 '꼭 하고 싶은 일'을 쓰라고, 언제 하고 싶은 일을 물어 보았고 쓰게 하였던가? 이런 지시에서 모든 아이들의 글이 틀에 박힌 글로 되어 나올 것은 보지 않아도 뻔하다.

한 군데만 더, '1학년 2학기' 11쪽에 '그림일기를 써 봅시다'고 한 자리가 있다. 그런데 '꾸미는 말을 덧붙여 문장을 자세하게 만들어 봅시다'고 덧붙여 놓았다. 1학년 아이들에게 글을 쓰도록 한 말이 꼭 외국어로 작문을 하도록 하는 꼴이 되었다. 13쪽에는 '어제의 일'을 그림일기로 쓰라고 했는데, 쓸 자리가 겨우 넉줄이다. 여기서는 아무리 쓰고 싶은 이야기가 많은 아이라도 이 틀에 맞춰 한두 가지 반벙어리 같은 짧은 말밖에 쓸 수 없다. 또 지금까지 그렇게 짧은 말밖에 쓸 것이 없도록, 글을 못 쓰는 훈련, 자기 말을 자유스럽게 못 하게 하는 훈련을 받아 왔던 것이다.

3. 무엇을 쓰게 하였나?

그렇게 신물나게 쓰게 한 내용이 무엇이었나 보기로 하자.

먼저, 글씨 쓰기인데, 본보기로 나온 말을 처음부터 보면, 나, 너. 우리, 아버지, 어머니, 아기, 가족, 나무, 심자, 산, 마음, 가꾸자, 자라라, 인사, 아저씨…… 이렇게 해서 인사하는 말이 나오고, '방글방글 웃으며 아침해가 떠요' '소풍은 참 즐겁습니다. 들로 나갑니다.' '기차를 타고 갑니다 ……' 이런 글이 나오고, 이솝 우화가 나오는 차례로 되어 있다. 이런 글씨 쓰기를 하다가 선생님이 불러 주는 말을 또 받아쓰게 되는데, 선생님이 어떤 말을 불러주는지 모르지만 교과서에 안 나오는 말, 일상에서 쓰는 말을 불러주지는 않을 것이고(가르치지 않아서 쓸 수도 없다) 여전히 교과서에 나오는 말을 쓰라고 할 것이다. 그 다음에 그림 보고 글을 쓰는 자리에는 어떤 그림이 나오는가? 종이 조각 줍는 그림, 기차 그림……이 나오다가 기차를 타고 가는 그림, 등산하는 그림이 나온다. 여기서는 임자말과 꾸밈말을 적어 놓고 풀이말을 쓰도록 되어 있다. 그리고는 이솝 우화, 운동회 그림이다. 1학년 2학기에는 여름 방학에 등산하는 그림, 시골 간 그림, 운동회 그림, 청소원 아저씨 그림…… 이렇게 나오는데, 이 모든 그림에서 임자말만이 적혀 있는 빈 자리에 나머지 말을 써 넣든지, 한두 줄 짧은 글을 쓰도록 되어 있다.

자, 이제 정리를 해 보자. 아이들이 쓰는 글은 그 아이들이 아주 어렸을 때 집에서 부모들에게 배운 말, 일상에서 누구든지 지껄이는 그 말로, 자기가 보고 들은 것을, 한 것을, 마음대로 쓸 수 있도록 해야 한다. 그렇게 하기 위해서 학교에서는 무슨 말이든지 글자로 쓸 수 있도록 가르쳐야 한다. 이것은 결코 어려운 일이 아니다. 현재 가르치고 있는 교과서의 부피, 그만하면 충분하고도 남는다. 아니, 교과서 같은 것은 필요가 없다. 공책만 있으면 된다. 그런데 교과서가 아이들이 말을 자유롭게 쓸 수 있도록 해 놓았는가? 아니다. 아이들이 보고 듣고 한 것을 정직하게 쓸 수 있도록 해 놓았는가? 아니다. 전혀 그와는 반대로 되어 있다. 이 쓰기 책을 지극히 한정된 낱말만 가르쳐서 신물나게 쓰게 하다가, 그 다음에는 똑같은 그림을 보고 배운 낱말을 맞추어 반벙어리나 다름없는 짧은 글을 어떤 틀 안에 적어 넣게 하고 있다. 이래서야 설사 그 다음부터 무엇을 마음대로 쓰라고 한들, 마치 색칠하기 그림책으로 공부한 아이들이 평생 남의 그림 흉내밖에 낼 수 없듯이, 결코 자기 말과 자기 삶을 글쓰기로 찾아가질 수 없게 될 것이다. 더구나 2학년 이상의 쓰기 교과서도 남의 글을 흉내내기만을 가르치고 있다면 다시 더 말할 나위가 없다. 교과서의 부피가 크면 클수록 아이들에게 떨어지는 재앙이 커지는 까닭이 이러하다.

4. 모국어를 부끄럽게 여기도록 가르치는 교과서

지금 우리 나라 어른들은 글을 쓸 때 거의 모두 '쓰다(물건을)' '견주다'와 같은 가장 기초가 되는 모국어를 쓸 줄 모르는 병신이 다 되었다. 모두가 '사용하자' '비교하다'를 쓴다. 글뿐 아니고 말도 그렇게 한다. '이 그릇을 사용하면' '작년과 비교해' '비교적' 이런 꼴이다. (물론 이 두 가지 말뿐 아니다.) 왜 이렇게 되었는가? 참 알 수 없다고 생각했더니 이번에 1학년 쓰기 책을 보고 비로소 그 까닭을 알았다. 쓰기 책에 195번이나 되풀이하는 '(어)봅시다'란 지시문 가운데 나오는 말이 놀랍게도 '쓰다(使)'와 '견주다'란 말은 단 한번도 안 나오고 모조리 '사용하여' '비교하여'로 나오는 것이다. '다음 낱말을 사용하여 짧은 글을 지어 봅시다'(1학년 1학기 64쪽) '짝 지은 뒤 문장을 비교하여 봅시다'(1학년 2학기 15쪽) 이런 꼴이다. 왜 '낱말을 넣어서'나 '낱말을 써서'로, '글을 견주어서'로 쓰지 않았는가? '사용하여'가 11번 나오고, '비교하여'는 1학년 2학기 책에만 16번이나 나온다.

혹 어떤 사람은 말할는지 모른다. 아이들에게는 그런 한자말도 가르쳐야 한다고. 마치 어느 유아원의 원장이, 그 유아원 교실 벽에 커다란 서양 아이들 사진을 붙여 놓은 것을 변명하면서 "우리 아이들에게 서양 애들 얼굴이 어떻게 생겼는지 가르쳐 줄 필요가 있습니다"고

한 말과 같이. 이래 가지고 우리가 어떻게 겨레말을 이어갈 수 있겠는가?

국민학교에 갓 들어온 아이들에게는 그들이 학교에 들어오기 전에 집에서 부모들한테 배운 말을 교과서에 실어서 읽도록 해야 한다. 그래야 책에 나오는 말이 자기들이 알고 있고 쓰고 있는 말이어서 반갑게 여기고 재미있게 공부할 수 있다. 모국어를 자랑스럽게 여기는 마음도 이래서 우러난다. 그런데 그 어렸을 때 배운 가장 순수한 우리말을 싹 없애고 모조리 유식한 한자말만을 생전 처음 읽는 교과서에 올려 놓았으니, 아이들이 그것을 어떻게 대하겠는가? 집에서 부모들이나 이웃 사람들이 하는 쉬운 말은 무식한 사람들이나 쓰는 말이고, 이제는 이런 유식한 한자말을 써야 하는구나, 쉬운 말(순수한 말 우리말)을 쓰는 것은 부끄러운 짓이다. 이렇게 생각하게 될 것이 너무나 환하다. 이래서 자라난 아이들이 모조리 '같은 값이면 유식한 한자말이나 서양말'을 쓰고 싶어하는 어른이 되는 것이다. 이것이 국어를 가르치는 국정의 교과서라니!

이밖에 '글'이든지 '글월'이라고 써야 할 것을 '문장'이라 쓴 것도 문제고, 책 첫머리마다 '자세'란 말이 나오는 것도 딱하다. 한글학회에서 나온 《쉬운 말 사전》에도 '문장'은 '글' '글월' '월'로, '자세'는 '몸가짐'으로 쓰도록 되어 있다.

'바른 자세로 글씨를 써 봅시다'(1학년 1학기 첫장)

이것을 '바르게 앉아 글씨를 써 봅시다'고 하면 얼마나 좋을까?

'한 받침과 두 받침의 쓰는 자리를 비교하여 봅시다'(1학년 2학기 60쪽)

'받침의'가 아니고 '받침을'로 써야 우리 말이 된다. 이렇게 해서 교과서는 어린 아이들에게 외국말법으로 된 글을 1학년부터 가르치고 있다.

5. 삽화에 대하여

교과서에 실려있는 삽화는 학습에 재미를 들이게 하고, 글로 써 놓은 내용을 그림으로 보충하거나 풀이한다든지 하여 아주 중요한 노릇을 맡는다. 그러니까 삽화는 단순히 빈 자리를 메우는 정도가 되어서는 안 되고, 더구나 그림의 표현이 글로 나타낸 교재의 내용과 어긋난다든지, 잘못 풀이해 보여준다든지, 어린이 교육의 일반 목표나 정서 교육을 손상시키는 것으로 되어 있다면 차라리 그림이 없는 것이 낫다고 할 수 있다. 여기서는 '쓰기 1-1'에 나오는 그림 두 군데만 지적해 보겠다.

하나는 맨 앞에 '차례'에 나온 것인데, 한쪽에는 아이들이 풀밭에서 잠자리채로 잠자리를 잡고, 그 잡은 잠자리에 실을 매달아 날리며 놀고 있다. 또 한쪽에는 냇물에서 두 아이가 고기를 잡고, 한 아이는 잡은 고기를 유리병에 담아 들고 있는 그림이다. 이런 그림이 50년 전이나 100년 전 교과서에 들어있다면 달리 문제삼을 것이 아니다. 그런데 자연이 파괴되는 것을 아이들과 함께 걱정해야 하고, 그 자연을 지켜야 할 일을 말로써 하는데 그치는 것이 아니라 몸으로 실천함으로써 가르쳐야 할 학교 교육의 현장에서 이런 그림을 우리는 어떻게 설명해야 하겠는가? 학교에서는 환경교육이고 자연을 살리는 교육이고 그런 것에 관심을 둘 정신은 가질 수 없고 다만 점수따기 경쟁이나 시키는 것이 단 하나의 목표라고 하여 쓰기 교과서부터 그렇게 만들었다면, 할 말은 없다. 그러나 글을 쓰게 하는 노릇이 참된 삶을 가르치는 교육이 되어야 한다고 믿는 나로서는 이런 교과서의 그림부터 크게 잘못되었다고 아니할 수 없다. 가령 그림을 그리는 사람들이 세상이고 교육을 모르고 언제나 옛날에 그리던 것 같은 그림이나 남의 그림을 흉내낸 그림을 그렸다고 하면 그런 그림을 비판해서 바로잡을 만한 눈과 철학을 가져야 하지 않겠는가. 적어도 교과서를 만드는 사람이라면 말이다.

또 한 군데는 71쪽에 나온 것인데, 소와 개가 마주 보고 입을 벌리고 있는 그림이다. 그 밑에 적혀있는 글이 이렇다.
'개가 소를 보고 멍멍 짖는다.'

개가 소를 보고 어째서 짖는가? 개가 사람을 보고 짖는 일은 물론 있다. 그러나 소를 보고 짖는 일은 없다. 세상에는 별별 이상하고 희한한 일이 다 있지만 개가 소를 보고 짖는 일은 결코 없다. 소가 언덕에서 굴러 떨어졌다면 모를 일이다. 그런데 들판 말뚝에 고삐가 매여 있는 소를 보고 짖을 일은 미친 개라도 없다. 어째서 이런 그림을 그렸는지 도무지 이해가 안 된다. 가령 참으로 별난 일이 기적같이 일어났다고 하더라도 그런 별난 일을 이런 쓰기 교과서 삽화로 그려 넣을 까닭이 어디 있는가? 이 그림이 나온 교재의 제목이 '재미있는 말'이다. '멍멍'하는 개짖는 소리가 재미있다는 것이다. 그렇다면 개가 정말 짖을만한 형편이 되어 있는 그림을 보여 주어야 할 것이다.

아이들이 실제로 보고 듣고 겪는 생활에 관심조차 갖지 못하게 하고, 전혀 있을 수도 없는 우스개 같은 이야기를 억지로 만들어 그림으로 그려 보이고, 그 그림에서 나온 죽은 낱말을 쓰게 하고, 그 낱말을 꾸며 맞추어 글이라는 것을 쓰게 하고 있다. 세상에 이런 기막힌 교과서가 또 있을 것 같지 않다.

교과서를 만든 사람이 이렇게 철이 없어서야!

1학년 '쓰기' 교과서 분석

이 주 영

1. 들어가는 말

1학년 '쓰기' 교과서에 대한 이야기를 하기에 앞서 우리는 다음 두 가지 물음에 대해 생각해 볼 필요가 있다.

'아이들은 언제부터 글씨, 글을 쓸 수 있을까?'
'아이들은 글씨쓰기가 좋아서 글을 쓸까? 아니면 글을 쓰고 싶기 때문에 글씨를 배우게 될까?'

아직 아이들이 언제부터 글씨, 글을 쓸 수 있는지는 우리 아이들을 대상으로 한 연구 결과를 보지 못해서 자신있게 말할 수 없다. 주변에서 보아온 경험으로는 개인차가 크다. 다만 각국의 초급학교 입학 연령을 만 6~7세로 정한 나라가 많은 것으로 보아 만 6~7세면 글씨, 글을 쓸 수 있다고 추론할 수 있겠다. 우리 나라는 제4차 교육과정 개정 때 1학년 통합 교과서인 '바른생활'(도덕, 국어, 사회)을 1학년 아이들이 이미 대부분 글을 깨치고 입학한다는 관점으로 편찬하였다. 제5차 교육과정 개정 때는 이를 '읽기', '말하기·듣기', '쓰기'로 분책하였는데 역시 아이들이 글을 깨치고 입학한다는 관점으로 편찬하였다. 또한 1학년 입학 연령을 한 살 낮춰야 한다는 주장이 우세하며, 교육부도 이를 계획하고 있다고 한다.

두 번째 물음은 좀 이상하게 보일 수 있다. 이 물음을 던진 까닭은

'글씨쓰기와 글쓰기의 선후관계'를 생각해 보기 위해서다. 다르게 말한다면 '아이들이 글씨를 예쁘게 쓰는 데 더 관심이 있을까'이다. 개인차는 있겠지만 나는 아이들은 대부분 글씨보다는 글에 더 관심이 있다고 생각한다. 따라서 글을 쓰고 싶은 욕구가 강할 때 글씨를 쉽게 깨우치게 된다고 생각한다. 즉 글 쓰는 것이 목적이고 글씨는 이를 위한 수단이라고 본다. 따라서 쓰기 교육의 주는 글쓰기고, 글씨쓰기는 종속되어야 한다.

2. '쓰기' 교과서의 문제점

1) 책을 잘못 나눴다.

제5차 교육과정에 의한 교과서 편찬의 특징이 분책이다. 국어 교과서도 '읽기' '말하기·듣기' '쓰기'로 나눴다. 이렇게 나눈 것부터가 잘못이라고 본다. 이 세 가지는 나눠서 지도할 수 있는 경우도 있지만 대부분은 서로 밀접한 관계가 있어 함께 지도해야 할 경우가 더 많다. 특히 저학년일수록 더욱 함께 지도해야 할 필요가 크다.

이렇게 영역별 분책을 한 것도 잘못인데, 영역별 분책을 하면서 같은 단원의 연관성도 안 이뤄지게 해 놓았다. 이렇게 된 이유는 각 교육대학에 학년, 영역을 나눠 그 대학 교수들을 중심으로 집필진을 구성했기 때문이다. 물론 집필자들의 국어교육, 쓰기에 대한 관점의 차이도 작용한 것 같다. 그 차이를 광범위하게 충분히 논의하여 좁히기보다는 편찬 주체인 상부의 계획에 따라 영역과 단원의 겉모습만 강제로 짜맞춘 데 불과하다.

세 가지 책을 살펴보면 1학기 13개 단원과 2학기 14개·단원의 단원명이 똑같고, '읽기 책'을 주로 해서 '말하기·듣기'와 '쓰기'책을 종으로 구성하여 형식의 통일성은 갖추었다. 그러나 내용의 통일성이 부족한데다 '읽기'책을 주로 하고, '말하기·듣기'와 '쓰기'책을 단순히 종속시키면서 중복이 심해져 불필요하게 학습량만 늘여 놓아 교사와 아이들에게 부담을 주고 있다.

2) '글씨 쓰기' 중심이다.

　제4차 교육과정 때부터 1학년 아이들이 이미 글자를 알고 입학한다는 관점으로 교과서를 편찬하고 있다. 그래서 1학년 처음부터 글자를 가르치지 않고, 바로 글을 읽고, 쓰도록 하였다. 그런데 1학년 쓰기 교과서를 보면 '글쓰기'보다는 글씨쓰기에 중점을 두고 있다. 글씨쓰기도 글자를 배우기 위한 것보다는 글씨를 바르고, 예쁘게 쓰는데 치중하고 있다.

　1학기 쓰기 책은 총 80쪽이다. 그 가운데서 ① 글씨 쓰기에 45쪽, ② 받아 쓰기＋낱말 넣기＋만들기에 7쪽, ③ 말 잇기＋문장 바꾸기＋문장 만들기에 9쪽, ④ 짧은글 짓기＋그림 보고 글 짓기＋글쓰기에 13쪽을 배당하였다. 2학기 쓰기 책도 총 80쪽이다. 그 가운데 ①에 38쪽, ②에 9쪽, ③에 2쪽, ④에 26쪽을 배당하였다. 낱말 만들기는 1학기에 3쪽을 배당하고, 2학기에는 없다. 또 ③의 경우 1학기에는 없는 '문장 비교하기'를 2학기에서 1쪽을 넣었다. 무엇을 근거로 이렇게 편찬하였는지는 교사용 지도서를 봐도 분명하지 않지만 쪽수의 배당 분량을 보아 쓰기 교과서가 '글쓰기'보다는 '글씨쓰기'에 중심을 두고 있음을 쉽게 알 수 있다.

　④도 '짧은글 짓기'가 14쪽(1학기 때 9쪽, 2학기 때 5쪽), '그림 보고 글 짓기'가 18쪽(1학기 때 3쪽, 2학기 때 15쪽)이고, 진짜 자신의 이야기를 자유롭게 쓸 수 있는 것은 7쪽(1학기 1쪽, 2학기 6쪽)뿐이다. 짧은글 짓기는 사실 글쓰기보다는 낱말공부나 문장 만들기다. 그림 보고 글 짓기도 엄밀하게 말한다면 글쓰기라고 할 수 없다. 따라서 1학년 쓰기 책에서 글쓰기는 1학기 1쪽, 2학기 6쪽뿐이라고 할 수 있다.

3) 거짓글을 강제로 짓게 한다.

　'그림 보고 글 짓기'는 '1학년 아이들이 아직 자신의 경험과 생각을 글로 쓸 수 없다. 그림을 보면 쉽게 쓸거리를 연상해서 즐거운 마음으로 글을 쓸 것이다.'는 두 가지 가설을 전제로 한 것이라고 본다. 그러나 이 두 가지 가설은 잘못이다. 1학년 아이들도 자신의 경험과 생각을 충분히 글로 쓸 수 있다. 아니 저학년 아이들일수록 자신의 경험과 생각을 있는 그대로 솔직히 쓰며, 쓰고 싶어한다. 그림보다는 교사의 구체적인 발문과 또래들이 쓴 글을 읽거나 들었을 때 더 즐겁게 쓴다. 오히려 이렇게 일반적인 그림을 보여주고 글을 쓰라고 할 때 더 어려워하고, 지겨워한다고 생각한다.

쓰기 교과서에 있는 모범 답안이 암묵적으로 제시된 그림을 보고 글을 쓰라고 하면 여기에 맞춰 거짓글을 짓느라고 끙끙댄다. 그렇게 어렵게 지어낸 글을 보면 개성이 없다. 생명도 없다. 모두가 비슷비슷한 글이 나온다. 몇 개 학교 1학년 아이들의 쓰기 책을 모아 비교했을 때 어떤 학급에서는 전과나 교사용 지도서에 실려있는 보기글을 그대로 옮겨 쓴 것도 있었다. 진도 나가기와 결과를 보이기 위한 성급함 때문에 교사가 불러주고, 아이들이 그대로 받아 쓴 것도 있었다.

또 그림 보고 글 짓기는 아이들의 사고를 확장시키기보다는 오히려 사고를 축소하고, 규격화할 우려가 있다. 이는 앞으로 더 연구를 해야 할 부분이지만 쓰기 책에 억지로 지어 놓은 거짓글을 보면서 마치 색칠하기 그림책과 다를 바 없다는 생각이 들었다. 현 쓰기 책의 가장 큰 문제, 죄악이 바로 이처럼 아이들에게 억지로 거짓글을 되풀이해서 짓게 강요하는 것이라고 본다.

3. 쓰기 교과서의 개선방향

1) 세 가지 책을 하나로 묶어야 한다.

현 교과서는 '읽기', '말하기·듣기', '쓰기' 책으로 분책을 하였고 지도할 때는 단원마다 횡단으로 연결해서 지도하도록 되어 있다. 1학년 2학기의 경우 각 단원을 모두 7차시에 걸쳐 지도하도록 했다. 그런데 1단원부터 14단원까지 똑같게 1~2차시는 말하기·듣기, 3~5차시는 읽기, 6~7차시는 쓰기를 지도하도록 했다. (1학년 2학기 교사용 지도서) 14개 단원의 내용이 다 다르고, 목표가 다르고, 따라서 지도방법이 달라야 하고, 학생의 구성 조건과 교사의 교육 방법론이 다르고, 교육환경과 여건이 다른데 이렇게 획일적으로 차시와 내용을 정한 것부터가 어처구니 없다.

　단원 내용에 따라 말하기·듣기→읽기→쓰기 순으로 지도할 것도 있고, 읽기→쓰기→말하기·듣기 순으로 지도할 것도 있고, 쓰기→읽기→듣기로 해야 할 것도 있다. 또 이를 각 차시로 나눠 할 것도 있지만 1차시에 통합해서 하거나 1~2차시에 연속해서 해야 할 것도 있음은 너무나 당연하다. 1학년 2학기 '1. 여름 방학을 마치고' 단원을 보기로 들어 본다. (1학년 2학기 교사용 지도서 27쪽 참조)
　1차시 (개학날 경험 발표하기. 긴 인사말 익히기. 실제로 인사해 보기), 3차시 (물음표, 따옴표, 온점의 쓰임 알기, 말하듯이 글 읽기), 7차시 (문장 부호의 쓰임을 알고 쓰기, 대화말 바르게 옮겨 쓰기, 문장을 보고 바르게 쓰기)는 단원의 중심이 아니다. 1차시는 개학 첫날 지도할 내용이고, 3차시와 7차시는 함께 지도해야 할 내용이다. 단원의 중심은 2차시 (방학 때 계획한 일, 계획했으나 실천하지 못한 일, 실천한 일을 말하기), 4~5차시 (글 읽기, 대강의 내용을 말하고 우리가 겪은 일을 관련지어 말하기), 6차시(써야 할 내용 말하기. 그림의 내용 쓰기)다.
　이렇게 3차시가 중간에 끼어서 연속지도를 해야 할 중심 내용의 앞뒤를 끊고, 중심인 2·4·5·6차시의 지도내용도 중복되거나 혼동되어 있다. 또 말하기·듣기 시간인 2차시에도, 읽기 시간인 4~5차시에도, 쓰기 시간인 6차시에도 모두 말하기가 있다. 그리고 정작 자신이 여름 방학에 겪었던 일은 쓰지도 못하고, 교과서에 있는 그림을 보고 그 내용을 짓도록 되어 있다.
　이 단원의 경우 1차시는 독립시켜 지도하고, 3·7차시는 연속 지도하되 섞어서 재편성해야 하고, 2·4·5·6차시를 하나로 압축하여 2차시나 3차시로 지도하는 것이 좋다. 2차시로 할 경우에는 ① 글을 읽고, 자신이 방학 때 겪었던 일을 말하고 ② 자신이 방학 때 겪었던 일을 솔직하게 쓰기. 3차시로 할 경우에는 ① 방학 때 겪었던 각자의 이야기를 한 가지씩 쓰고 ② 발표하기(말하기·듣기) ③ 교과서의 글을 읽고, 우리들이 쓴 글과 비교하기와 같은 방법으로 상황과 여건에 따라 다양하게 재편해서 지도할 수 있다.
　결국 교과서를 하나로 묶어야 문제가 해결되지만 우선은 교사들이

현 교과서를 분석해서 각 단원에 알맞게 내용과 지도방법을 재구성하는 노력을 해야 한다. 교과서를 재편할 때 읽기, 말하기(듣기), 쓰기와 글씨쓰기는 분리함이 좋을 것 같다. 더 나아가 글씨쓰기뿐 아니라 타자교육의 도입도 고려해야 하겠다.

2) 글 쓰는 시기를 앞당겨야 한다.

1학년 1학기 6단원까지는 '글씨쓰기'다. 7단원에서 '문장 만들기'가 처음 나오고, 10단원에서 '짧은글 짓기'가 처음 나온다. 11단원에서 '그림 보고 생각한 것을 글로 써 보기'가 나오고, 1학기 끝인 13단원에 가서야 겨우 '그림일기 쓰기'가 나온다. (1학년 1학기 '쓰기'책 80쪽 참조) 그것도 아래 글을 보고, 어제 일을 그림일기로 써보자고 했다.

> 7월 20일 금요일 비
> 비가 왔다.
> 나무들이 좋아했다.

이미 유치원에서부터 그림일기를 쓰고 있는 게 현실이다. 이는 대부분 유치원이 교육과정을 무시하는 잘못이라고 할 수 있을지 모르지만 앞에서 지적한대로 제4차 교육과정에 따른 교과서부터 이미 1학년 입학생의 대부분이 글자를 알고 들어온다는 입장에서 편찬하였다는 점을 고려할 때 어딘가 모순이 엿보인다. 또 대부분 학교에서는 1학년 초나 늦어도 5월 정도에 그림일기를 쓰게 하고 있다. 그리고 대부분의 아이들이 위 80쪽에 든 예문보다 글을 잘 쓰고 있다. 그렇다면 그림일기를 지도하는 시기를 훨씬 앞당길 필요가 있지 않을까?

1학년 아이들이 글 쓰는 시기를 어느 정도 앞당겨야 할까? 나는 1학년 첫단원을 가르칠 때부터 글을 쓰도록 하였다. '우리들은 1학년'을 지도할 때 글자를 얼마나 깨우치고 있는가를 확인하고, 지도하였다. 4월부터 아침에 교실에 들어오는 아이들과 잠깐씩 이야기를 나눈 뒤, 그 아이가 겪은 일을 앞에 나와 발표시키고, 그 내용을 16절 갱지에 그림으로 그리거나 글로 쓰도록 하였다. 쓰다가 모르는 글자는 동그라미를 하고 이어쓰도록 하였다. 그 다음 앞에 나와서 글을 읽게 하면서 동그라미 속에 들어갈 글자를 칠판에 써 주었다. 하고 싶은 말을 다 쓴 아이는 개별 과제를 하도록 하고, 글자를 잘 모르는 아이를 더 지도하였다. 처음 1학년을 맡아 이처럼 지도하는 과정에서 '아이들은 자신의 삶을 글로 쓰는 일을 좋아하며, 자신이 쓰고 싶은 것을 쓸 때 더 빠르고 확실하게 글자를 익힌다.'는 생각을 확인할 수 있었다. 그 후로 저학년을 담임하거나, 고학년일 경우에도 국어 기초 학력이 부족한 아이들을 대상으로 계속 이와 같은 생각을 바탕으로 지도하여 많은 효과를 얻었다.

3) 풍부한 보기글이 필요하다.

한 권의 교과서에 전국의 수 백만 아이들에게 필요한 내용을 담을 수는 없다. 거꾸로 말하면 우리 반 아이들을 가르치는 데 필요한 내용이 교과서에 다 있지 않다. 교사용 지도서에서도 '교과서는 성전이 아니라, 국어과 교육에서 사용되는 교수, 학습의 한 예시에 불과하다.'며 교과서에 제시한 자료를 창의적으로 활용하고, 다양한 자료를 재구성하여 교과서의 보조 자료로 활용해야 한다고 명시하였다. 그럼에도 우리는 여러 가지 여건에 얽매여 교과서를 성전처럼 사용하고 있는 현실이다. 우리는 이러한 여건을 고쳐나가는 일과 동시에 개인적인 능력이 되는데까지라도 좋은 보조 자료를 만들어 써야겠다.

다양한 보조 자료를 만들 수 있겠지만 우선 가장 급하고, 필요한 일이 1학년 아이들의 삶이 담긴 '보기글'을 모으는 일이다. 1학년 아이들의 글이 워낙 부족한데다가 각 단원의 목표에 맞는 '보기글'을 고르기가 쉽지는 않다. 또 전국에 공동으로 쓰일 수 있는 글도 필요하지만 지역에 맞는 보기글도 있어야 하기 때문에 더 어렵다. 따라서 자신이 활용한 자료나 보기글이 부족한 점이 있더라도 자꾸 만들어 보고, 교사들끼리 교류할 필요가 있다.

4. 교과서를 재구성한 1차시 수업안

1학기 '4. 일요일 아침' 단원을 보면 목표는 '어느 일요일의 생활 경험을 소재로 하여 말하고, 읽고, 듣고, 씀으로……'다. 그러나 쓰기책은 6쪽 모두 '글씨쓰기'만 지도하도록 되어 있다. 읽기 책에 있는 글도 어른이 쓴 글로 아이들의 마음이 담겨 있지 않은 죽은 글이다. 다음 수업안은 도시 지역 학급의 교사용으로 만들어 본 것이다.

* 글감 : 오늘 아침
 (어느 일요일 아침은 구체적이지 못하여 쓸 거리로는 좋지 않다. 아이들이 그 날 아침에 겪었던 일을 쓸 거리로 하는 것이 좋다. 따라서 그 날의 첫시간에 지도하면 좋다.)
1) 1단계 (도입 : 5분)
 · 칠판에 크게 '오늘 아침'이라고 쓴다.
 · '둥근 해가~' 노래를 율동과 함께 부른다.
 · 아침에 학교 오는 모습을 찍은 사진이나 그림을 보여 준다.
2) 2단계 (쓸거리 찾기 : 15분)
 · 오늘 아침에 학교 오면서 어떤 일이 있었습니까?
 ─각자의 경험을 발표하도록 하면서 빠뜨린 부분을 보충 질문한다.(2~3명 정도)
 · 그렇게 좋은 일도 있지만 가끔 기분이 나쁜 날도 있지요?
 ─대개 처음에는 좋았던 일이나 특징이 없는 일을 이야기한다. 이 때 그것을 인정해 주면서 보기글 '욕'을 판서하거나 낭독해 준다.

〈보기글〉

욕

최인규

아침에 차를 타려고 손을 들었는데 그냥 지나갔다.

학교 교실에 들어올 때까지 욕이 나왔다.

- 인규는 손을 어떻게 들었을까요? 뭐라고 욕했을까요?
  ─ 3~4명의 의견과 경험을 들어 본다.
- 오늘 아침에 학교 오면서 기분이 나쁘거나 좋았던 일이 있었나요?
  날씨는 어땠나요? 혹시 무서웠거나 놀란 일이 있는 어린이?
  보았던 것을 말해 볼 어린이 있어요?
  ─ 발표 내용이 다양하고, 발표력이 왕성해져서 반 아이들 거의 모두가 손을 들 때쯤에 그만한다.
- 자, 그러면 모두 발표할 수 없으니까 글로 써 보면 어떨까요?
  ─ 아이들이 쓰겠다고 하면 다음 단계로 넘어가고, 쓰지 않겠다면 다른 보기글을 판서하거나 낭독해 준다. 그 다음에 다시 물으면 대개 쓰자고 한다. 만약 그 때도 글을 쓰기 싫다고 하면 쓰지 말아야 한다. 발표를 더 듣고, 수업 내용을 바꾼다. 수업이 실패했다고 슬퍼할 필요가 없다. 실패의 원인을 분석할 좋은 기회다.

3) 3단계 (생각하기 : 3분)
- 바르게 앉을 때 부르는 노래(미리 약속되어 있는 지정곡)를 율동과 함께 부른다.
- 그러면 눈을 감고 허리를 펴세요. 숨을 바르게 쉬고, 쓸 이야기를 자세하게 생각해 보세요. 1분 동안입니다.

4) 4단계 (글 쓰기 : 17분)
- 눈을 뜨고, 오늘 아침 학교에 오면서 있었던 일을 써 보세요.
  ─ 16절지 갱지를 사용한다.
  ─ 쓰는 동안에 시작도 못하고 있는 아이를 찾아 무엇을 쓸까에 대해 작은 소리로 상담해 준다.
  ─ 글을 쓰면서 잘 모르는 글자는 동그라미를 쳐 두도록 한다.
- 다 쓴 어린이는 나와서 모르는 글자(동그라미 친 자리 속에 들어갈 글자)를 찾으세요.

―한 줄로 서서 차례로 글을 읽게 한다. 읽는 것을 보고 동그라미 속에 들어갈 글자를 칠판에 써 준다.
　　고친 어린이는 뒤에 붙이고 그림 놀이를 하세요.
　　―다 쓴 차례로 오른쪽에서 왼쪽으로 붙여 나간다. 그림 놀이는 여러 가지 판박이나 자세히 그리기를 정해 준다.

〈보기글〉

　　　(1) 오늘 아침
　　　　　　　　　　　　　　　　　　　　　　　　　　이선주
아침에 비가 왔어요.
하늘을 보니까
무서웠어요.
우산을 쓰고
학교에 왔어요.

　　　(2) 4월 1일 수요일, 해
　　　　　　　　　　　　　　　　　　　　　　　　　　정보혜
오늘 녹색 어머니가 길을 안 건너 주셨고 우리들만 건넜다.
너무 무서웠다.

　　　(3) 1992년 4월 10일 금요일, 비
　　　　　　　　　　　　　　　　　　　　　　　　　　이민경
비가 왔다. 나는 할아버지 오토바이를 타고 학교에 갔다. 그런데 오토바이를 타고 가면서 너무 추웠다.

　　　(4) 4월 6일 월요일, 흐림
　　　　　　　　　　　　　　　　　　　　　　　　　　정진수
오늘은 학교에 가면서 쓰기 공책을 가져가지 않았다. 마음 속에서 천둥이 쳤다.
　　선생님께 혼날까봐.

(5) 4월 7일 화, 해

노은진

　오늘은 민구와 같이 문방구에 가서 책을 샀다.
　학교에 가서 현진이를 보았다. 현은이도 보았다. 친구와 사이좋게 지내자고 했다.

(6) 1992년 4월 11일 토, 맑음

최길민

　형하고, 형 친구하고 학교를 갔다. 어제는 비가 왔는데 해님이 떠서 참 좋았다. 형은 땅이 갈라진 걸 보고 번개가 일어났었다고 했다. 그런데 형은 형 친구하고 '공사중'쪽으로 갔다. 나는 화가 났지만 참았다.

5. 맺는말

　책을 영역별로 나누면서까지 쓰기 시간을 1주일에 2시간을 확보한 까닭은 글쓰기 교육을 충실하게 하기 위해서일 것이다. 그럼에도 아직은 학교 현장에서 쓰기 시간이 글쓰기보다 글씨쓰기로 때워지는 경우가 많은 것이 현실이다.
　그 까닭은 쓰기 교과서 자체가 앞에서 지적한 문제를 갖고 있기 때문이다.
　특히 1학년의 쓰기 교과서는 지금보다 더욱 어린이 개개인의 마음을 솔직하게 열게 하여 자신의 삶을 글로 써서 나타내고 싶은 생각이 일어나도록 하는 내용으로 채워야 하겠다. 또한 우리 교사들도 글쓰기 교육의 중요성을 깊이 느끼고, 올바른 글쓰기 교육을 하는 데 노력을 아끼지 말아야 할 것이다.

2학년 쓰기 교과서 분석

이 성 인

1. 들어가는 말

이 글은 현재 국민학교에서 교과서로 쓰이고 있는 2학년 〈쓰기〉 책을 대강 살펴보는 것을 목적으로 한다. 우리 글쓰기교육연구회에서는 지난 89학년도 말부터 두 차례에 걸쳐 '쓰기 교과서를 어떻게 가르칠 것인가'라는 주제로 연수회를 가진 바 있다. 그 당시 교과서의 많은 문제점을 지적한 바 있고, 대안을 찾기로 하였다.

나는 현재 학교에서 아이들을 가르치고 있지 않지만 교과서와 지도서를 살펴보고 생각한 점을 전에 2학년을 가르쳐 본 경험에 비추어 몇 가지 의견을 제시하는 것으로 분석을 대신할까 한다. 나머지 과제는 현장에 계신 선생님들께 미룬다.

2. 쓰기 교과서에 대한 의견

우선 2학년에서 가르치도록 되어 있는 쓰기 지도 내용을 살펴보자.

가) 낱말, 구절, 문장을 정확하게 받아 적는다.
나) 마침표, 느낌표, 물음표를 바르게 사용한다.
다) 주어진 낱말을 활용하여 짧은글을 짓는다.
라) 그림을 보고, 그 내용을 간단하게 쓴다.

마) 글을 읽고, 그 내용을 간단하게 쓴다.
바) 중요한 내용을 잊지 않도록 간단하게 쓴다.
사) 인상 깊었던 일을 글로 쓰고, 쓴 것을 보며 친구들에게 이야기한다.

이상 일곱 가지 지도 내용으로 되어 있다. 이 가운데 진정 '글쓰기'라고 할만한 내용은 (사)항뿐이다. 그런데 의문이 드는 것은 꼭 '인상 깊었던 일'을 써야 하는가 하는 점이다. 우리 글쓰기 회원이라면 이런 식으로 내용을 정하지는 않을 것이다. 글쓰기의 내용은 '살아가면서 보고 듣고 겪은 일, 느끼고 생각한 것을 솔직하고 자세하게 쓴다.'는 식으로 좀 넓게 정하는 것이 좋겠다는 생각이다. 그리고 이러한 글쓰기가 중심이 되어야 한다고 본다. 지도 내용에서 무엇을 어떻게 쓰게 하나가 제대로 밝혀져야 할 것이다. 아울러 글쓰기 교육의 목표를 보이면 다음과 같다.

① 정직하고 참된 아이의 마음을 가꾸어 간다.
② 사물을 있는 그대로 보게 한다. 조그만 것이라도 자기의 것을 귀하게 여기도록 한다. 그래서 열등감을 없애 주고 긍지를 심어 준다.
③ 먹고 입고 잠자고 일하는 일상의 삶이 머리에서 짜낸 생각으로 살아가는 삶보다 앞서고 중요하다는 태도를 갖게 한다.
④ 자기의 말, 진실이 담겨 있는 말을 쓰게 한다.

〈쓰기〉 교과서 단원구성의 원칙을 보면 '저학년에서는 글씨 쓰기, 철자, 보고 쓰기, 받아 쓰기, 문장 만들기, 간단한 작문들, 중학년부터는 의미 구성하기 기능(composing skill)의 신장에 중점을 두고 단원을 구성하였다'고 한다.

여기서 '의미 구성하기 기능'이라는 것이 어디서 들여온 수입품인지 알 수 없지만, 한국 사람이 한국말로 글을 쓰는데, 굳이 외국 이론이 필요한지 모를 일이다. 게다가 왜 중학년 이상부터나 '의미 구성하기'(글짓기?)를 가르칠 수 있다는 것인지. 아이들은 글자만 알면 글을 쓴다. 저학년 아이들뿐 아니라 유치원 정도의 아이들조차 한글을 완전히 익히지 못한 상태에서도 글을 쓸 수 있다. 따라서 글자 쓰기나 글씨쓰기가 아니라 글쓰기를 1학년부터 충분히 가르칠 수 있다. 그런데 정작 〈쓰기〉책이 아이들에게 글 쓰는 기회를 별로 주지 않고 있다.

2학년 1학기 17단원 가운데 '글'을 쓰는 단원은 겨우 세 단원에 지나지 않는다. (1. 우리들은 2학년, 11. 나의 하루, 17. 여름 방학을 앞두고) 2학년 2학기 15단원 가운데에서는 다섯 단원이 글쓰기 단원으로 되어 있다. 나머지 4/5분량은 모두 짧은글 짓기나 문장 만들기, 받아쓰기, 줄거리 간추리기 따위이다.

물론 이러한 기능 훈련이 전혀 필요 없다는 말은 아니다. 문제는 글쓰기 내용에 비하여 문장 기능 훈련의 양이 지나치게 많다는 점이다. 이 내용에는 앞에서 보인 '쓰기' 지도 내용의 (가)~(바)항뿐 아니라 국어 교육과정 영역 가운데 '언어' 영역의 내용도 포함되어 있다. 결국 지도 내용에서 글쓰기(글짓기)가 차지하는 비중이 적으므로 교과서 내용에서도 글쓰기(글짓기)를 소홀히 다룰 수밖에 없었을 것이다.

왜 이러한 교과서 구성이 되었을까. 교과서뿐 아니라 교육과정 자체가 문제인데, 이는 '쓰기'교과를 어떻게 보는가 하는 교과관의 문제일 수도 있고, 국민학교 2학년의 수준을 어떻게 보는가 하는 학생관의 문제일 수도 있을 것이다.

먼저 교과관에는 '쓰기'를 표현 교육의 측면에서 접근하려 하지 않고, 기능 교육의 측면에서만 접근하기 때문에 생기는 문제를 지적하지 않을 수 없다. '쓰기'는 말하기와 함께 표현의 수단이다. 말하기, 쓰기뿐 아니라 그리기, 만들기, 노래하기, 춤추기, 몸짓하기, 놀기와 같은 모든 행동은 인간의 표현 욕구를 충족하는 수단이다. 따라서 음악이나 미술이나 체육 교과와 마찬가지로 국어과에서도 말하기와 쓰기는 표현 교육의 측면에서 교과를 보지 않으면 안 된다. 기능의 측면은 표현 영역에 비하면 이차적인 중요성을 가진다고 할 수 있다. 그런데 현행 교육과정 편찬자들은 어디까지나 국어 교과를 기능 교과로 보고 있고, 표현 교육의 측면을 도외시하고 있는 것으로 보인다. 이렇게 한 것이 표현 교육의 중요성을 모르기 때문인지 아니면 의도적으로 배제한 것인지 알 수 없지만, 만약 표현으로서 쓰기 교육의 측면을 몰랐다고 한다면 민주 교육과 인간 교육이라는 관점에서 크게 잘못된 것이고, 의도적으로 배제했다고 한다면 우리 아이들을 우민화하려는 의도라고 볼 수밖에 없다. 흔히 민주주의 체제에서 가장 중요한 인간의 권리는 표현의 자유라고 한다. 표현의 자유에는 양심. 사상의 자유나 언론. 출판의 자유뿐 아니라 노동자의 단결권과 같은 행동의 자유까지도 포함되는 가장 기본되고 으뜸되는 자유이다. 그런데 이런 표현의 자유, 언론의 자유를 주제로 한 '임금님 귀는 당나귀 귀'라는 옛이야기를 2학년 〈읽기〉 교과서에서는 귀가 큰 임금님(노태우 대통령)을 찬양하는 내용으로 왜곡하여 실어 놓았다. 교과서 편찬자의 양식을 의심케 하는 처사라 하지 않을 수 없다. 이런 점에서 본다면 〈쓰기〉 교과서가 아이들의 표현을 권장할 리가 없다는 생각을 하게 된다.

다음은 2학년의 수준을 어떻게 보는가 하는 학생관의 측면을 살펴보자. 2학년 어린이들은 글을 쓸 수 있는가 없는가, 쓸 필요가 있는가 없는가 하는 물음에 대하여 우리는 당연히 쓸 수 있고 쓸 필요가 있다고 본다. 어린이는 말을 할 수 있고, 글자를 아는 어린이는 글을 쓸 수 있다. 아이들은 문법 지식을 따로 외우지 않아도 우리 말법에 맞는 글을 쓴다. 오히려 어른들처럼 외국 말법에 오염되지 않고 순수한 우리 말법에 맞게 쓸 수 있다. 실제로 2학년 어린이가 쓴 글을 한 편 보자.

배고픔
경기 약대국교 2학년 고동환

집에서 조금 늦게 일어나서 세수를 하다 보니 여덟 시다. 그래서 준비물을 챙기니 여덟 시 이십 분이어서 밥을 먹고 간다고 했더니 엄마가 그냥 가라고 해서 속상했다. 학교에서 공부를 하고 있으니까 배에서 쪼르르 하는 이상한 소리가 났다. 무언가 집히는게 있었다. 아침을 굶었기 때문인 걸 알아차렸다! 마침 우유 먹는 시간이다. 학교를 끝마치고 집에 돌아와서 밥을 두 그릇을 먹으니 살 거 같았다.

이렇게 2학년 어린이도 자기 생활, 자기 생각을 얼마든지 조리있게 쓸 수 있다. 그런데, 교과서 편찬자들은 아이들이 글을 쓸 수 없다고 판단하고 있는 듯하다. 저학년 어린이들의 수준을 낮추어 보고, 중학년 이상이 되어야 이른바 '의미 구성하기 기능'('표현'이 아닌 '기능')을 가르칠 수 있다고 본다.

이러한 교과관과 학생관에 입각하여 편찬한 교과서이므로, 어린이들이 직접 겪은 일이나 생각한 것을 글로 표현하는 일보다는 다음과 같은 국어 기능 훈련의 내용을 훨씬 더 많이 담아 놓은 것이다.

　　보기와 같이 말의 모양과 순서를 바꾸어 봅시다.
　　(보기) ○ 바다가 넓다. → 넓은 바다
　　(1) 배가 크다. → (　　　)
　　(2) 바다가 아름답다. → (　　　)
　　(2-1 〈쓰기〉 66쪽)

교과서 편찬자들은 현행 국어 교과서 편찬의 바탕에 깔린 교육관을 '방법 중심 국어 교육관'이라고 하여 학생들이 '교과서 글에 대한 능동적 반응 및 비판 그리고 이에 대한 합리화'를 하도록 교과서를 만든 것처럼 말하고 있다. 그러나 이러한 내용 속에서 어떻게 학생들이 능동적으로 반응할 수 있는지 의문이다. 오히려 수동적인 인간으로 만드는 것이 아닌가 싶다.

이 단원의 제재는 '바다'이다. 교사용 지도서에 나와 있는 단원 구성의 기본 방향을 보면,

　　둘째, 세 교과서의 연계성을 강조하였다. 여기서 말하는 연계성이란 세 교과서 각 단원의 제재 및 언어 기능에 관련된 요인의 연계성을 말한다. 이는 학습 효과의 극대화를 도모하기 위한 것으로서, 하나의 제재로 말하기, 듣기, 읽기, 쓰기의 언어 기능을 통합적인 관점에서 세 교과서 모두 단원명이 '바다'로 되어 있다. 이 단원의 말하기·듣기 시간에는 바다에 관련되는 경험내용을 재구성하여 제시한 그림 또는 문자 자료를 보고, 의견 제시하는 말하기와 듣기 활동을 하며, 읽기 시간에는 바다에 관련되는

글을 읽고 낱말의 뜻을 바르게 파악하는 기능의 신장을 위해 학습하게 된다. 그리고 쓰기 시간에는 말하기·듣기, 읽기 학습에서 목표로 제시한 기능을 작문 전단계 활동으로 활용하도록 하여 꾸미는 말을 넣어 짧은글 짓기 학습 활동으로 계획되어 있다. 이처럼 새로 편찬한 세 종의 국어교과서는 교과서간의 제재 또는 기능의 신장면에서 연계성을 갖도록 편찬되었다.

고 써 놓았는데, 아무리 살펴보고 생각해 보아도 연계성을 찾을 수 없었다. 짧은글 짓기를 꼭 '바다가 넓다'거나 '배가 크다'는 내용으로 해야 하는지 알 수 없다. 어떤 내용으로 해도 상관 없는데 굳이 이 단원을 예로 들어 세 교과서의 연계성을 갖게 했다고 하는 것은 다른 단원에 비해서 이 단원이 편찬자들이 볼 때 그래도 연계성이 있다고 생각했기 때문일까. 1, 2, 3학년 국어과에서는 이런 식으로 단원 연계성을 고려하다가, 4, 5, 6학년에서는 포기하였는데 그 이유가 무엇인지 알 수 없다.

굳이 단원 연계성을 갖도록 할 이유도 없다고 본다. 오히려 말하기나 쓰기는 읽기와 연관성을 갖게 하기보다는 아이들의 일상 생활과 연관을 갖도록 하는 것이 필요하다. 읽기 자료와 말하기, 쓰기의 연관을 짓는 것은 꼭 필요한 경우가 아니면 고려하지 않아도 될 것이다.

어린이들에게 글을 쓰게 하는 단원 제재가 1, 2학기 통틀어 여덟 단원인데, 글을 쓰기 전에 보여 주는 본보기 글이 있는 것도 있고, 없는 것도 있다. 글쓰기 지도에서 본보기 글은 매우 중요한 구실을 한다. 우선 어린이들이 본보기 글을 읽고, '나도 써 봐야지', '이 정도는 나도 쓸 수 있어.' 하는 생각이 들도록 하는 것이 본보기 글을 제시하는 목적이다. 또, 글을 읽어 보고 잘된 점과 모자란 점을 생각해 보게 하는 것도 중요하다. 그런데 교과서는 이에 대해 거의 고려하지 않고 있다.

3. 쓰기 교과서를 어떻게 가르칠까

쓰기 교과서는 한 주에 2시간씩 가르치도록 배당되어 있다. 지난번 교육과정에 비하여 주당 2시간을 쓰기를 하도록 배당한 것은 잘 된 점이라 할 수 있다. 그러나 2학년의 경우 기능 훈련을 제외하고 실제로 글을 쓰는 시간은 아주 적게 되어 있다. 적어도 주당 2시간 가운데 1시간은 직접 어린이가 겪은 일을 글로 쓰는 시간으로 확보하는 것이 좋겠다. 그래서 교과서의 내용을 보완하여 가르치는 일이 필요하다.(교사용 지도서에 보면 '교과서는 학습의 한 자료'일 뿐이고, '잘못된 글도, 학생의 언어도 교재로 사용 가능'하다고 하였으므로, 대체 자료를 개발하여 가르치는 것이 법에 저촉되지는 않을 것이다. 다만, 선생님들의 노력이 많이 필요할 것 같다.)

아이들에게 글을 쓰게 할 때 교사가 무엇을 쓰라고 글감을 제시하는 것은 특별한 경우를 제외하고는 삼가야 한다. 어디까지나 어린이들이 쓰고 싶은 것, 직접 보고 듣고 겪은 일 가운데 어린이 스스로 쓸거리를 잡아 쓰게 한다. 이 때 알맞은 본보기 글을 자기 또래 어린이 글 가운데 골라서 한두 편 읽어 주거나 보여 주면 좋다.(본보기 글을 고르는 일 자체가 교사에게 큰 공부가 된다.)

다음은 교과서 단원에 맞추어 글을 쓸 수 있도록 해 본 내용이다. (각 단원마다 1시간씩 글쓰기 시간으로 활용할 수 있을 것이다.)

〈2학년 1학기〉

교과서 단원명	학 습 내 용
1. 우리들은 2학년	○ 2학년이 된 느낌을 서로 이야기하기 ○ 2학년이 된 느낌을 글로 써 봅시다.
2. 재미있는 말	○ 재미있는 소리나 모양을 나타내는 말을 직접 흉내내어 봅시다. ○ 청소시간이나 음악시간의 시끄러운 교실을 글로 써

	봅시다. (이 시간은 일기 쓰기 방법을 지도하는 시간으로 대체할 수도 있음)
3. 우리 집	○ 우리 식구를 그림으로 그려보자. ○ 우리 가족 우리 식구 중 한 사람을 글로 소개하여 봅시다.
4. 운동장에서	○ 운동장에는 무엇이 있는지 자세하게 알아봅시다. ○ 기억에 남는 놀이에 대해 글로 써 봅시다.
5. 자라는 우리	○ 밖에 나가서 주위의 꽃과 나무를 관찰해 봅시다. ○ 관찰한 내용을 글로 써 봅시다.
6. 옛날 이야기	○ 옛날 이야기를 듣는다(예: 쌀바위 이야기) ○ 이야기의 뒷부분을 상상해서 글로 써 봅시다.
7. 인사	○ 할머니, 할아버지께 편지를 써 봅시다.
8. 즐거운 소풍	○ 우리가 바라는 소풍에 대하여 글로 써 봅시다.
9. 마음의 선물	○ 선생님이 읽어 주는 동화를 듣는다.(예:다람쥐 동산) ○ 동화를 듣고 느낀 점을 글로 써 봅시다.
10. 심부름	○ 심부름 했던 일 가운데 가장 기억에 남는 일을 글로 써 봅시다.
11. 나의 하루	○ 오늘 있었던 일을 글로 써 봅시다. ○ 일기를 서로 발표해 보고, 느낌을 이야기해 봅시다.
12. 바다	○ 바다에 가 본 일을 글로 써 봅시다. ○ 바다 밑의 세계에 대하여 상상하여 글로 써 봅시다.
13. 어깨동무	○ 친구와 싸운 일 또는 어른께 야단 맞은 일과 그 때의 느낌을 글로 써 봅시다.
14. 보람 있는 생활	○ 집안 일을 도와 본 경험을 글로 써 봅시다.(청소, 설거지 따위)
15. 주고 받는 말	○ 대화말을 넣어 쓴 글과 그렇지 않은 글 비교하기 ○ 대화말을 넣어 요즘 있었던 일을 글로 써 봅시다.

교과서 단원명	학습 내용
16. 풍선 이야기	○ 요즘 본 것이나 겪은 일 가운데 마음 속에 남아 있는 것을 골라서 시를 써 봅시다.
17. 여름 방학을 앞두고	○ 여름 방학에 하고 싶은 일을 써 봅시다. 하고 싶은 까닭도 씁시다.

〈2학년 2학기〉

교과서 단원명	학습 내용
1. 개학하는 날	○ 여름 방학 동안에 가장 기억에 남는 일을 글로 써 봅시다.
2. 말의 재미	○ 소리나 모양을 흉내내는 말을 찾아 봅시다. ○ 흉내내는 말을 넣어 쓴 글과 그렇지 않은 글을 비교해 봅시다.(이 시간은 영화를 본 감상문 쓰기 시간으로 대체할 수도 있음)
3. 생각하는 어린이	○ 시험 공부 한 일이나 시험 본 일에 대하여 글을 써 봅시다. ○ 시험에 대한 생각이나 느낌을 써 봅시다.
4. 운동회	○ 운동회 연습 때 있었던 일을 글로 써 봅시다. ○ 운동회에 대한 생각이나 느낌을 글로 써 봅시다.
5. 우리 나라의 명절	○ 추석날 보고, 듣고, 겪은 일과 느낌을 자세히 써 봅시다. ○ 쓴 글을 발표하고 서로의 생각을 말해 봅시다.
6. 가을	○ 가까운 공원이나 뒷산에 나가 가을을 느껴보기(과제) ○ 보고, 느낀 것을 글로(또는 시로) 써 봅시다.
7. 본 것과 들은 것	○ 창가에 앉아 창 밖을 20분 동안 바라보면서 눈에 보이는 모습을 그림 그리듯이 써 보세요.
8. 훌륭한 사람들	○ 좋아하는 위인 전기 읽기(과제) ○ 위인 이야기를 읽고, 줄거리와 느낌을 간추려 써 봅시다.

9. 사이좋은 의논	○ 아버지가 하시는 일에 대해서 자세하게 써 봅시다. ○ 어머니가 하시는 일과 느낌을 써 봅시다.
10. 내 고장 내 마을	○ 내가 살고 있는 동네에 있는 것들을 자세하게 써 보세요. ○ 우리 동네의 좋은 점과 나쁜 점을 글로 써 보세요.
11. 재미있는 이야기	○ 선생님이 들려 주는 이야기 듣기 ○ 이야기 듣고 느낌을 써 봅시다.
12. 서로를 생각하며	○ 할아버지나 할머니에 대한 기억을 글로 써 봅시다. ○ 우리 주위에 어려운 이웃에 대하여 글을 써 봅시다.
13. 정다운 사람들	○ 북한 어린이들에 대하여 이야기해 봅시다. ○ 북한 어린이에게 편지를 써 봅시다.
14. 눈 오는 날	○ 눈 오는 날 즐거웠던 일을 글로 써 봅시다. ○ 눈 오는 날의 느낌을 시로 써 봅시다.
15. 우리들의 꿈	○ 이 다음에 어른이 되어서 하고 싶은 일을 이유와 함께 글로 써 봅시다.

(이 표는 동해글쓰기교육연구회 회원들이 만든 표를 주순중 선생님과 글쓴이가 함께 보완한 것임)

4. 맺는 말

교과서 편찬자들은 말하기·듣기, 읽기, 쓰기를 모두 기능적 측면에서 접근하면서 이데올로기와 무관한 것처럼 말하고 있지만, 앞에서 예로 든 읽기 교과서의 '임금님 귀' 이야기는 철저하게 지배 이데올로기를 담고 있다. 사실 우리 사회가 완전한 민주주의가 되기 전에는 지배층은 자신들의 지배 이데올로기 전파 수단으로 교과서를 포기할 리가 없다. 겉보기에는 이데올로기 중립을 지키는 듯하여도 내면에는 어떤 형태의 지배 이데올로기를 관철하고 있을 것이다. 이를테면 〈쓰기〉를 표방하면서 내용으로는 어린이가 본 것을 있는 그대로 쓰는

'글쓰기'가 아닌 '글씨쓰기', '받아 쓰기', '시키는 대로 쓰기'가 되고 만다.

　민주 사회가 오기 전에는 민주 교육은 불가능한 것일까. 그러나 반대로 민주 교육이 이루어지기 전에는 민주 시민이 자라날 수 없고, 민주 사회도 멀기만 하다고 할 수도 있다. 민주 사회가 먼저인가, 민주 교육이 먼저인가. 이것은 마치 닭이 먼저냐, 달걀이 먼저냐 하는 식의 순환 물음처럼 보인다. 그러나 분명한 것은 민주 사회가 아직 이루어지지 않았더라도 민주 교육은 해야 하고, 그렇기 때문에 더더욱 애써 하지 않으면 안 된다는 점이다.

　가장 이데올로기와 무관해 보이는 산수 교과에서도 권위주의 교육, 다시 말하여 순응적, 복종적인 인간을 기르는 교육을 할 수 있다고 한다. 다음의 내용은 그러한 예가 될 것이다.

　　불행하게도 학교에서 어린이들은 자율적으로 사고하도록 격려받지 못한다. 교사들은 그들이 듣길 바라는 '맞는' 답을 심어 주기 위해 지적인 영역에서도 제재를 사용한다. 예컨대 한 어린이가 '4+2=5'라고 답을 쓰면 대부분의 교사들은 거기에 틀렸다는 표시를 한다. 이러한 교수 방법은 결국 어린이로 하여금 진리는 선생님의 머리 속에서만 나온다고 믿게 만든다. 한번은 필자가 어린이들이 연습지를 하고 있는 1학년 교실을 둘러보게 되었다. 잠시 멈추어 서서 어린이들에게 어떻게 그 답을 얻었냐고 물어 보았다. 어린이들은 답이 정확하게 맞았을 때조차도 지우개를 움켜쥐고 미친 듯이 답을 지워버리는 전형적인 반응을 보였다. 많은 어린이들이 이미 1학년 때에 자신의 생각을 믿지 못하는 것을 배워버린 것이다.
　　(콘스탄스 카미, '교육목적으로서의 자율성'에서)

　콘스탄스 카미는 만일 어떤 어린이가 '4+5=5'라는 답을 내었다면 답을 고쳐 줄 것이 아니라 '어떻게 5라는 답을 얻었니?'라고 묻는 것이 좋은 방법이라고 한다. 가장 좋은 방법은 모든 어린이들끼리 토론하게 하는 것이다. 이러한 교육 방법은 산수 계산 능력뿐 아니라 아이들의 자율성을 키워 준다. 카미는 실제로 이런 방법으로 가르치는 교실을 관찰하면서 교사가 답을 가르쳐 주겠다고 제안해도 자기들끼리 해결하겠다고 거절하는 어린이를 보았다고 했다. 바로 이런 어린이가 자율적인 인간으로 자라게 되고 민주 시민이 된다.
　지금까지 2학년 〈쓰기〉 교과서의 내용을 두서 없이 살펴보고 어떻게 가르칠 것인가도 모색해 보았지만, 더 근본이 되는 것은 교과서가 아니라 가르치는 교사가 아닐까 싶다.

3학년 쓰기 교과서 분석

최 창 의

1. 머릿말

제5차 교육과정의 가장 큰 변화는 국어과이다. 지금까지 한 권으로 이루어졌던 국어 교과서가 말하기·듣기, 읽기, 쓰기의 세 영역으로 나뉘어지게 된 것이다. 이처럼 세 개 영역으로 나뉜 교과 가운데 3학년 쓰기 교과서를 살펴보고자 한다. 교과서가 제작되는 단계에서 더 폭넓고 공개적인 교사들의 참여와 의견 개진 속에 이루어지지 않고 있기 때문에 교과서를 분석하면서 새로운 의견을 제시하는 것도 의미 있는 작업이라고 보기 때문이다.

여기에서 지적하는 문제는 글쓰기 교육을 연구·실천하는 사람으로서 느끼는 생각과 의견을 적은 것이다. 새로운 교과서를 편찬하거나, 교사들이 아이들을 지도할 때 이런 의견이 작은 보탬이라도 되었으면 한다.

2. 3학년 쓰기 교과서의 문제점과 개선 방향

1) 아이들의 생활 경험보다는 교과서의 그림을 보고 글을 쓰게 하고 있다.

교과서에서 그림을 보고 글을 쓰게 하는 단원은 대개 그림의 내용을 글로 나타내거나, 이야기로 만들어 쓰게 하고 있다. 1학기의 7개 단원, 2학기의 4개 단원이 이런 형태인데 그 가운데 대표적인 몇 가지를 들어본다.

ㄱ) 메고가는 당나귀 그림을 다섯 장면으로 그려놓고, 그림을 보고 이야기를 만들어 쓰게 하고 있다(3-1, 12. 재미있는 이야기)
ㄴ) 여름철 한 농가의 주변 풍경과 가축·사람들의 모습을 그린 그림을 보고, 그림의 내용이 잘 나타나게 글을 쓰도록 하고 있다(3-1, 16. 말의 세계)
ㄷ) 그림에 나타난 고양이의 모습을 살펴본 뒤 그 내용을 글로 쓰게 학 있다(3-2, 11. 발견하는 기쁨)

그림을 보고 글을 쓰게 하는 것은 글쓰기를 지도하는 방법의 하나에 지나지 않는다. 그런데 교과서는 마치 그림 보고 글쓰기가 만능인 양 많은 단원을 이와 같은 방법으로 글을 쓰게 하는 데 문제가 있다. 교과서에서 이야기를 만들어 쓰게 하는 단원은 하나 같이 ㄱ)과 같은 방식으로 하고 있으며, ㄴ)과 같은 방식도 2학기에는 가을 풍경 그림을 제시한 뒤 글로 표현하도록 하고 있다. 또한 그림을 보고 떠오르는 생각과 느낌을 글로 쓰게도 하고 있다. 이처럼 그림을 보고 글을 쓰게 할 경우 짧은 시간에 일률적으로 학생들을 지도하기에는 쉬울지 모르지만 글 쓰는 사람의 사고의 폭을 제한하거나 관념적인 글이 되기 쉽다. 결국 그림을 어떻게 문장으로 잘 나타내느냐 하는 기능 훈련에 치중될 우려가 큰 것이다.

그림을 보고 글을 쓰게 하는 방식은 글쓰기 지도의 하나의 방식으로 족하다. 오히려 그림은 글감이나 구상을 돕는 방편으로 이용되어야 하리라 본다. ㄴ)과 같은 경우 계절에 따라 달라진 실제 주변 환경과 사람들의 생활 모습을 주의깊게 살펴본 뒤 글로 쓰게 해야 할 것이다. ㄷ)은 설명문을 쓰는 단원이므로 생활 주변에서 자기가 잘 알고 있는 생물이나 사물에 대해 쓰면 될 터인데 구태여 생동감이 없는 그림을 보고 쓰라고 하는지 이해되지 않는다. 이렇게 그림을 보고 글을 쓰게 하는 교과서 방식의 가장 큰 잘못은 철저히 생활에서 보고 듣고 겪고 생각한 경험을 무시하고 어떻게 머릿속으로 문장을 잘 꾸며낼 것인가에만 중심을 두고 있다는 점이다. 그러나 이처럼 아이들 생활을 떠나서 문장 사용 훈련에만 골몰해서는 글쓰기고 인간 교육이고 제대로 될 리가 없다.

2) 단편적인 낱말, 문장 기능 연습에 지나치게 많은 단원을 할애하고 있다.

문장 속에 알맞은 낱말이나 꾸미는 말 넣기, 문장 만들기, 여러 가지 문장 골라 쓰기 따위의 문장 사용 연습은 글을 정확하게 쓰기 위해 매우 필요한 일임에는 틀림없다. 교과서는 1, 2학기의 아홉 개 단원에 걸쳐 문장 연습 내용을 담고 있다. 여기에서 지적할 점은 이처럼 많은 내용의 문장 지도가 단편적으로 이루어지고 있다는 것이다. 곧 어떤 그림이나 보기 문장을 보여주면서 빈 칸에 낱말 또는 구절을 써넣게 하거나 짧은 글짓기를 하고 있다.

글쓰기 교육에서 이같은 문장 지도보다 먼저 이루어져야 할 일은 글감을 고르는 방법과 글 쓰는 태도 지도이다. 그것은 어떤 글감을 잡느냐와 어떤 태도로 글을 쓰느냐에 따라 그 글의 생명이 좌우되기 때문이다. 그런데도 교과서에는 문장 기능 연습에 두는 비중에 비해 글감 지도나 글쓰기에서 가장 기초적인 정직하고 자세하게 쓰기 같은 태도 지도는 상대적으로 매우 소홀하다.

3) 단원별 전개 내용에서 단원 주제, 문종, 학습 목표가 서로 관련성이 없는 경우도 있다.

교과서에서 한 단원에 두 가지의 학습 목표가 설정되어 있는 경우 가급적 내용이 서로 연관성을 갖는 것이 바람직할 것이다. 그런데 3학년 1학기 '1. 새 학년이 되어서'를 보면 첫 장에서는 새 학년이 되어서 하고 싶은 일을 써 보게 한 뒤, 다음 장에서는 생일 초대 그림을 그려놓고 그 내용을 이야기로 만들어 쓰게 하고 있다. 3학년 2학기 '7. 가을을 찾아서'에서는 예문은 친구집에 가서 있었던 일을 쓴 서사문을 제시하고 실제 글쓰기는 교실 뒤의 게시판을 보고, 떠오른 생각이나 느낌을 쓰는 감상문을 써보라고 하고 있다. 이처럼 같은 단원에서도 내용상 주제나 글의 종류가 서로 관련성을 잃고 있으니 효과적인 지도가 이루어질 수 없을 것이다.

3학년 1학기 '17. 나의 관찰' 단원의 학습 목표는 '여름 방학의 계획을 글로 써 봅시다.'이다. 그런데 단원에 전개되는 내용은 관찰 일기를 쓰게 하고 있다. 그런 뒤 실제 글쓰기의 지시문은 단원 목표대로 쓰게 한다. 여름 방학에 하고 싶은 일을 관찰 계획으로 세워 관찰 일기를 쓰라는 것으로 미뤄 억지로 짐작할 수 있겠지만 단원 목표와 전개 내용이 이처럼 관련성을 잃어서는 학습 목표를 달성하기 어려울 것이다.

4) 시 쓰기 단원은 모두 어떤 일을 상상해 머릿속으로 시를 지어내게 하고 있다.

1, 2학기에 한 편씩 나오는 시 쓰기 단원은 그 글감이나 전개 방법이 너무도 똑같다. 1학기 '11. 첫 여름의 노래'는 지금 빗속을 걷고 있다고 생각하고 '비'에 대한 생각이나 느낌을 정리하여 동시를 쓰라고 한다. 2학기 '12. 겨울의 노래'도 눈이 내리는 길을 걷고 있다고 생각하고 눈이 내리는 겨울 풍경을 생각하며 동시를 지어 보라고 한다. 교과서의 시 쓰기는 비나 눈이 내리는 모습을 실제로 보거나 경험한 것을 쓰기보다는 머릿속으로 풍경을 떠올려 시를 지어내게 하는 것이다. 여기서도 생활보다는 허위적인 관념을, 실제 몸으로 부딪치는 느낌이나 생각보다는 머릿속으로 조작하는 문장 짜기에 쓰기 지도의 중심을 두고 있는 한 단면이다.

시 쓰기 단원은 마땅히 실제로 자연의 모습을 관찰하고 쓰게 하는 것이 좋겠다. 그러려면 우선 사생시의 예문을 통해 자연을 어떻게 어떤 태도로 보아야 하는가를 알려주어야 할 것이다. 그런 다음 자연의 모습을 보면서 순간적으로 떠오른 느낌과 생각을 시로 쓰도록 한다. 자연의 모습을 보는 일이 마땅치 못할 경우는 비나 눈이 올 때 경험한 일 가운데 느낌이 컸던 일을 붙잡아 시로 쓰게 할 때 가슴을 울려주는 참된 시가 씌어질 것이다.

3. 맺는말

　3학년 교과서의 문제점이라고 여겨지는 몇 가지를 짚어 보았다. 교과서를 살펴보면서 끝에 덧붙이고 싶은 말이 있다면 쓰기 교과서의 내용이 현실을 고정적으로 보고 변화나 비판, 다른 시각 등을 제시하지 않고 있다는 점이다. 어떤 사물이나 현상을 두고 관점이 다른 글을 서로 비교해 보게 하거나, 비판과 긍정이 어우러진 글들을 다양하게 보여주고, 쓰게 할 때 균형잡힌 인간이 되지 않겠는가?
　옛말에 '글은 곧 사람이다'는 말이 있다. 그것은 그 글 속에 든 생각이나 가치관이 곧 그 사람의 성품을 나타내 준다는 뜻일게다. 우리가 아이들에게 글쓰기 교육을 하는 것은 바로 글쓰기를 통해 인간성을 회복하고 사람다운 사람을 길러내는 데 있다. 그런데도 쓰기 교과서가 전체적으로 언어 사용 기능 신장에만 지도의 중점이 주어지지 않았는가 여겨져 매우 안타깝다. 글쓰기 교육의 목표는 삶을 가꾸는 데 있다. 글쓰기는 모범적인 글 한 편을 완성하는 것이 목적으로 될 수 없다. 알기 쉽고, 자세하고, 정확하고, 진정이 담긴 글을 쓰려고 힘쓰는 과정에서 착하고 바르게, 사람답게 살아가는 마음과 태도를 갖도록 하는 것이다.

4학년 쓰기 교과서 분석

명 노 철

1. 들어가는 말

 국민학교 국어과 교육 과정이 바뀌면서 국어과를 말하기·듣기, 읽기, 쓰기 세 권의 교과서로 나누고, 일주일에 각 2시간씩 6시간의 국어 시간을 배정하였다.
 이번 쓰기 교과서의 가장 큰 변화는 글을 '어떻게 쓰느냐' 하는 방법 중심으로 바꾼 점인데, 이런 점이 글을 쓰는 데 우리 아이들에게 어떤 영향을 미치는가? 또 글쓰기 교육의 목적이나 방법과는 어떻게 다른 가를 살펴보기로 한다.

2. 쓰기 교과서 분석

(1) 시간의 문제

 지금의 국어과 쓰기 교과서는 1학기는 17단원, 2학기는 15단원으로 짜여있다. 한 단원을 2시간 동안 공부하도록 짜여있어, 학교 행사나 다른 여러 가지 행사를 치루다 보면 학기별 수업 시간이 벅찰 경우가 많다. 또한 2시간 동안 공부할 내용을 목적한 대로 다하기 위해서는 꽤 바쁘게 해야 한다.(한 차시별로 교과서 3쪽 정도의 학습량) 이러다 보니 쉽게 쓰기 시간을 줄이는 경우가 생긴다. 즉 2시간 내내 글만 쓰게 되어 글쓰기를 싫어할 수밖에 없다.

(2) 단원의 소재와 그 시기에 대한 문제

지금의 국어과 교육 과정이 모범글을 싣거나, 학습할 내용을 아이들의 생활과 관계있는 데서 뽑으려고 하였다. 그래서 학교 행사(소풍, 운동회)나 명절, 계절을 생각하여 단원 내용을 선정한 것은 좋다고 생각한다.

한편 각 학교의 행사 시기가 다르고, 행사를 하지 않은 경우(2학기 5단원 운동회)는 거짓된 글을 쓸 수밖에 없다. 또한 자기 소개의 경우(1학기 2단원) 12시간째에 나와 시기적으로 맞지 않다. 그렇다고 해서 앞 단원인 '4학년이 되어서'와 바꿔 가르칠 수도 없다.

(3) 교과서에서 쓰는 말의 문제점

지금의 국어과 쓰기 교과서에서는 '써 보자' '지어 보자'라는 말을 같이 섞어 쓰고 있다.

> • 쓰기 지도 내용―다) 자기 자신을 드러낼 수 있는 특징을 찾아, 소개하는 글을 짓는다.
> • 2학기 7단원 45쪽― 나의 특징을 찾아, 명숙이에게 나를 소개하는 편지를 써 보자.

> • 쓰기 지도 내용―사) 자신의 생각이나 느낌을 짧은 동시로 쓴다.
> • 1학기 5단원 33쪽― 꽃밭을 글감으로 하여 동시를 지어 보자.(단원 이름은 '동시 쓰기'이다.)

명확한 개념을 가지고, 쓰는 말을 하나로 해야 한다. 지금껏 글쓰기 교육 연구회에서 주장한 대로 거짓된 글을 '짓는' 것이 아니라 아이들의 참삶을 가꿀 수 있는 '쓰기'로 말을 통일시켜야 한다.

그리고 한자말보다 순우리말을 교과서에 먼저 써야 한다. 아직도 교과서에는 한자말을 많이 쓰고 있다.

> 차례에 맞게 (보기)와 같이 '전'이나 '후'를 넣어서 두 문장을 한 문장으로 만들어 보자. (1학기 3단원 22쪽)

'전' '후'라는 말보다는 '앞' '뒤'라는 순우리말을 쓰는 것이 바르다. '-전에'를 '-앞서'로, '-후에'를 '-뒤에'로 쓰는 것이 훨씬 알기 쉽다. 1학기 9단원 57쪽에도 '만일 내가 글쓴이의 입장이라면 어떻게 했을까?'라고 씌어 있다. 이 '입장'이라는 말은 일본말이다. 이것도 '처지'나 '경우'로 고쳐 써야 한다. 교과서부터 쉬운 말, 바른 말, 순우리말을 써야 그 교과서를 가지고 공부하는 우리 아이들도 바르게 말을 쓰지 않을까?

(4) 교과서 그림 문제
 단원의 처음을 그림으로 보여주면서 그 단원의 공부할 내용을 알려주고, 여러 가지 삽화를 넣어서 아이들에게 흥미를 갖게 하고, 알기 쉽도록 한 것은 좋다고 생각한다.
 그러나 이런 삽화들이 서구중심적인 문화를 소개하거나, 또는 서구 문화의 우월성을 심어줄 우려가 있는 것은 문제가 있다.
 2학기 3단원 22쪽에 보면 아이들이 쇼파에 앉아 케익을 놓고 생일 잔치를 하는 삽화가 있다. 과연 이런 생일 잔치 그림을 보면서 우리 아이들이 어떤 생각을 하겠는가? 결국 우리 문화보다는 서구 문화를 보편화시키는 것이고, 이 그림을 보는 우리 아이들도 이런 생일 잔치를 바랄 것이다.
 또 삽화의 문제점으로, 어떤 생각을 이어 쓰게 해놓고 삽화가 아래나 그 옆에 몇 가지 경우로 나뉘어 그려져 있다(2학기 10단원 63쪽 참조). 그래서 아이들이 다양한 사고를 할 수 없으며, 애초부터 독창적인 생각을 막고 있다.
 결국 쓰기 교과서 편찬 방향인 '다양한 응답을 유도하여 창의적, 확산적 사고의 함양에 유의한다.'와도 거리가 먼 내용이다.
 또 표현을 잘못한 그림이 나온다. 1학기 11단원 71쪽을 보면 도로에 흰색의 점선 중앙선을 그려 놓았다. 그러나 우리 나라에서는 중앙선은 모두 주황색이다. 그리고 1학기 2단원 13쪽을 보면 꽃밭에 튜울립이 피어 있는데, 3월에는 튜울립이 피지 않는다. 작은 그림이라도 정확하게 그려야 한다. 글이나 그림이 정확하지 않으면 거짓을 알리는 꼴이 되고 만다.

(5) 글쓰는 과정 문제

글을 6하 원칙에 맞춰 쓰도록 하고, 다시 그것을 바탕으로 한 편의 글을 완성하게 하는 교과서의 구성이 너무 획일적이다. 또한 교과서의 짜임이 낱낱의 분석적인 것에서 시작하여 글을 개요를 쓰게 하고, 그 다음에 한 편의 글을 쓰게 하는 것이 아이들에게 글쓰기를 짜증나게 한다.

보기로 2학기 1단원 8쪽부터 10쪽까지를 살펴보자.

3 여름 방학 동안에 있었던 일 중에서 특별히 기억나는 일 한 가지를 골라, 간단히 적어 보자.
  1. 언제 :
  2. 어디에서 :
  3. 누구와 :
  4. 어떤 일을 :
  5. 왜 :
  6. 어떻게 :
  7. 그 일에 대한 느낌이나 생각 :

4 앞 쪽의 내용을 간추려 글의 개요를 적어 보자.
  1. 제목 :
  2. 나타내고 싶은 내용 :
  3. 개요 :

5 앞 쪽의 개요를 바탕으로 하여 한 편의 글을 써 보자.

글을 자세하게 쓰는 것은 분명히 좋다. 그러나 교과서의 짜임이 거의 위처럼 짜여 있어 같은 내용을 되풀이하여 쓰다 보니 아이들이 지겨워한다. 구상단계를 지나치게 강조하다 보니 글 쓰는 자체를 싫어하는 결과를 불러 일으킨다.

(6) 글씨쓰기 문제

　글씨쓰기는 두 단원마다 한 번씩 나온다. 글자형을 너무 강요하여 아이들이 글씨쓰기 시간에는 비슷하게 쓰다가 다른 공책을 쓸 때는 다시 자기 글씨꼴로 되돌아간다.
　교사용 지도서(1학기) 255쪽을 살펴보자.

단원 지도 계획

차시	쪽수	주요내용 및 활동	유의점
1	23~25	○ 재미있게 느꼈던 책과 슬픈 내용을 받았던 책에 대해서 재미있었던 점과 슬펐던 점 알기 ○ 가장 기억에 남는 책에 대하여 줄거리와 느낀 점 생각하기	○ 삽화의 내용이 무엇을 나타내는 것인지 꼭 확인시킬 것.
2	26~28	○ 가장 기억에 남는 책을 생각하여 독서 감상문 쓰기 ○ 글씨를 바르게 쓰기	○ 글씨쓰기는 꼭 수업 시간에 다룰 것.

　쓰기 시간에 글 쓰는 것도 벅찬 일인데 유의점에서 보듯이 글씨쓰기까지 하려면 시간이 충분하지 않다. 그리고 현대는 기계 문명 시대이다. 현재는 컴퓨터가 널리 쓰이고 있어 옛날처럼 글자를 손으로 직접 쓰지 않아도 되는 시대이고, 점점 그렇게 될 것이다. 자형에 얽매이지 않고 글자를 또박또박 쓰게 하면 되리라고 생각한다.

(7) 교과서의 동시

　시 쓰기는 거짓글을 쓰게 하는 대표적인 경우다.
　교사용 지도서(2학기) 278쪽을 보자.

단원 지도 계획

차시	쪽수	주요내용 및 활동	유의점
1	73~75	○ 동시와 줄글을 비교하여 다른 점 찾기 ○ 주어진 줄글을 동시로 바꾸어 쓰기 ○ 사물을 보고 상상하여 쓴 줄글을 동시로 바꾸어 쓰기	○ 아동들에게 줄글을 줄이면 동시가 된다는 관념이 생기지 않도록 한다.
2	76~78	○ 계절의 변화와 함께 생활 주변의 사물에 대하여 생각하고 느낀 점을 정리하기 ○ 주위 사물을 보고 듣고 생각하고 느낀 점을 짧은 동시로 다듬어 쓰기 ○ 글씨 바르게 쓰기	

2학기 12단원('즐겁게 짓는 동시') 74,75 쪽을 살펴 보자.

1 왼쪽의 줄글과 오른쪽의 동시를 읽고, 다른 점을 말해 보자.

| 노란 나뭇잎이 마치 우리 아기의 손바닥처럼 보인다. | ↔ | 노오란 나뭇잎
우리 아기
손바닥 |

| 풍선은, 불면 부는 대로 부푼다. 나는 그것이 재미있어서 풍선을 좋아 한다. 내 동생도 역시 좋아한다. | ↔ | 불면 자꾸자꾸
부푸는 풍선,
나도 좋아하고
동생도 좋아하고. |

2 다음에 유의하여 왼쪽의 줄글을 오른쪽 빈 칸에 동시로 바꾸어 써보자.
  ○ 중심이 되는 말을 골라 짧게 써보자.
  ○ 줄을 알맞게 바꾸면서 써 나가자.
  ○ 때때로 말의 순서를 바꾸어 보자.

| 토끼의 눈이 발그스름하게 보인다. 마치 울고 난 뒤의 | ↔ | |

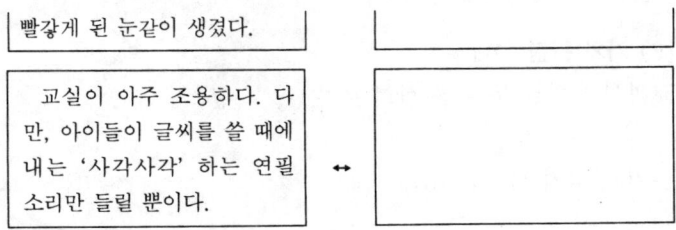

③ 다음에 대하여 상상한 대로 써 보자.
　1. 만일, 칠판이 말할 줄 안다면, 어떤 말을 할까?
　2. 만일, 나무가 생각할 줄 안다면, 어떤 말을 할까?

④ 상상하여 쓴 글을 짧은 동시로 바꾸어 보자.

　지도 유의점과 교과서 내용이 서로 엇갈린다. 결국 줄글을 줄이면 시가 된다는 것을 보여주고 있지 않은가? 시에서는 '찡'하게 느끼는 감동이 있어야 한다. 그런데 연과 행을 나누고, 말의 순서를 바꾸고, 말을 이리저리 끼워맞춰 쓴다고 해서 시가 되는가? 또 이렇게 써 놓은 시에서 무슨 감동을 받을 수 있는가? 결국, 말장난이고, 내용(감동)은 없으면서 짜임만 분명한 형식적인 시이며, 기교나 부리는 훈련이 될 수밖에 없다.

(8) 문단 쓰기 연습

　문단 쓰기 연습은 1학기 13단원('문단이란')에서 처음 나와 2학기에는 3개의 단원이 나온다.(4단원 '문단의 짜임', 9단원 '문단 쓰기', 14단원 '문단 펼치기') 이런 4개 단원을 통하여 형식 문단 쓰는 법을 강조하고 있다. '한 글자 들여쓰기'와 '문단 끝의 빈 곳을 채우지 않기'를 아이들이 이해하기가 쉽지 않다. 그리고 4학년의 32단원 가운데 4개의 단원을 배정(12.5%를 차지하고 있음)할 만큼 중요한 내용일까라는 생각이 든다.

(9) 가치 판단 문제
교과서 모범글 두 편을 살펴 보자.

가) 1학기 11단원 70쪽

일하시는 아버지의 모습을 보고 영희가 쓴 일기이다. 읽어보고 물음에 답해보자.

19○○년 ○월 ○일 ○요일 맑음
  나는 학교에서 수업을 마치고 친구와 함께 돌아오는 길에 아버지를 만났습니다. 아버지께서는 열심히 거리를 쓸고 계셨습니다. 나는 부끄러운 생각이 들었습니다. 못본 체 하고 집으로 돌아온 나는, 마음이 괴로웠습니다.
  날이 어둑어둑 해질 때,
  "영희야."
하고 부르시는 아버지의 목소리가 들렸습니다. 일을 마치고 돌아오신 것입니다. 나는 가슴이 두근거렸습니다. 아버지께서는 세수를 하시고 나서,
    "내가 이 아름다운 지구의 한 모퉁이를 쓸었다고 생각하니 마음이 참 상쾌하구나."
하셨습니다. 나는 선생님께서 하신 말씀이 생각났습니다.
  "직업에는 귀천이 없다."
  아까의 내 행동이 더욱 부끄러웠습니다. 나도 앞으로 무엇인가 보람 있는 일을 하는 사람이 되겠다고 마음 먹었습니다.

나) 2학기 7단원 44쪽

다음 글을 읽고, 친구를 어떻게 소개했는지 말해 보자.

  지영아, 잘 있었니?
  명숙이라는 내 친구를 너한테 소개하고 싶어. 명숙이는 나와 똑같은 열한 살인데, 유치원에 다닐 때부터 나하고 단짝이야. 이웃에 사는데, 부모님들께서도 무척 가깝게 지내셔.
  명숙이는 키도 크고 얼굴도 참 잘생겼어. 책읽기를 좋아하는데, 그림 솜씨도 뛰어나 지난번 교내 미술대회에서 상을 타기도 했어. 그리고 침착하고 공부도 아주 잘해. 너하고도 사귀면 좋은 친구가 될 것 같아서 소개

하는 거야. 우리 함께 친구로 지내자.
그럼 잘 있어. 안녕.

10월 8일
수진 씀

1. 수진이가 지영이에게 명숙이를 소개한 까닭은 무엇인가?
2. 수진이는 명숙이의 어떤 점을 들어 소개하였는가?
3. 이 글의 짜임을 알아 보자.

 가)는 청소부의 딸이 쓴 글이다. 아버지와 선생님의 말씀 한 마디로 부끄러운 생각이 없어진다는 것은 설득력이 없다. 교사용 지도서 (1학기) 289쪽을 보면 '직업에는 귀천이 없음을 인식토록 한다.'라고 나와 있다. 위 모범글은 이 내용을 맞추기 위해 씌어진 느낌이다. 여러 직업들의 좋은 점과 어려운 점을 같이 알아야 직업을 바르게 선택할 수 있다. 그러면서 더불어 살아가는 세상을 만들 수 있다.
 나)는 친구를 소개하는 편지글이다. 명숙이처럼 신체적으로 완벽하고, 우등생인 아이가 아니면 다른 아이에게 친구를 소개할 수 없을까? 우리 주위에서 흔히 볼 수 있는 보통 아이를 소개하는 보기글을 실었으면 좋겠다는 생각이다.

3. 마치는 글

 앞에서 살펴본 바와 같이 지금의 쓰기 교과서는 아이들의 참삶을 가꾸는 글쓰기와 너무나 먼 거리에 있다. 글쓰는 마음가짐이나 글의 내용보다는 언어사용 기능을 강조하다 보니 글의 짜임, 순서 따위에 얽매여 아이들이 글쓰기에 많은 부담을 느낀다. 그래서 글을 쓰면서 느끼는 재미와 글을 읽으면서 받는 감동이 줄어들어 거짓글을 쓰고, 쓰기 시간은 짜증나는 시간이 되고 만다. 우리 아이들이 형식적인 짜임이 뚜렷한 글 한 편을 쓰는 것이 중요할까? 그렇지 않다. 그것보다는 글을 쓰면서 자기와 이웃을 생각하고, 올곧고 힘차게 살아가려는 마음가짐과 태도를 갖는 것이 중요하다.
 결국 지금의 쓰기 교과서가 지니고 있는 문제점을 보완해낼 수 있는 자료를 개발하여 빨리 만들어야 한다. 또 좋은 교과서를 만들기 위해 교사, 학부모, 아이들의 목소리도 들어야 한다.
 가. 무엇보다 먼저 지역에 맞는 교과서가 나와야 한다. 농촌, 어촌, 산촌, 도시의 삶이 다른만큼 교과서도 지역별로 만들어져야 한다.
 나. 교과서의 문제점을 끊임없이 밝혀서 좋은 교과서가 나올 수 있도록 토론회나 공청회를 열어야 한다.
 다. 교과서를 보충할 자료를 개발하고 만들어야 한다. 한국 글쓰기 교육연구회의 성과물이 많이 있으므로 이것을 이용하면 되리라고 생각한다.

5학년 쓰기 교과서 분석

이 재 삼

1. 들어가는 말

　현행 국어 교과서는 1985년에 교육 과정 개편 작업을 시작해서 1987년 공포되고, 1990년에 와서야 전 학년에 걸쳐 사용하게 되었는데, 당시 문교부에서 밝힌 개정 방침을 보면 '5차 교육 과정은 4차 과정의 기본 구조를 바탕으로 개선이 필요한 부분만을 개정한다.'고 했으며, 배경으로는 경제적인 발전, 정보화 시대의 도래, 국제 경쟁과 교류의 증대라는 면을 그 필요성으로 밝혔다.
　그러나, 문교부에서 말한 개정의 배경에도 불구하고 아래표에서 보는 바와 같이 그간 우리 나라의 교육과정 개편은 항상 국가 정치 권력의 큰 변화와 그 흐름을 같이 해 왔음을 부인할 수 없다.
　이는 굳이 헌법 제34조 4항의 '교육의 자주성·전문성·정치적 중립성'을 들지 않더라도 이 땅의 교육이 그 동안 늘 정치 권력에 의해 예속되어 왔음을 보여주는 일이다.

교육 과정 변천 과정

시기	교육과정	특징	정치-사회적 배경
45-53	교수요목기	일제잔재 청산, 미국식 교육 구조 이식기	미군정

1차 (55-63)	교과중심	미국의 교육원조에 의한 반공 교육 강화 등	6·25후의 냉전 체제
2차 (63-73)	생활, 경험 중심	반공도덕 교육 강화	5·16쿠데타, 군사정부 출현
3차 (73-81)	학문중심	유신이념의 강조	유신체제와 독재권력
4차 (81-87)	인간중심	7·30 교육개혁	제5공화국 출범
5차 (87-)	통합적 교육과정	미국식 기능주의 교육강화	제6공화국 출범

아울러 이러한 정치적 영향력에 예속된 교육 과정의 내용이 또한 얼마나 졸속적으로 만들어지는가와 각국의 국어수업 배당비율을 참고로 살펴보자.

(어느 출판사 중학교 검정교과서 제작 과정)
1987년 3. 31. 문교부 중학교 교육 과정 발표
        4. 필진선정과 원고 청탁
        5. 집필상의 유의점 발표, 기획과 레이아웃
1988년 2. 1. 심사본 제출
        3. 심사발표
        6. 교사용 지도서 심사본 제출
        7. 교사용 지도서 심사 발표

(각국의 주당 국어시간 배당 비율(%))

나라 학교	한국	일본	미국	프랑스	서독	스웨덴	비고
국민학교(저)	28.5	3.5	3.5	33.3	30.3-32.5	39.2	
국민학교	19.5	23.0	23.0	33.3	20.4-21.3	2.5	

자료출처-교과서 백서(푸른나무. '90)

2. 내용 분석

1) 현행 국어 교과서의 문제점
　현행 국어 교과서의 문제점을 전체적으로 살펴보면 다음과 같다.
　① 문학작품에 아이들 삶이 담겨져 있지 않고 현실과 거리가 먼 우화나 환상적 이야기, 자연의 아름다움을 노래하는 것들이 대부분이다.
　② 시쓰기 지도 단계가 저학년과 고학년이 뒤바뀌어 있다.(3·4학년은 사생시이고, 5·6학년은 생활시이다.)
　③ 보기글이 대다수 어른들 작품이다.
　④ 삽화나 사진이 부적절하거나 조악하다.
　⑤ 쓰기 학습 지도 방법이 모두 부분적 접근에서 전체적 접근으로 되어 있다.
　⑥ 지나치게 기능주의로 되어 있다.
　⑦ 노동의 신성함이나 참다운 가치가 빠져 있다.
　⑧ 이데올로기가 한쪽의 주장으로 치우치거나 잠재된 형태로 숨어 있다.
　⑨ 서구 지향적이고 도시 중심적 모습이 그대로이다.
　⑩ 성 차별이 여전하다.

2) 5학년 국어 교과서 분석
　현행 5학년 국어 교과서의 문제점도 전체 국어 교과서의 문제점과 큰 차이가 없다. 다만 여기서는 5학년 교과서에서 두드러지게 나타나는 부분을 살펴 본다.

　① 문학 영역중 시 단원 분석
　　가) 자연을 노래하는 시
　문학의 보편적이고 궁극적인 지향점이 진정 아름다운 삶의 실현에 있는 것이라면, 문학 속에는 일정한 시기의 참삶이 언어 예술을 통하여 나타나야 한다. 그럼에도 교과서에 실린 시는 개편 전과 마찬가지로 한결같이 자연만을 노래하고 있다. 이는 학생들에게 어릴 때부터 문학을 잘못 인식시킬 뿐만 아니라 세상을 바르게 보는 일을 의도적으로 못하게 하는 결과를 가져오게 하고 있다.

다행스럽게도 지금 문학에 대한 올바른 생각들이 어른들 문학이나 교과서 바깥 문학에서는 그 뿌리를 내리고 널리 번져가고 있지만, 어린이 문학에서는 부분적으로 일어나고 있을 뿐이며, 특히 교과서 문학에서는 거의 이루어지지 못하고 있다.

봄
이진호

한 마리, / 두 마리, / …….
하나, / 둘, / 까만 음표가 / 늘어간다.
오르며 찌지꿀, / 내리며 쪽쪼글, / 음표보고 부르는 / 종달새 노래에
보리싹이 큰다. / 살구꽃이 핀다.

교과서에 나오는 시는 예나 지금이나 전부 이런 식인데, 5학년 교과서에 나오는 시도 자연을 소재로 한 것이 $\frac{2}{3}$나 된다. 지극히 기능주의에 빠진 이 시만 봐도 그렇다. 요즘 농촌에서는 종달새 소리를 듣는 일이 갈수록 힘들고 보리 구경도 하기 어려운 형편인데도, 교과서에는 봄이면 으레 이런 시가 등장한다.

오늘날 우리 농촌의 현실이 이처럼 평화스럽고 아늑하다면 얼마나 다행일까만은 안타깝게도 그렇지가 못하다. 어릴 때부터 시라면 당연히 현실과 동떨어지게 써도 좋을 뿐만 아니라 거짓으로 자연이나 노래하면 된다고 가르치라는 모양이다.

가을 시 한 편을 더 보자.

가을 하늘

토옥 / 튀겨보고 싶은,
주욱 / 그어보고 싶은,
와아 / 외쳐보고 싶은,

푸웅덩 / 뛰어들고 싶은,
그러나 / 머언, 먼 가을 하늘.

지도서에 보면 이 시는 '가을을 배경으로 높고 맑고 그윽한 가을 풍경을 노래'했으며, 특히 '토옥, 주옥, 와아, 푸웅덩 이라는 흉내말이 재미있는 표현법'이라고 되어 있다. 덧붙여 이 시를 낭독하고 느낀 점을 발표해 보자고 쓰여 있는데 도대체 이런 시에 느낌은 무슨 느낌이 있는가?

구체적 삶은 없고 관념적인 언어를 교묘한 말장난으로 늘여놓은 것 밖에.

똑같은 자연을 소재로 쓴 시이지만 실제적 체험을 바탕으로 쓴 어린이 시 한편을 살펴보자.

거북이

심석국 2년 박중신

거북이가 많이 컸다. / 내가 먹이를 주려고 하면 / 고개를 번쩍 들고 / 나를 본다. / 말 못 하는 생물도 / 눈치는 있는가 보다.

나) 기능주의 시

앞에서 보기로 든 교과서의 시가 기능주의에 빠졌음은 말할 나위가 없다. 의성어나 의태어를 그럴듯하게 늘어놓고 흉내내도록 가르친다는 측면에서 보면, 다음 시도 마찬가지다.

귀뚜라미 또르또르 / 섬돌 밑에서,
귀뚜라미 또르또르 / 시렁 위에서,
또록 또록 눈이 밝아 / 책을 읽고 있으면,
또르 또르 / 또르 또르 / 밤이 깊어요.

(임인수 - 일부 개작)

1. 이 시를 읽고 떠오르는 장면을 말하여 보자.
2. 중심소재가 무엇인지 말하여 보자.
3. 이 시에 알맞은 제목을 붙여보자.

가을이면 또 이처럼 귀뚜라미가 등장한다. 귀뚜라미라면 으레 '귀뚤귀뚤' 하도록 되어 있다. 이 시에서는 아마 그 말이 너무 상투적이라 생각되어 '또르 또르'로 바꾼 모양이다. 네모 안에 제목이나 붙여 보자고 시를 가르치지는 않는다. 차라리 그럴 바에는 '또르 또르'에다 네모를 친 다음 아이들이 다양한 소리를 써 넣도록 하는게 더 낫겠다.
  어른들의 관념적인 언어에서 벗어나 다음을 살펴보자. 어느 시골 국민학교 6학년 아이들이 공부시간에 들려오는 매미 소리를 적은 것이다.

  이이토안 이이토안 이이토안 …… , 찌찌찌찌 …….
  이이이창 이이이창 이이이창 …… , 찌찌르르르 …….
  이이씨용 이이씨용 이이씨용 …… , 찌찌르르르 …….
  찌이리 찌이리 찌이리 …… , 찌르르르르 …….
  찌이용 찌이용 찌이용 …… , 찌찌찌찌 …….
  　　　　　　　　　　(달성논공국 6학년 '신나는 교실'에서)

  얼마나 멋진 표현들이며 또, 얼마나 열린 소리들인가? 시에는 이처럼 열린 생각들이 담겨야 한다.
  　다) 생활이 없는 시
  시 단원의 수업 목표가 하나같이 '재미있는 장면과 표현을 찾을 수 있다.'라고 되어 있다. 그러니 아이들은 자연 '시=재미있는 표현, 기교'라는 것 이외에 무얼 더 생각하겠는가?
  더구나, 아이들의 생활과 밀접한 소재를 가지고도 어른들의 시각에서 관념적으로 쓴 시를 교과서마다 싣고 있으니 큰일이다.

　　　　　　　　　　놀이터
  폴짝폴짝 뛰면서 / 줄넘기 하자.
  하늘까지 닿도록 / 뜀뛰어 보자.
  참새들도 놀다가는 놀이터에는
  고운 꿈이 날마다 / 쑥쑥 자란다.

날마다 왁자지껄 / 들리는 소리
깔깔대며 뛰노는 / 놀이터에는
낮에는 아이들이 꿈을 키우고
밤에는 별들이 / 쉬어서 간다.

하늘까지 닿도록 뜀뛰어보자는 것이 무슨 뜻인가? 줄넘기를 할 때 그 정도로 높게 뛰자는 말인가 아니면 뜀뛰기 그 자체를 말하는 건가. 어쨌든 어울리지 않는 표현이다. 아울러 놀이터라면 주로 도시에 있는 것인데, 놀이터에 참새를 등장시킨 일도 어쩐지 어색하다.

덧붙여 이 작품 뿐만 아니라 교과서에 나오는 동시들은 모두가 밝고 즐겁기만 하다. 물론 어린이들에게 어둡고 부정적인 면보다는 밝고 긍정적인 가치를 심어주고자 하는 의도를 모르는 바 아니지만 그것으로 인해 모든 것을 숨겨야 한다는 당위성은 있을 수 없다.

요즘 아이들의 처지에서는 놀이터조차 제대로 나갈 시간이 없을 뿐 아니라 사회가 워낙 무서워져 마음껏 나가 놀 수 조차 없는 실정이다. 사실 놀이터인들 제대로 있기는 한가?

② 시 쓰기 지도 방법과 단계의 문제
아이들은 항상 구체적 체험을 가지고 글을 쓰려 한다. 그렇기 때문에 시에 있어서도 서사시보다는 생활시를 먼저 쓰게 하는 것이 올바른 순서다. 그럼에도 아래 표에서 보는 바와 같이 교과서에서는 지도 단계가 뒤바뀌어 있다.

학년별 시 쓰기 목표

학년 구분	3	4	5	6
취재(소재)	사물의 모습	사물의 모습	생활체험	생활체험
구성	생각과 느낌을 재미있게	생각과 느낌을 자세히	생각과 느낌을 함축	생각과 느낌을 중심으로
표현법	꾸미는 말 사용	시-산문의 구별	비유법 사용	도치-리듬-비유
보기글	비	꽃밭, 구름	학교, 나무	뜀틀, 산

우선 위의 표를 보면서 전의 교과서 단원과 비교를 해보면, 부분적이기는 하지만 체험을 바탕으로 하는 생활시가 등장한다. 그런데 이 시를 쓰도록 하는 방법이 너무 기능적으로 되어 있다. 또, 쓰기 교과서와 읽기 교과서의 같은 단원에 나오는 보기글이 달라 통일성이 없다.

1. 그림과 글을 살펴보고, 동시를 써 보자.
   우리 학교 운동장에 큰 소나무가 있다. 생김새가 아주 믿음직하다. 줄기는 하늘을 찌르고, 가지는 사방으로 퍼졌다. 날씨가 무덥거나 태풍이 불어도 끄떡없다.
   나도 소나무같이 듬직한 사람이 되어야 하겠다.

2. 그림과 글을 살펴보고, 동시를 써 보자.
   학교에서 놀다 보니, 어떤 꼬마가 양동이를 들고 가다가 너무 무거워서 놓고 서 있었다. 키가 나보다 아주 작았다.
   나는 얼른 양동이를 들어 주었다.

차시별 지도 계획

〈1차시〉(교과서 5~7쪽)
  1) 수업 목표
○ 글과 그림을 보고, 본 것과 느낀 것을 말할 수 있다.
○ 글과 그림을 보고 동시로 표현할 수 있다.
  2) 수업 전개
□ 목표 확인
   ○ 도입 : 교과서 6쪽의 그림과 글을 보면서 글감 찾아보기
      ─ 운동장의 큰 소나무를 보고 어떻게 생각했는지 글에서 찾아보게 한다.
□ 본 것과 느낀 것을 어떻게 나타냈는지 알아보기(6쪽)
         | 본 것 | ──────→ | 느낀 것 |
      ─ 학교 운동장의 큰 소나무 ──→ 믿음직함, 듬직함
      ─ 높고 넓게 뻗은 가지 ────→ 태풍이 불어도 끄떡없음.

□ 본 것과 느낀 것을 동시로 나타내기
　○ 본 것과 느낀 것을 동시로 표현하려면 어떻게 해야 하는가?
　　─뜻과 느낌을 함축한 짧은 구절로 만들게 한다.
　　─필요한 경우 비유된 표현을 넣게 한다.
　○ 동시를 지어 보자.(6쪽)
　　─동시를 지어 읽어보고, 연과 행을 다듬게 한다.
[교사용 지도서 244쪽]

보충 자료
〈교과서 6쪽의 동시 쓰기 예문〉

　　　　　　　　　나무
　　　　　　　　　　박창환 (대구 교대 부속국민학교 5학년)

우리 학교 운동장의
소나무
아버지처럼 믿음직하다.

줄기는 하늘을 찌르고
가지는 사방으로 퍼졌다.

무더운 더위를
혼자서 버티고
태풍이 불어도 끄떡없다.

나도 소나무같이
듬직한 사람이 되겠다.
(출전 : 이오덕 엮음 '나도 쓸모 있을걸', 창작과 비평사, 1984년)

〈교과서 7쪽의 동시 쓰기 예문〉

　　　　　　　　　어떤 꼬마
　　　　　　　　　　이재권 (서울 문창 국민학교 5학년)

학교에서 놀다가 보니
어떤 꼬마가 물양동이가 무거워서
가만히 서 있었다.

키가 나의 가슴만 하였다.
양동이를 들어다 주었다.
(출전 : 이오덕 엮음 '나도 쓸모 있을걸', 창작과 비평사, 1984년)

[교사용 지도서 246쪽]

현행 쓰기 교과서 교사용 지도서에 글쓰기 교육연구회 회원이 지도한 작품을 보기글로 실었다는 사실만으로도 우선 놀랍고 반가운 일이다. 사실 집필진의 면면으로 보아 이런 글을 선뜻 뽑았을리는 없을텐데, 그러면 왜 실었을까? 너무 비약일지 모르겠지만 이렇게 생각해본다.

생활시를 소재로 단원을 구성해놓고 나서 아이들의 생활과 밀접한 시를 보기글로 내야만 기능적으로 접근시키겠는데 아무리 살펴봐도 집필진이 의도한 동시인들의 작품은 아이들의 생활과 거리가 먼 구름 잡는 이야기밖에 없으니 할 수 없이 글쓰기회에서 나온 글을 실었다고.

사실이 그렇다면 일반 동시의 모습이 드러나게 되는 것일테고, 그렇지 않고 산문을 쥐어짜면 동시가 된다는 식의 접근을 위해서 선택했다면 한심한 일이다. 어쨌든 글쓰기 교육연구회의 성과물이 이렇게나마 교과서에 수록되어 간다는 사실은 다행한 일이다.

③ 작품의 작가 문제

우선, 5학년 교과서에 나오는 시를 작자와 함께 살펴보면 다음과 같다.

   (5학년 1학기)
버섯(김종상), 연필(학생작품), 오리(허일), 어디만큼 오나(이원수), 이른봄(최춘해), 햇살이 그리는 그림(윤운강), 봄의 숨바꼭질(함은실―서울 반원국 5년), 봄비 내리는 소리(정하나), 나무는(신상수), 봄 이야기(김준현), 놀이터(노원호), 어머니(김상현―서울 은석국 6년), 분꽃(이은상), 급행차(이병기), 나무(박창환―대구교대 부속국 5년), 어떤 꼬마(이재권―서울 문창국 5년) ―이상 16편.

(5학년 2학기)
귀뚜라미(임인수), 비야 비야(안동지방 전래동요), 저녁 노을(손광세), 가을 하늘(윤이현), 봉선화(김상옥), 강강술래(송선영), 철령 높은 봉(이항복), 오면 가려하고(선조임금), 잘 가노라(김천택), 마을 사람들아(정철), 싸움(김종상) ──이상 11편.

    교과서와 지도서를 통털어 5학년 과정에 나오는 시의 수가 옛시조를 포함하여 모두 27편인데 어린이가 쓴 글은 5편에 불과하다. 여기에서 아이들의 생활과 동떨어져 있다고 느끼게 만드는 가장 큰 원인이 된다. 왜냐하면 아이들이 쓴 시에는 아이들의 언어가 더 많이 나타나기 때문에 그래도 좀더 공감할 부분이 생길거라고 본다. 그런데도 아이들의 작품을 보기글로 싣지 못한 까닭이 '모범글'이 없어서였다면 이는 문교부가 해방후 지금까지 해온 문예 교육이 허구였다는 것이 단적으로 드러내는 일이 아닐 수 없다.
    이상에서 보면, 현행 쓰기 교과서는 글을 잘 짓는 능력을 기르기 위한 훈련 교재로서의 성격이 짙다. 물론 지난날 독해중심의 국어 교과서를 기능(과정)중심으로 개편한 것은 분명 나아진 모습이나 주제를 먼저 정하고, 그 주제를 효과적으로 표현할 수 있는 소재를 찾아 머리로 짜 맞추기만 하면 된다는 식의 지나친 기능중심적 발상은 더욱 큰 문제를 안고 있는 것이다.
    아이들에게 글은 삶의 한 표현에 다름 아니다. 그렇기 때문에 머리로 만들어 낸 글이 아니라 그들의 생활 경험이 생생하게 나타나도록 살아있는 말로 쓰도록 해야 한다. 어떤 틀을 만들어 놓고, 그 틀속에 집어 넣을 내용마저 제한하려 한다면 아이들의 자유로운 생각과 감정은 규격화되고 말 것이다.

3. 교과서 분석을 마치면서

    언어는 내용성을 가지며 동시에 사회적 의미를 갖는 것이다. 단순히 언어 교육을 언어의 기능에 치중하였을 때, 남는 것은 언어의 내용을 무엇으로 채우느냐의 과제이다. 이는 국어 교과가 언어 기능의 신장이라는 측면만으로 효용성을 따질 수 없는 민족 교육의 중심이 되어 왔다는 역사적 사실만 봐도 그렇다.

아울러 진정 올바른 교육이 이루어지려면 교육 과정의 결정에서부터 교과서의 제작에 이르기까지 현장 교사의 참여가 형식적이고 제한적이지 않고 실질적으로 이루어져야 한다.

6학년 쓰기 교과서 분석

최 창 의

1. 들어가는 말

 교육부에서 발행한 교사용 지도서에 '교과서는 성전이 아니라, 국어과 교육에서 사용되는 교수·학습의 한 예시에 불과하므로, 단원의 목표를 명확히 인식하고 교과서에 제시한 자료를 창의적으로 활용해야 한다.'는 말이 있다. 그러나 현실에서는 교사들이 교과서를 성전처럼 받들고 있는 게 사실이다. 교과서 이외의 교재를 마련할 만한 조건도 제대로 갖추어지지 않은데다가 교육활동에서 평가가 교과서 내용을 기준으로 하니 어쩌겠는가? 또 일부 학교 관리자 가운데는 교과서 밖의 내용을 가르치는 것을 색안경을 쓰고 감시하거나 금지하고 있는 게 교육 현장의 모습이다.
 그럴수록 교사들이 현재 사용하고 있는 교과서의 내용을 분석하고 따져 보는 일은 매우 중요하다. 잘못된 내용을 고쳐 가르치지 않고 그대로 아이들에게 주입하다 보면 돌이킬 수 없는 잘못을 저지를 수 있기 때문이다. 교과서 분석작업에 누구보다 교사들이 앞장서 해야 하는 까닭이 여기에 있다.
 6학년 교과서를 분석하면서 보니 현재 교과서가 온통 문제점만 안고 있는 것은 아니었다. 지난날의 교과서에 비해 내용이 상당히 개선되고 발전된 게 사실이다. 그러나 이 글에서는 6학년 쓰기 교과서의 특징이나 장점들을 다루지는 않았다. 그 까닭은 교과서를 해설한 교사용 지도서에 특징이나 장점에 대한 설명이 자세히 되어 있어 중복

될 뿐 아니라 문제점에 강조를 두어 이를 개선해 나가는 일이 더 시급하다는 판단 때문이다.

2. 6학년 쓰기 교과서의 문제점과 개선 방향
— 내용면에서 —

(1) 예문의 상당수가 아이들이 자신의 생활과 생각을 담아 직접 쓴 글이 아니다.

아이들에게 글쓰기를 지도할 때 대개 예문을 보여 준다. 교과서 역시 단원의 특성에 따라 여러 예문을 싣고 있다. 이처럼 예문을 들려주는 것은 예문을 읽어 봄으로써 글의 형태나 내용의 요소를 알고 글 쓰는 방법을 터득하는 데 도움이 되기 때문이다. 따라서 이러한 예문은 학년에 따라 같은 또래의 아이들이 직접 쓴 글이래야 좋다. 또 아이들의 생활 가운데 보고 듣고 겪은 일과 생각하고 느낀 점을 자기들이 두루 쓰는 말로 솔직하게 쓴 글이어야 한다. 그런 글이라야 아이들이 친근하게 글쓰기에 접근할 수 있고 '나도 글을 쓸 수 있다.'는 자신감을 북돋울 수 있다. 그런데 교과서에 아이들 글이라고 실은 예문의 상당수가 실제로는 아이들 글이 아니라는 것이 한 눈에 드러난다. 그런 글 가운데 일부를 대표적으로 들어본다.

「건물은 남쪽을 향해 서 있는데, 한국식 기와집이라 추녀의 네 모서리가 날아갈 듯 살며시 들려 있어 퍽 멋이 있습니다. …… 마루에 누우면 굵은 대들보가 보이고, 그 대들보를 서까래들이 베개처럼 나란히 베고 있습니다. (6학년 1학기 3. 정다운 우리집)」

「산 위로 오를수록 바위 틈 사이로 솟은 기이한 소나무가 한 폭의 그림 같았다. 발아래 깔리는 크고 작은 산봉우리를 굽어보면서, 두 시간을 오른 뒤에야 비로소 정상에 도착하였다. 멀리 수많은 산봉우리 사이로 구름 바다가 펼쳐지는 정경을……. (1학기 9. 여행한 경험을 살려)」

「페인트칠이 벗겨진 건물들이 눈에 띄었고, 야트막한 산비탈에는 두 개의 가마가 시커먼 입을 벌리고 길게 누워 있었다. (2학기 7. 견학을 다녀와서)」

「노란 은행잎을 따라 왔던 가을은 떨어지는 은행잎과 함께 가는가 보다. 산마루에 솟아올라, 내리 쏟는 아침 햇살은 장난꾸러기 내 동생 같다. (2학기 9. 가을의 향기)」

이 글들을 보면 하나같이 어른들이 '아이들이라면 이쯤 쓰겠지' 하는 생각에서 만들어낸 글임을 쉽게 짐작할 수 있다. 또 이 짧은 인용문에서도 쉼표가 자주 쓰였음을 알 수 있다. 아이들은 이처럼 복잡한 문구를 즐겨 쓰지 않는다. 단문으로 쓰는 게 보통이고 또 단문으로 쓰게 하는 게 올바른 지도 방법이다. 아울러 이런 글에서는 '전경', '표면에', '정교한', '예술적 가치를 결정하는', '광경' 등 어려운 한자말이 쓰였음은 물론이다. 아이들의 생활이나 생각이 없고, 생활 속에서 자주 쓰는 말이 아닌 문자어 투성이인 것이다. 교사용 지도서 어디를 뒤져봐도 누구의 글인지 확인할 수 없지만 설사 이 글이 아이들이 쓴 것이라 하더라도 문장 기교만을 부린 잘못된 글임은 틀림없다.

읽기 교재도 아닌 바에 이처럼 어른들이 기교를 부려 쓴 글을 예문으로 들어놓는 것은 큰 문제이다. 아이들이 이런 예문을 읽고 나면 글도 써 보기전에 지레 겁을 먹고 글쓰기를 멀리하거나 자기들이 따라갈 수 없는 문장 기교를 흉내내게 하는 데 오히려 한 몫을 할 우려가 있다.

(2) 비판이나 다양한 사고 없이 일률적이고 상투적인 의견을 쓰도록 한다.

6학년 쓰기 교과서에서는 4개 단원에 걸쳐 주장하는 글을 쓰게 하고 있다. 주장하는 글은 어떤 문제를 두고 자신의 의견을 밝히는 글이다. 이 때 자기 의견에 대한 근거가 분명하고 정확해야 하며 주장 또한 뚜렷해야 한다. 이런 점에서 주장하는 글은 논리적인 훈련과 생각을 키우는 데 알맞은 글이다. 또한 아이들의 독특하고 다양한 생각과 의견을 펼칠 수 있다는 장점이 있다.

　이 같은 장점을 잘 살려내기 위해서는 글감을 올바로 고르는 것은 매우 중요하다. 되도록 아이들 속에서 일어나는 문제나 일을 두고 의견을 펼치도록 해야지 이미 드러나 있는 뻔한 결론을 주장하도록 해서는 좋은 글이 될 수 없다. 그래서 가치 갈등이 있는 문제나, 보는 시각에 따라 다양한 의견이 나올 수 있는 글감이 적당할 것이다.

　교과서의 주장하는 글에서는 글쓴이가 주장하는 의견을 하나로 정해주고 있다. '전기를 아껴쓰자'(1학기 4. 주장을 옳게 하려면)나 '독서를 잘 하자'(1학기 12. 주장하는 글 쓰기)와 같이 결론이 너무 뻔하게 정해진 글을 쓰게 하고 있다. 또 이러한 주장에 대한 근거조차 구상 단계인 개요 짜기에서 친절하게(?) 보여줌으로써 주장하는 글의 의미를 퇴색시키고 있는 것이다.

　교과서의 주장하는 글 단원에서는 다른 문종과는 달리 예문을 전혀 들고 있지 않고 있다. 대신 앞쪽에 그림을 통해 상황을 주는데 그 대부분이 도덕적인 가치나 태도에 어긋나는 행위가 주요한 내용을 이루고 있다. 「공책을 함부로 찢는 장면, 수돗물을 넘치도록 틀어놓는 장면, 신발을 구겨 신는 장면(1학기 4과)」, 「과자를 먹고 휴지를 아무데나 버리는 장면, 엎드려 책을 읽고 있는 장면, 차도에서 공놀이를 하는 장면, 친구끼리 싸우는 장면(1학기 12과)」, 「공부방을 어질러 놓은 장면, 차를 서로 타려는 장면, 휴지통이 넘치는 장면(2학기 4과)」 등이 그 예이다. 이런 장면을 설정해 두고 주장과 이유, 해결 방법을 쓰게 하고 있다. 이런 문제에 대해 6학년 정도의 아이가 그 이유나 해결 방법을 모르고 있지는 않다. 이유나 해결 방법, 주장할 바는 이미 정해져 있는 것이다. 다만 그것을 제대로 실천하지 못할 따름이다. 결국 아이들은 도덕책이나 사회책에서 배운 대로 일률적이고 상투적인 주장을 할 것이고 자기가 주장한 것을 지키지 못하는 데서 오는 이중적인 가책만 더해질 뿐이다. 또한 문제의 원인이나 해결 방법을 오직 아이들의 잘못된 도덕성이나 행동만으로만 몰아부치는 것도 아니 될 일이다.

　다행히 '텔레비전의 장단점'과 '반장 임기'(2학기 4과) 등에 대해 의견을 쓰게 한 부분은 교과서의 주장하는 글이 모색해야 할 대안을 암시해 주고 있다. 이러한 글감은 아이들의 다양하고 비판적인 사고 능력을 길러주고 재미있게 주장을 펼 수 있도록 해 준다. 가령 '독서를 열심히 하자'는 주장보다 '이런 책을 읽자'는 주장이 돋보이는 지도 방법이 될 것이다. 또한 관점이 서로 다른 예문 또한 주장하는 글 단원에서 적절히 보여주는 게 좋을 것이다.

(3) 우리 사회의 현실과 아이들의 다양한 삶의 모습을 쓰게 하고 있지 않다.

아이들의 삶은 제각기 다르다. 같은 학년의 아이들이라도 자기를 둘러싼 환경이나 위치에 따라 생활이 다르고 거기에서 느끼는 감정이나 생각이 모두 다르다. 곧 아이들의 삶은 우리 사회 현실이나 구조와 매우 밀접한 관련을 맺고 있다는 것이다. 그러기에 우리 사회의 현실과 다양한 삶의 모습을 바로 보고 정직하게 글로 쓰게 하는 것은 글쓰기 교육에서 매우 중요하고 절실한 목표이다. 삶을 정직하게 드러내 씀으로써 진정으로 자기 삶을 사랑하고 참된 삶의 가치를 깨닫도록 해야 하는 것이다. 그러나 안타깝게도 교과서에서는 우리 사회의 현실과 아이들의 다양한 삶을 글로 쓰게 하고 있지 않다.

내가 살고 있는 집의 모양이나 구조를 설명하게 하는 단원(1학기 3. 즐거운 우리집)의 경우 그 예문이 우리 아이들의 평균적인 삶을 지나친 부유한 집의 모습을 표본으로 제시하고 있다. 자기 집도 없이 사는 사람이 태반인 현실에서 아이들이 느낄 좌절이나 상대적인 박탈감은 전혀 고려하지 않는 듯싶다. 편지글 쓰기 2개 단원(1학기 7. 감사하는 마음을 담아서, 2학기 1. 고마운 뜻 전하기)에서는 구상 단계에서부터 감사하는 편지를 쓰게 하고 있다. 아이들이 편지를 쓰게 되는 동기와 하고 싶은 말이 다양할 텐데도 일률적으로 감사 편지만을 쓰게 하는 것은 적절하지 않은 것 같다. 남에게 입은 은혜를 잊지 않고 감사하는 마음을 갖도록 한다는 점에서 한편으로 이해가 되지만 꼭 이처럼 특정한 주제를 주어가면서 글을 쓰게 할 필요가 있을까 의문이 든다.

또한 교과서를 살펴보면 우리 사회의 아픈 구석이나 어려운 환경

속에서도 땀흘려 열심히 살아가는 이야기를 다룬 내용을 찾아보기 어렵다. 더욱 놀라운 것은 우리 겨레의 아픈 현실인 분단의 문제를 고민하고, 온 겨레의 소망인 통일을 염원하는 글을 단 한 편도 쓰게 하고 있지 않다는 점이다. 결국 글쓰기를 통해 사람으로서 가져야 할 삶의 올바른 가치나 우리의 역사적인 과제를 깨닫게 하는 교육은 소홀히 하고 있는 것이다.

(4) '이야기 꾸며 쓰기'는 내용이 지나치게 비현실적이고 허황된 행운으로 갈등을 해결하고 있다.

　교과서에서 이야기 꾸며 쓰기는 3개 단원인데, 8장면 정도의 만화 형태로 이야기를 제시하고 그 내용을 쓰도록 하고 있다. 그 이야기들의 장면은 대강 이러하다.

　　「욕심 많은 형 집에서 강제로 쫓겨난 아우는 나뭇짐을 지어 살아간다. 그러나 설날이 되어도 어머니와 여동생에게 고기 한 점, 옷 한 벌 못 해 주게 되어 산 속에서 슬픔에 잠긴다. 그 때 사람 말을 그대로 따라 하는 거북이를 발견하여 시장으로 데리고 나간다. 아우는 사람말을 흉내내는 거북이를 구경거리로 내세워 많은 돈을 벌고 행복하게 산다. (1학기 2. '꾸며 쓰는 이야기'의 첫 번째 내용)」

　　「착한 젊은이가 산 속에서 길을 잃었는데 한 오두막에서 신선을 만난다. 신선은 그 젊은이의 가난한 사정을 알고 그물을 만들게 한다. 그리고 그물 속에 청년을 담아 호랑이가 다니는 길목 나뭇가지에 매달아 놓는다. 밤이 되자 호랑이들이 그물 속의 청년을 잡아 먹으려고 뛰다가 절벽에 떨어져 죽는다. 청년은 죽은 여러 마리의 호랑이를 팔아 부자가 된다. (1학기 2과 두 번째 내용)」

　　「무더운 여름 날씨에 나무 그늘 아래 스님 한 분이 쉬어가려다 일하는 농부를 만난다. 농부는 모를 내야 하는데 비가 안 와서 걱정이라고 말한다. 스님은 자기 옷을 만져 보더니 오늘 중으로 비가 꼭 온다고 한다. 그러자 농부는 그 말을 믿지 않고 내기를 하자고 한다. 농부는 자기가 지면 소를 내놓을 테니 스님에게는 바랑의 쌀을 걸라고 한다. 스님은 좋다고 한다. 내기의 결과인 마지막 장면은 빈 칸으로 두었다. (2학기 5. 이야기의 세계)」

먼저 1학기 2과 '꾸며 쓰는 이야기'는 아무리 옛부터 내려오는 이야기라고 하여도 아이들 글쓰기의 소재로는 적합하지 않다고 본다. 사람의 욕심이나 사회 구조의 잘못으로 생긴 문제를 개인의 우연한 행운으로 해결하고 있으니 말이다. 이는 잘못된 사회구조나 인간사를 바로잡으려는 노력을 기울이지 않고도 묵묵히 참고 살면 우연한 행운으로 잘 살 수 있다는 그릇된 가치관을 심어줄 수 있다. 아이들에게 이런 봉건 시대의 그릇된 사고나 의식을 그대로 받아들이게 해서는 안 될 것이다.

2학기 5과 '이야기의 세계'의 내용은 지나치게 비현실적이다. 옛부터 우리네 농사꾼들은 소를 집안의 큰 재산으로 여겼다. 그런데 농부가 집 재산과도 같은 소를 스님의 쌀 한 바랑과 걸고 내기를 한다는 것은 상식적으로 수긍되지 않는 이야기다. 스님이 비가 올 것이라고 확신하는 것은 옷을 만져보아 눅눅하게 습기가 찼기 때문인데 이를 알고도 내기를 하자는 태도도 건전한 가치관을 심어 주어야 할 교재로는 적합하지 못하다.

결론적으로, 꾸며 쓰는 이야기가 가져야 할 다양한 상상이나 재미는 인정한다 하더라도 아이들 교재로 쓸 경우에는 현실에서 일어날 법한 내용성은 갖추어야 할 것이다. 아울러 이야기의 주제와 가치관도 올바로 담긴 것을 신중히 선택해야 한다.

── 방법면에서 ──

(1) 수업 시간수에 비해 글 쓰는 양이 많고 시간수의 운영이 획일적이다.

현재 교육 과정에서 쓰기 교과는 한 단원 당 일주일에 2시간씩 운영하도록 되어 있다. 그에 따른 쓰기 교과의 단원별 지도 내용을 보면 대체로 첫째 시간은 문종의 특징에 따른 예문이나 그림을 보여주고 글 쓰는 연습을 한다. 둘째 시간에는 구상 단계인 개요짜기와 개요를 바탕으로 실제 글을 쓴 다음, 발표와 고쳐 쓰기까지 하게 되어 있다. 아이들이 이 두 시간 동안에 직접 쓰는 글의 양은 조금 차이가 있지만 보통 4쪽이고 세 단원 걸쳐 한 번씩은 글씨 쓰기 연습도 실려 있다. 이는 우리 교육 현장의 학급당 학생수나 학생들의 학습 능력의 개인차를 고려한 방식이라고 볼 수 없다.

학교 현장에서 교과서를 지도해 본 교사들은 대부분 이처럼 한 단원당 4쪽이나 되는 쓰기 분량이 교사나 아이들에게 너무 벅차다고 하소연한다. 물론 전과 달리 공책이나 원고지에 글을 쓰지 않고 교과서에 글을 직접 써넣는 체제가 한층 발전된 방식이지만 아이들이 글 쓰는 양이 많아 진력을 내거나, 학습 능력의 개인차가 있는 아이들이 빈 칸을 채우기를 기다리다가 한 시간이 훌쩍 지나가 버린다는 것이다. 결국 2시간의 학습 시간에 정작 중요한 글 쓰는 방법이나 태도 등의 지도나 감상, 평가는 거의 이루어지지 못하고 있는 셈이다. 그래서 상당수 교사들이 쓰기 교과의 내용을 숙제로 내어 처리해 버리는 일도 흔히 보게 된다.

이런 점에서 현재 쓰기 교과서는 단원별 특징에 따라 몇몇 단원은 글 쓰는 양을 대폭 줄이는 것이 합당하리라 본다. 단원에 따라서는 교사와 학생간의 대화로 처리하는 것이 효과적이고, 첫 시간에는 주로 예문을 감상하는 지도 방식을 적극적으로 모색할 필요가 있다.

또한 모든 단원을 획일적으로 2시간씩 배당한 시간수의 운영도 검토해 볼 문제이다. 간단히 한 시간에 지도할 문종이 있는가 하면 3~4시간에 걸쳐 집중적으로 지도해야 할 문종이 있다. 예를 들면 1학기에 두 단원이나 실려있는 '이야기 꾸며 쓰기' 가운데 한 단원, '5. 초청하는 글'(초청 편지), '11. 마음의 여행'(상상한 내용을 쓰는 글), '14. 생각의 갈래'(문장 연습), 2학기에 무려 네 단원에 걸쳐 실려 있는 문장 연습 등은 단원을 부분적으로 삭제하거나 배당 시간을 줄여도 문제가 없으리라 본다. 이번 쓰기 교과가 문장 쓰기 기능 훈련에 역점을 두고 있어 생기는 문제지만 문장 사용 훈련은 문장을 따로 떼어 하는 방식보다 완성된 전체 글을 발표하고 평가하는 시간 속에서 이루어지는 게 효율적일 것이다. 교육 과정에서 이처럼 단원수를 축소하거나 배당 시간을 줄이는 융통성을 가진다면 아이들이 어렵게 생각하는 '주장하는 글 쓰기'나 '시 쓰기'지도에 3~4시간을 투여할 수 있다. 그러면 여러 예문을 충분히 들려줄 수 있을 뿐만 아니라 때에 따라서는 학급의 많은 아이들이 자기가 쓴 글을 발표하고 평가하는 시간을 가질 수 있다는 점에서 이점이 크다.

쓰기 지도에서 글을 쓰는 것 못지않게 중요한 것은 쓴 글을 발표하는 시간이다. 아이들은 자기가 쓴 글을 발표하고 비교·평가하는 가운데 기쁨과 보람을 느끼고 창의적인 글쓰기 방법을 깨닫게 되기 때문이다. 그러나 현재의 쓰기 교과서 내용이나 시간운영 편제로는 발표와 평가 시간을 갖는다는 건 거의 불가능하다. 그저 글만 완성하기에도 바쁜 형편이고 발표와 평가는 형식에 그치고 만다. 이런 점에서도 글 쓰는 양과 시간 운영의 개선은 적극적으로 이루어져야 한다.

(2) 모든 아이들에게 일정한 주제를 주어 글을 쓰게 하는 방식을 취하고 있다.

교과서에서 한 가지 정해진 주제를 주어 글을 쓰게 하는 경우는 다음과 같다.

「전기를 아껴 쓰자는 내용으로 주장하는 글을 써 보자(1학기 4. 주장을 옳게 하려면), 감사하는 편지를 써 보자(1학기 7. 감사하는 마음을 담아서), 매일 30분 이상씩 책을 읽자(1학기 12. 주장하는 글 쓰기), '화목한 우리 가정'이라는 주제로 글을 써 보자(1학기 15. 화목한 가정), 고마운 마음을 전하는 편지를 써 보자(2학기 1. 고마운 뜻 전하기)」

여기에서 우리는 큰 문제점 하나를 깨닫는다. 바로 아이들 글의 특성을 무시하고 어른들의 창작법을 도입하고 있다는 점이다. 어른들은 어떤 글을 쓸 때 대부분 주제를 먼저 정한다. 소설이나 동화 같은 창작물의 경우는 더욱 그렇다. 글쓴이가 먼저 어떤 주제나 생각을 정해 놓고 그에 따라 글을 구상하고 쓰게 되는 것이다. 하지만 아이들은 이와 다르다. 아이들은 주제가 앞서지 않는다. 처음부터 몸으로 겪은 일을 쓰게 되며 그 속에 생각이나 주제가 나타나게 된다. 다시 말해 현실 체험 속에 하고 싶은 말과 주제가 다 들어 있는 것이다.

주제란 관념이다. 아이들에게 관념을 기대해서도 안 되고 관념을 강요해서도 안 된다. 어떤 주제를 주고 글을 쓰라고 할 때 아이들은 그에 맞춰 하지도 않은 일을 거짓으로 글을 꾸며내거나 다른 글을 베껴 쓰게 되는 것이다. 그래서 우리 교육에서 아직도 아이들이 글을 거짓으로 짓거나 베껴내는 일이 계속되고 있는 것이다. 어른들은 관념을 문학으로 형상화하지만 아이들은 현실의 삶을 그대로 말하고 쓰게 해야 옳다. 교과서에서 주고 있는 주제는 일방적이다. 결국 아이들은 주제에 맞춰 글을 꿰어 맞출 수밖에 별 도리가 있겠는가? 오히려 적당한 글감을 바르게 잡을 수 있도록 이끌어주는 것이 올바를 것이다.

(3) 어떤 글감을 산문으로 먼저 쓰게 한 다음 시로 고쳐 쓰게 하고 있다.

전에 비해 교과서 시 지도에서 나아진 점이라면 하지도 않은 일과 자기 느낌이 아닌 것을 머리로 꾸며 시를 짓거나 화려한 글귀만을 리듬감있게 만들어내도록 하지 않고 있다는 것이다. 현재의 쓰기 교과서가 가능하면 생활 속에서 보거나 겪은 일을 글감으로 잡아 생각하고 느낀 것을 시로 쓰게 하고 있는 점은 발전적인 변화로 평가할 만하다. 그러나 아직도 고집하고 있는 잘못된 지도 방법은 산문을 고쳐 시로 쓰게 하는 것이다. 교과서 시 쓰기 방법은 이렇다.

「내가 보고 겪은 일 가운데 글감을 하나 고른 뒤 글감에 대한 느낌이나 상상한 내용을 산문으로 적게 한다. 그런 다음 시의 특징이랄 수 있는 내용을 제시해주고 참고하여 시로 쓰라고 한다.」

1, 2학기 2개 단원의 시 쓰기가 모두 이런 방법이다. 그런데 동서고금을 통해 이처럼 산문으로 미리 쓴 다음 시의 특징에 맞게 고쳐 훌륭한 시를 썼다는 시인이나 작가를 들어본 일이 없다.

시는 순간적으로 떠오르는 느낌과 생각을 써야 한다. 따라서 이런 느낌과 생각은 곧 바로 쓰는 게 좋고 한 번에 토해내듯 쓰는 게 좋다. 산문으로 쓰면 오히려 순간적인 느낌과 생각은 반감된다. 산문을 시로 고쳐 쓰는 과정에서 지나치게 형식에 매몰되거나 낱말을 모양나게 다듬는 잔재주를 부려 거짓 시를 쓰게 조장할 수 있다. 아이들이 쓰는 시가 이래서는 마음이나 태도까지 거짓되게 된다. 더군다나 시의 생명이라 할 수 있는 감동이 산문으로 쓴 뒤 다시 시로 꿰맞추는 가운데 올바로 살아날까 의문스럽다.

좋은 시는 감동을 주는 시이다. 달리 말하면 좋지 않은 시는 아무런 감동이 없는 시이다. 그러므로 시 쓰기에서 무엇보다 먼저 이루어져야 할 점은 좋은 시와 좋지 않은 시를 비교하여 감상해 보게 하는 것이다. 그런 가운데 감동의 차이가 나는 까닭을 찾아보게 하여 아이들이 시 쓰는 태도를 올바로 갖도록 지도해야 좋은 시를 쓸 수 있을 것이다. 이런 기초적인 일을 제껴두고 산문을 시의 형식에 맞춰 쓰게 하는 일을 하고 있으니 오히려 시 쓰기를 망치지 않을까 두렵다.

(4) 교과서에 든 예문이 빈약하고 재미가 없다.

글을 쓰기 전에 예문을 보여주는 것은 대개 두 가지 뜻이 있다. 지도하려는 글의 종류에 따른 특징을 일러주는 데 있고, 또 하나는 글을 쓰고 싶은 마음이 생겨나도록 하기 위해서이다. 아이들은 예문을 읽으면서 '글이란 게 별거 아니구나', '이런 글이라면 나도 쓸 수 있겠구나' 하는 생각을 가지게 되면 글쓰기는 반쯤 성공한 셈이다. 그래서 글쓰기의 지도에서 예문의 제시는 매우 중요하다.

교과서에서는 이처럼 중요한 예문을 대부분 단원에서 1-2편씩 제시하고 있지만 전체의 1/3 정도 단원에서는 전혀 예문을 싣지 않고 있다. 예문을 주지 않은 단원은 왜 그랬는지 그 이유나 목적은 알 수 없다. 그런데 한 단원에 1~2편씩 든 예문도 그 내용성이 매우 빈약하다.

또 그나마 실린 예문이 별 재미가 없다. 여기에서 말하는 재미란 얄팍한 흥미 위주의 별난 글을 말하는 것이 아니다. 누구나 겪는 평범한 일이면서도 아이들이 그 글에 씌어진 이야기와 생각에 공감하고 감동을 주는 글을 말한다. 그런데 교과서의 글을 읽다보면 '아 그렇구나' 하는 공감이나 감동이 느껴지는 글이 거의 없다. 이런 문제는 어른들이 일부러 아이들 수준에 맞춰 글을 만들어 냈거나 지나치게 글의 형식적인 완결성만을 갖추려다가 생긴 것이 아닌가 생각된다. 좀 서투르더라도 같은 학년의 아이들이 직접 쓴 글을 다양하게 실으려는 노력이 필요할 것이다.

3. 맺는 말

지금까지 6학년 쓰기 교과서의 여러 문제점을 주로 지적했지만 정말 객관적인 타당성을 갖추고 분명한 대안을 제시했는가에 대해서는 좀 자신이 없다. 다만 오랫동안 아이들 글쓰기 교육에 관심을 두고 이를 실천했던 교사의 처지에서 하는 단편적인 지적임을 알려둔다.

교과서가 올바로 만들어지려면 교사나 교육 관계자의 끊임없는 문제 제기와 의견 수렴 과정이 폭넓게 이루어져야 한다. 그러려면 교육 행정당국에서는 이런 통로를 활발히 열어놓는 노력을 기울어야 할 뿐 아니라 교육을 직접 담당하고 있는 현장 교사들이 교과서 연구와 집필 작업에 폭넓고 공개적으로 참여토록 해야 할 것이다. 또한 교과서의 개편이나 집필은 장기적인 기간을 두고 이루어져야 한다. 하지만 이보다 근본적인 해결책은 현재의 한 가지 종류인 국정 교과서 제도를 재검토하여 검인정제도나 자유발행제를 채택하는 방식을 적극 모색해야 할 것이다.

한편 교과서가 아무리 잘 만들어져도 이를 이용하는 교사들이 잘못 교육하게 되면 헛일이다. 또한 맹목적으로 교과서에만 매달려 교육을 해도 안 될 것이다. 교과서를 바르게 분석·제작하고 창의적으로 전달할 때 참다운 교육이 이루어질 수 있을 것이다.

국민학교 국어 교과서의 동시 분석

고 홍 수

1. 머리말

지금 교과서는 학생들로 하여금 능동적으로 참여하여 말하고, 듣고, 읽고, 쓰는 언어 활동을 도울 수 있도록 편찬되었다고 한다. 언어 기능별로 '말하기·듣기', '읽기', '쓰기' 교과서 등 3종으로 만들었다. 또 기능별 배당 시간을 각각 2시간씩 말하기, 듣기, 읽기, 쓰기 순으로 전개하도록 하여 언어 기능의 균형있는 신장·계발을 꾀한 점이 특이한 점이다.

이러한 변화는 국어교과를, 말과 글을 통하여 생각과 느낌을 바르고 정확하며, 효과적으로 표현, 이해할 수 있는 기능을 길러주는 교과라는 기능주의 관점에서 학생중심, 과정중심의 교재관으로 바뀌었다는 것을 보여준다는 점에서 일단 긍정적인 변화라 보겠다.

2. 교과서의 시

가. 말하기·듣기 교과서의 시

말하기·듣기 교과서의 시 단원 수업 목표는 대체로 다음과 같이 되어 있다.

* 장면을 상상하며 동시 낭독을 들을 수 있다.

* 동시 낭독을 듣고, 떠오르는 생각이나 느낌을 말할 수 있다.
* 동시 낭독을 듣고, 재미있는 말을 찾을 수 있다.
* 동시 낭독을 듣고, 떠오르는 장면을 그림으로 나타낼 수 있다.

즉, 장면을 상상하며 동시 낭독을 듣고, 생각이나 느낌을 자유롭게 표현하는 활동에 초점을 두고 있다. 따라서, 동시 낭독을 듣는 활동과 느낌을 표현하는 활동을 병행하고 있다.

나날의 생활에서 좋은 시를 즐겨 듣고, 그 내용을 맛보며, 마음에 새겨두는 것은 정서 생활에 매우 유익하다. 그러므로 시를 어떤 태도로 듣고 느낌을 표현하느냐 하는 것보다는 어떤 시를 감상하느냐에 더 마음써야 될 일이다. 시가 어린이의 발달 수준에 알맞지 않다거나 재미가 없다면, 듣기와 말하기의 방법을 아무리 잘 지도한다 해도 그것은 빈껍데기 교육에 지나지 않을 것이기 때문이다.

다음 시는 1-2 교사용 지도서에 실린 '들려 줄 동시'이다.

가을 밤

벌레들이 울어 / 소리가 꽉 찬 밤길 //
걸으면 걸으면 / 소리가 소리가 / 발끝에 채인다. //
걸으면 걸으면 / 소리가 소리가 / 손끝에 잡힌다. //
소리를 밟으면 / 끝없이 자꾸만 / 걷고 싶어지는 밤 //

'소리가 꽉 찬 밤길', '소리가 발끝에 채인다', '소리가 손끝에 잡힌다', '소리를 밟으면'과 같은 표현을 통해, 1학년 아이들이 머리 속에 어떤 장면을 떠올릴 수 있을까? 그런 표현을 재미있는 표현이라고 유도해내야 할텐데, 이걸 두고 좋은 음식을 맛도 모르고 삼키는 일과 같다고 할 것인가? 가슴 속에 시를 품고 있는 아이들에게, 시란 이렇게 헛말을 지껄이는 것이라는 인식을 심어 주는 짓이다. 불량식품을 먹이고는 그 음식의 향과 맛을 온갖 아름다운 말로 표현해 보라고 강요해도 될 것인가?

'들려 줄 동시'의 글감을 분류해 보면, 그 시들이 삶을 떠나 자연 경관이나 노래하는 것들만 모아 놓았다는 걸 곰방 알 수 있다. 단원 배치도 계절과 맞춰 놓았고 소재도 계절과 관련된 것뿐이다.

* (   )는 학년

봄 : 봄바람, 가을 하늘*(2), 봄바람, 봄비(3), 개나리 노란 배(4), 봄(5)
여름 : 여름(3)
가을 : 가을 밤, 코스모스(1), 도토리(2), 단풍잎, 낙엽, 코스모스 꽃길(3), 가을 달밤(4), 귀뚜라미(5)
겨울 : 눈 놀이, 눈 오는 날, 눈사람(1), 눈 받아 먹기, 눈 오는 날(2)
기타 : 어머니(3)

들려 주는 시라고 해서 낭송에만 알맞는 형식의 시로써 표현·전달 기능만 고려하고 시의 생명인 내용을 버린다면, 표현상의 기교나 형식이 시의 전부인 양 잘못 알게 할 우려가 있다. 아름다운 정서의 함양은 작품 속의 세계를 통해서 얻는 것이지, 형식이나 말의 기교에서 얻는 것은 아니기 때문에 감상시의 선정은 매우 중요한 일이다.

나. 읽기 교과서의 시

시 감상 지도를 통해 어린이들에게 무엇을 줄 수 있나?
시를 읽고 분석하여 문학적 비평을 하자는 것은 아니다. 다만, 시를 바르게 이해하게 하여 마음을 순화시키고, 그들 스스로 좋은 시를 찾아 즐겨 읽게 하며, 또 자신의 느낌과 생각을 표현하고 싶은 욕구를 갖도록 하면 될 것이다. 시교육(감상과 쓰기)을 통해서 참된 삶을 깨닫고, 사람답게 살게 하며, 좋은 시를 맛보는 가운데, 풍부하고 아름다운 정서를 기르고 조화로운 품성을 길러갈 수 있어야 한다.

오늘날 한국의 교육에서 교과서가 차지하는 비중을 생각할 때, 시 감상과 쓰기의 유일한 합법적 교재인 국정교과서에 실린 시 작품은 어린이들의 시 보는 눈을 밝게 할 수도 있고, 눈멀게 할 수도 있다. 특히 읽기 교과서의 시는 감상 지도를 위한 작품이므로 시를 고를 때 많은 고려와 폭넓은 논의 과정을 거쳐서 이루어져야 한다.

각 단원의 목표는 각 단원 첫머리에 보여주고 있다. 목표와 관련된 내용의 그림을 보여주어, 직접 혹은 상징적으로 인식하도록 하였다고 한다. 시 단원의 목표는 대체로 다음과 같이 정리할 수 있다.

* ( )는 학년과 학기
- 재미있게 쓰인 말을 찾아 보자.*(1-1, 1-2, 2-1, 3-2)
- 장면을 상상해 보고, 느낌을 살려 분위기에 맞게 낭독해 보자.(1-2, 2-2, 3-1, 3-2, 4-2, 5-2, 6-1)
- 글감과 중심 생각을 알아보자.(3-1, 3-2)
- 감동을 주는 이유가 무엇인지 생각하며, 시를 읽어보자.(5-1)
- 표현이 잘 된 곳을 찾아, 그 뜻을 새기며 시조를 읊어보자.(5-2)
- 시조의 운율을 생각하며, 감정을 살려 바르게 읊어보자.(5-2)
- 여러가지 표현에 유의하며 분위기를 살려 읽어보자.(6-2)
- 내용과 표현을 생각하며 시를 읽어보자.(6-2)

위와 같은 기본 방향에 따라 그 목표 성취를 효과적으로 도울 수 있는 소재를 중심으로 시를 선정해서 제시했을 것이다. 목표를 어떻게 설정하느냐에 따라서 어떤 시를 선정할 것인가가 결정되므로 목표 설정은 시 교육의 성패를 좌우하게 된다.

여기에서 우리가 알 수 있는 것은, 교과서의 시들이 재미와 감동이 충분한 작품임을 전제로 한 목표이다. 즉, 그 시들을 완결적인 언어구조로 보고 있다는 것이다. 여하튼 재미있는 시이고 감동을 주는 시이니, 글감과 중심생각을 찾고 장면을 상상하며, 잘 된 표현과 그 뜻을 새기고, 그 시가 주는 느낌을 살려 분위기에 맞게 낭송하라는 셈이다. 그렇게 지도하도록 지도서에 제시된 학습 활동 내용을 보자.

- 바르게 낭송하기(크기, 발음, 쉼과 띄움, 대화체 등)
- 시의 내용 알기(글감, 중심내용, 중심생각, 분위기 등)
- 시의 형식과 표현 알기(구조, 운율 등)
- 감동적인 부분을 찾고, 느낌 말하기.

앞의 활동은 단원 끝의 '글을 읽고, 다음 물음에 대답해 보자.'에 제시된 각 항목에 따라 지시대로 하게 되어 있다.

단원 목표 제시와 그에 알맞은 제재의 제시, 목표 성취를 위한 활동 방법 제시 등을 통해 학생 중심 활동이 가능하도록 편찬되어 있기는 하지만, 문제는 위와 같은 분석적, 기능주의적 방법으로 시를 공부하게 함으로써, 작품 선정 문제와 함께 시의 이해와 시 읽는 즐거움을 방해하고 있다는 데 있다.

봄소식

가만히 귀 기울여
들어 보세요.
머언 산골짜기에서
콸콸콸 눈 녹아 흐르는 소리를.
……

숲속에서 들판에서
쑤욱쑤욱 새싹들이 돋는 소리를.
……

마을에서 학교에서
무럭무럭 우리들이 자라는 소리를.

(3학년 1학기)

'봄소식'은 교사용 지도서에 따르면, '머언 골짜기에서 눈 녹아 흐르는 소리, 숲 속에서 들판에서 눈 녹아 흐르는 소리, 마을에서 학교에서 어린이들이 자라는 소리들이 마치 귓가에 들리는 듯한 시'라고 한다. 그러면서, '동시 감상'이라는 제목의 참고자료의 글을 통해, '시를 건성으로 읽고 이해도 잘 못하면서 재미가 없다거나 시시하다고 하며 허술히 대한다면, 그것은 우리의 아름답고 중요한 정신세계를 너무나 업수이 여기는 행위가 된다'고 했다. 또, '감동은 누구에게나 금방 가슴에 와 닿은 것이 아니라, 읽고 이해하는 정도에 따라 큰 감동을 받기도 하고 그 반대가 되기도 한다'고 했다. 이 협박조의 글을 읽으면 교과서의 시에 대해서 이러니 저러니 해서는 안 될 것 같다.

그러나 정말 그럴까? 모든 시 속에는 시인의 영혼이 녹아들어 있을까? 들어 있다고 해도 그 시가 어린이들에게 읽힐 수 있는지 여부는 별개의 문제이다. 이 시와 같이 작위적인 상상의 세계에 공감할 어린이들이 얼마나 될까? 공감할 수 없는 시를 느낌을 살려 분위기에 맞게 낭송하기를 바란다는 것 역시 무리이다.

시골 어린이가 봄을 노래한 시를 읽어보자.

개나리

대서 6 김윤선

개나리는 아주 예쁘다.
금방 꽃봉오리를 맺고 나서
아주 노란 개나리 꽃이 핀다.

노란 색으로만 둘러싼
개나리꽃
만져만 봐도 포근하다.

개나리꽃을 보면
안 크고 싶은 마음도 생긴다.

개나리는 왜 노란색으로만
되어 있는지 모르겠다.

개나리는 우리들 모르게
자꾸만 자꾸만 핀다.

'무럭무럭 자라는 소리'와 '안 크고 싶은 마음이 생긴다', '쑤욱쑤욱 새싹들이 듣는 소리'와 '개나리는 우리들 모르게 자꾸만 핀다'는 표현이 대조적이다. 어린이들이 어떤 시에 더 공감할 것인가는 물어볼 필요도 없을 것이다. 체험을 바탕으로 한 시의 진실성은 읽는이의 가슴에 감동을 전할 수 있지만, 그럴 듯하게 꾸며서 동심을 가장한 시는 빈껍데기만 전해질 뿐이다. 지도서에서 말한 감동을 전해주는 시는 생활 체험이 담겨 있어서 동질감과 일체감이 전해지는 시여야 함은 물론이다.

시 선정의 관점은 위와 같이 말했으면서도 선정된 시들은 이와 거리가 먼 것이 안타까운 일이다. 사회와 자연 속에서 살아가며 부딪치는 가운데 얻은 체험과 감동을 바탕으로 쓴 시는 극히 드물고, 다음과 같이 동심천사주의나 아기 흉내내는 시, 억지 상상력을 발휘한 시가 대부분이다.

* 아가의 새 이불은 / 꽃사슴 이불 / …… / 꽃사슴 꽃사슴 / 타고 놀겠지 // (1-2 꽃사슴)
* …… / 조롱박 하나 가득 / 물 마시면 / 입 속으로 들어오는 / 파란 하늘 (1-2 옹달샘)
* …… / 내가 길을 잃을까 봐 / 졸졸 따라와요 / ……(2-2 발자국)
* …… / 그 겨울을 혼자서 굴릴 때 / 아이들은 / 부쩍부쩍 자란다 // (4-2 겨울이야기)
* …… / 오늘은 겨울을 차고 올라 / 하늘 속을 나는 새 // (4-2 연을 올리며)

3. 우리에게 주어진 과제

지금 교과서의 시들은 지난 교과서에서 보이던 말장난 시들이 많이 사라지긴 했으나, 아직도 어린이들이 동질감을 통한 감동을 느끼기에는 거리가 너무 먼 작품들이 주류를 이루고 있다. 잘못된 시관을 심어 줄 우려가 있는 작품들이 교과서 시의 중심을 이룰수록 좋은 시를 읽히려는 교사의 창조적 노력이 더욱 요청된다.

아이들로 하여금 비평적 관점에서 감상할 수 있는 안목을 키워주면서, 시가 쓰여진 사회적, 시대적 배경과 시쓴이의 생애 등도 알아보게 할 필요가 있다. 또한, 교사와 함께 좋은 시를 찾는 작업도 해야 할 것이다. 시 내용과 관련된 자신의 경험 발표와 작품을 놓고 감상 토론하는 능동적인 수업 활동을 통하여 건전한 가치관 교육, 인간화 교육이 이루어지는 교실이 되어야 할 것이다.

■ *3부 살아 있는 교실, 살아 있는 교육*

살아 있는 그림 그리기 지도
글쓰기로 해 본 생활 상담
아이들과 함께 해 본 동극 수업 '팥죽 할머니'
방학을 앞두고 차린 마무리 잔치
신나는 방학을 위한 과제
아이들의 글을 어떻게 보고 어떻게 논의할까
글쓰기 교육을 연구하는 모임 만들기

살아 있는 그림 그리기 지도
— 한 가지 색, 선과 점으로 —

이 호 철

1. 시작하는 말

언젠가 어떤 아이가 그린 그림을 보고 다리는 아톰 다리, 눈은 서양 아이 닮은 인형 눈, 새는 나무로 깎아 만든 새, 나무는 솜사탕 나무, 웃음은 억지 웃음이라고 이야기한 적이 있다. 그림에 생명이 없고 도식적이란 뜻이다. 개념, 모방 표현이 되어 개성도 없고 내용도 빈약한 죽은 그림이란 뜻이다.

그도 그럴 것이 텔레비전 만화영화의 그림이 그렇고, 가지고 노는 놀잇감이 로보트, 서양 사람 닮은 인형이며, 만화책을 통하여 보는 그림이 그렇다. 학용품에 그려진 그림이 거의 그런 것이고, 아이들이 재미있게 보는 동화책의 그림도 만화식이 많다. 교과서의 그림도 미술로 따지자면 죽은 그림이라 아니할 수 없다. 많은 학원에서 감수성, 창의성을 기르기보다는 겉보기에 좋은 작품을 생산해 내는 데만 좇아 테크닉 위주의 미술교육에 의한 꼬마 미술가를 만들고 있다.

사실 아이들이 본래의 모습으로 자란다면 모두 시인인 것처럼 모두 예술가이고, 모두 미술가일 수밖에 없다. 그래서 때문지 않은 아이들의 모든 행위가 아름답고, 거기서 나오는 모든 산물이 아름다울 수밖에 없다. 어른들처럼 요모조모 계산하지 않고 구속이 없는 아이들만의 자유로운 세계가 있기 때문이다. 원시적인 자연에 가깝다고나 할까.

말로는 인간성 교육, 이러니 저러니 하지만 실제로 행해지는 것은 지식 위주의 교육이요, 환경 또한 인간성을 상실한 빗나간 환경이 겹겹이 둘러싸고 있다. 그런 가운데 어느새 자기 자신은 죽고 틀에 맞는 인간으로 변하면서 자기 표현도 틀에 맞춰진 표현을 하게 된다.

감수성이 죽고 개성이 죽은 관념이 깊이 뿌리 박혀 그것에서 벗어나지 않고는 본래의 모습을 찾기가 퍽 힘들어졌다. 아이들 본래의 모습을 찾게 하자면 아이들의 삶을 바로 찾아주어야 한다. 그러면서 글쓰기 지도도 그림 그리기 지도도 하여야 할 것이다.

이제부터 한 가지 색, 그리고 선과 점을 이용해서 살아 있는 그림 그리기의 몇 가지 방법을 이야기하고자 한다.

2. 살아 있는 그림 그리기 지도의 실제

국민학교 고학년이 되면 자아의식과 외계의 사물을 객관적으로 보는 경향이 강해진다고 한다. 따라서 본 대로 그리고 싶다는 사실기에 접어든다고 한다. 그러나 이를 방해하는 요소들에 의해 길들여진 관념들을 깨뜨리지 않으면 자기표현을 마음 먹은 대로 할 수가 없다. 그런 관념들을 깨부수어 살아 있는 그림을 그리도록 하자면 꽤 많은 노력이 필요하다.

내가 해 본 것은 매일 아침시간에 보고 그리기 지도, 더 자세히 그리기 지도, 관찰 그림 지도, 생활 그림 지도, 생활 그림에 한 도막의 글 써보기 지도이다.

이는 국민학교 3학년부터 가능하고 1, 2학년도 정도에 맞는 방법만 생각한다면 충분히 가능하다.

(1) 매일 아침 보고 그리기 지도

나는 아이들과 아침시간을 좀 알차게 보내기로 약속해 놓았다. 그래서 아이들은 학교에 오자마자 먼저 칠판에 적혀 있는 시를 감상하고 간단히 감상 메모를 한 다음 산수 3~5문제를 풀고, 글씨 쓰기(학교 방침으로 함)를 원고지 반 장에 한다. 그러고도 시간이 남는 아이들은 동화책 읽기를 하다가 공부시간 30분 전쯤부터 보고 그리기를 한다.

① 매일 아침 수업 시작 전 20~30분 동안(지금 우리 학교는 월 수 토에 전교 조회를 하기 때문에 못함)
② 그릴 대상은 번호 순서대로
③ 처음에는 선 자세를 그리도록 하되 어느 정도 될 때 앉아 있는 자세, 다음 둘이 서 있는 자세로 한다. 다른 자세들도 고루 많이 해 보면 좋겠지만 서 있는 자세 한 가지라도 제대로 되었을 때 다음 자세로 넘어가는 것이 좋으리라 본다.
내가 지도해 본 바에 따르면 혼자 서 있는 자세, 앉아 있는 자세, 둘이 선 자세만 해도 1년이 꼬박 걸렸다. 사실 이 세 가지만 잘 되어도 다른 자세는 쉽게 그릴 수 있다고 본다.
④ 재료는 16절, 8절 종이로 한다(크기, 모양은 다양하게 하는 것이 좋다고 함).
⑤ 용구는 2B~4B 연필, 싸인펜, 참펜, 붓, 붓펜 따위로 아이들이 좋아하는 대로 했다. 다만, 용구마다 어떤 특징이 있다는 것을 알게 해야 한다.
⑥ 그릴 때마다 아이들이 몸에 배도록 강조해야 할 점은 다음과 같다.

⊙ **잘 보고 그리도록 한다.** 아이들은 대부분 대상을 대충 보고 자기 생각대로 그릴려고 한다. 그래서 자세하게 살펴보는 것은 관념에서 벗어나는 첫 과제다. 그리는 시간보다 오히려 보는 시간을 더 많이 주도록 강조해야 한다.

⊙ **천천히 정성껏 그리도록 한다.** 잘 살펴보는 것 다음으로 중요한 것은 정신을 집중해서 정성껏 천천히 그리는 것이다. 필요없는 선이 적어지고 형의 특징을 잘 살려 그릴 수 있음은 물론, 곡선의 특징이나 움직임의 특징도 잘 살려 그릴 수 있게 한다. 정성이 깃들어 있는 것은 무엇이든 애착감을 느끼게도 해서 자기 작품을 소중히 여기는 마

음도 싹틀 것이고, 보는 이도 정성스러움에 감동을 받게 된다.

⊙ **균형 비례에 맞게 그리도록 한다.** 처음 그려보면 머리가 크고 몸통은 작다든지, 머리에 비해 몸집이 뚱뚱하다든지, 팔 다리가 가늘고 짧다든지 균형과 비례가 잘 맞지 않아 대상과 전혀 닮지 않은 이상한 꼴이 많다. 균형과 비례가 맞게 하자면 몸의 한 부분(머리 또는 윗 몸통)을 기준으로 전체를 비교해 가며 그리도록 하고, 눈 코 입 귀의 위치도 얼굴 전체에서 균형 있는 크기와 바른 위치에 그리도록 전체를 잘 비교해 보면서 그리도록 해야 한다.

아이들은 흔히 고개를 숙여 글씨를 쓰듯이 화면과 눈과의 거리를 아주 가깝게 해서 그리다 보니 시야가 좁아 전체를 보지 못하므로 가슴을 펴고 바르게 앉아 그리는 대상의 전체와 부분을, 그리고 있는 그림의 전체와 부분을 비교해 가면서 그리도록 해야 한다.

⊙ **크게 그리도록 한다.** 내가 관찰해 본 바에 따르면 대부분의 아이들이 화면에 비해 작게, 조밀하게 그림을 그렸다. 그래서 크게, 대담성 있게 그리는 지도를 해야 한다. 작게, 조밀하게 그리는 아이는 큰 종이에다 큰 붓이나 크레파스 같은 것으로 그리도록 하며, 항상 너무 크게 그려서 화면이 넘칠 때는 볼펜이나 참펜 따위 심이 가는 용구로 그리도록 해서 화면에 맞게 자유대로 그릴 수 있도록 해야 한다. 크게 그린다는 것은 세밀하게 그릴 수 있는 여유를 가질 수 있게 하기도 한다.

⊙ **곡선을 강조한다.** 사람이 서 있는 모습을 보면 직선이라곤 없는데 많은 아이들은 로보트 그릴 때처럼 직선으로 그리거나 곡선을 표현한다 해도 단순하고 서툴게 나타낸다. 보기에 너무 심하다 할 만큼 곡선을 강조하지 않으면 발전이 매우 늦다.

지도하다 보면 지금까지 말한 다섯 가지 강조점 말고도 부분적으로 지도해야 할 것들이 많이 나오는데, 그 점도 틈틈이 강조 지도해야 한다.

⊙ 좀처럼 그릴 대상의 얼굴을 닮게 그리기가 힘드는데 얼굴형의 특징을 스스로 찾아서 익숙하게 그릴 수 있을 때까지 둥근 모양인지,

타원형인지, 긴 타원형인지, 정사각형인지, 아래 위로 긴 직사각형인지, 위가 넓은 삼각형이나 사다리꼴인지, 아래가 넓은 삼각형이나 사다리꼴인지 그 모양을 그려 보여 주고 어떤 형에 해당하는지 찾아보게 하는 것도 좋다. 그 형을 찾으면 거기서 또 어떤 특징이 있는가를 찾아보게 해서 그리도록 하면 대체로 닮은 얼굴형을 그려나갈 수 있게 된다.

◉ 눈은 보통 옆으로 길쭉한 모양 안에 검은 눈동자를 그려 넣는 것으로 끝이 나는데 사람마다 눈의 모양이 다 다르고 특징이 있다는 것을 강조해야 한다. 때로는 몇 사람의 눈을 예로 들어서 특징만이라도 그려 보이기도 하고, 여러 사람의 눈만을 관찰해서 그려 보도록 하는 것도 매우 좋은 방법이다. 그리고 코와 입, 귀도 그와 같은 방법으로 해 보면 좋겠다.

◉ 얼굴 그림에서 그 사람의 특징이 거의 결정되겠지만 전체적으로 풍기는 그 사람의 모습도 매우 중요하다.

◉ 얼굴 외에 또 잘 안 되는 것 중의 하나가 손가락이다. 처음에는 거의 단풍나무 잎처럼 그리는 아이들이 많다. 그러다가 강조 지도하면 다섯 개의 발을 가진 갈고리처럼 되다가 오랜 후에야 제대로 된 손의 형태가 나온다. 그래도 실패를 하는 수가 잦다. 다른 부분은 어느 정도 되는데 오랫동안 손이 잘 안 되는 이유는 잘 모르겠다. 하여튼 잘 안 될 때 자기 손의 구조(특히 손마디)를 잘 살펴보도록 하고, 손만 따로 자세히 그려 보도록 하는 것도 좋겠다.

◉ 또 팔과 다리 부분도 어려운데(특히 곡선) 강조 지도해야 할 것이다.

◉ 발은 언제나 버림을 많이 받는데 그림을 그릴 때에도 예외는 아닌 것 같다. 아이들은 대부분 위에서부터 아래로 그리는데 발 처리는 아주 성의 없게 해 버린다. 끝까지 정성껏 그리도록 해야 하고, 발부터 거꾸로 그려나가는 것은 어떨까도 생각해 본다.

◉ 앉은 자세에서는 허리에서 무릎까지의 비례가 맞지 않아 서 있는 듯한 모습으로 보일 때가 많다. 길이의 비례를 눈에 보이는 모습대로가 아니라 선 모습을 기억한 대로 그리기 때문이다. 앉아 있을 때

길이의 비례 지도를 해 주어야 쉽게 발전할 수 있다.

⊙ 그리기를 할 때 사람의 모습 전체를 그리더라도 그릴 때마다 의식적으로 어떤 한 부분씩 중점을 두고 더 자세히 관찰하면서 그리도록 하면 많은 발전이 있을 것이다.

⊙ 또 날마다 다 그린 후에 무엇이 잘못 되었나를 스스로 찾아서 메모해 둔 다음 이튿날 전에 그린 것을 다시 살펴보고 잘못 된 부분을 의식하면서 그리도록 하면 잘 고쳐지지 않던 것도 조금씩 변화가 있게 된다.

그 밖에 지도하면서 발견되는 문제점들을 보완 지도해 나간다면 그냥 방치해서 무조건 그리라고만 하는 것보다 빠른 발전이 있을 것이다. 여기서 주의하여야 할 일은 간섭을 너무 심하게 하면 싫증을 내게 되어 오히려 흥미를 잃을 염려가 있기 때문에 조금씩 점진적으로 끊이지 않게 지도해야 할 것이다. 또 잘못 하면 지도교사의 취향에 맞는 그림을 그릴 수도 있으니, 자기 개성대로 그릴 수 있도록 잘 살려 주어야 한다.

(2) 더 자세히 보고 그리기

앞에서 이야기한 것처럼 매일 아침에 사람 전체의 모습을 보고 그리기를 해 나가면서 틈틈이 가깝게 있는 대상을 (또는 대상의 부분을) 더 자세히 보고 그리기를 하는 것이다. 거리가 먼 곳에서 본 모습을 그리다가 가까이에서 본 모습을 자세히 그리면 몰랐던 새로운 특징을 발견할 수 있다.

⊙ 대상물은 단순한 형태로부터 다양한 형태의 물체로 하는 것이 좋고, 나아가서 식물이나 동물의 모습, 어떠한 현상 따위로 발전시키는 것이 좋다고 한다.

⊙ 연필을 아주 가늘게 깎든지 참펜, 볼펜 따위 심이 가는 용구를 사용하는 것이 더 세밀하게 나타낼 수 있다.

⊙ 아주 자세하게 그리되 쓸 데 없는 선은 함부로 긋지 않도록 해

야 한다.
 ⊙ 그릴 때는 전체의 형을 먼저 그려 놓은 다음 자세하게 나타내도록 하는 것이 좋다.
 ⊙ 또 한 가지 중요한 것은 끝까지 끈기있게 정성껏 그리는 것이다.

 그리고 다음과 같은 그림을 자주 그려보면 좋은 효과가 있을 것이다.

 ⊙ 질감을 살려 그려 보기 : 나무의 껍질, 모래, 옷감의 짜임새, 대바구니의 짜임새, 가마니의 짜임새, 쌀알, 콩, 갈라진 논바닥 따위 주위의 모든 모양, 현상들을 살려 그려보게 한다.
 ⊙ 선의 변화를 살려 그려보기 ; 가볍고 부드럽게, 힘차게, 굵게 가늘게, 날카롭게 따위 여러 가지 방법으로 굴뚝에 연기가 나는 선의 표현, 나비나 벌이 날아가는 선, 나뭇가지의 복잡한 선 따위 여러 가지 선을 그려보게 한다.

 (3) 관찰 그림 그리기
 어떻게 보면 더 자세히 보고 그리기와 별 다를 바 없으나 작은 식물이나 작은 동물을 세밀하게 관찰하여 그리는 것으로, 미적으로 그리기보다는 현미경으로 살펴보듯 관찰하여 그리는 것이다. 과학적 관찰 공부와 아울러 미술에도 큰 도움이 되리라 본다.

 ⊙ 이것은 더 자세히 보고 그리기 할 때보다 더 연필의 심을 가늘게 해서 그리되 갯수를 헤아릴 수 있을 정도로 세밀하게 그린다.

 (4) 생활 그림 그리기
 자연을 사진 찍듯이, 그대로 그리는 것은 미적 표현이 아니라고 한다. 그러나 아이들이 그릴 때는 어른과 또 다르다고 보아야 한다. 아이들은 보고 그대로 그린다 해도 어른보다 더 많은 자신의 감정이 담기기 때문이다. 그렇지 않더라도 진실한 삶 자체가 아름다움이기 때문에 생활에서 일어나는 모든 일들을 그릴 때는 정체되어 있는 자연을(사실 정체되어 있지 않지만) 그리는 것과 더욱 다르다고 할 수 있다.
 앞서 말한 세 가지 그리기 그것 자체만도 자기 표현이 되겠지만 이 생활 그림 그리기가 바로 자기 표현, 삶의 표현이 아닌가 생각한다. 앞서 말한 세 가지 방법의 그리기는 생활 그림 그리기의 바탕이 되기도 해서 그것들을 하면서 이 생활 그림 그리기를 해야 한다.
 다음에 든 생활 그림 그리기 방법은 꼭 그렇게 하라는 뜻은 아니다. 지도하는 데 좀더 구체성을 살리기 위한 것이니 더 좋은 방법을 찾아 학년 수준에 맞추어 지도해야 한다.

 ① **그릴 거리 찾기** : 글(시)쓰기 할 때처럼 우리의 생활에서 보통의 일보다는 좀 특별한 생각을 가지고 본 일, 한 일, 한 놀이에서 각각 그릴 거리를 찾아 적는다. 그릴 거리를 찾을 때 그림을 그린다는 생각보다 글을 쓰기 위해서 쓸 거리를 찾는다는 생각을 가져야 좋다.
 ② **그릴 거리 고르기** : 역시 글쓰기 할 때와 같이 그릴 거리 찾기에서 나온 여러 가지 중에서 가장 마음에 남아 있는 일을 하나 고른다.
 ③ **겪어 보고 그릴 장면 찾기** ; 골라 놓은 그릴 거리를 다시 처음부터 일의 차례대로, 마음으로 또는 행동으로 겪으면서 그릴 장면을 하나 잡거나, 어떤 일이 일어나는 현장에 직접 가서 보고 잡는다. 겪어 보기 할 때는 영화필름을 돌리며 보듯 장면의 모습들을 마음에 그려 보면서 그 일의 내용이 잘 담길 만한 장면을 몇 개 잡는다. 다시 그 중에서 가장 적절한 표현이 될 만한 장면을 고르는 것이다.
 ④ **그릴 장면 마음 속에 그리기** ; 붙잡아 골라 놓은 한 장면을 마음 속 화면에다 구체적으로 그려보는 것이다. 한 장면에도 복잡한 것들이 많이 있을 테지만 그 중에서 중심 그림을 잡아서 그것의 행동, 모습, 내면의 느낌까지 마음 속 화면에다 그려야 한다.
 ⑤ **그리기** ; 잘 붙잡아서 마음 속에 그렸던 장면을 되살려 실제로 그린다. 그릴 때는 중심 그림을 먼저 크게 그리고 거기다 세부적인 표현을 하는 것이 좋고, 그 일이 일어난 때의 마음도 담을 수 있도록 해

야 한다. 또 그릴 때 움직임이나 모습을 정확하게 나타내기 위해서 직접 행동으로 해 보도록 하면 매우 효과적이다(예를 들면 괭이로 땅을 쪼을 때 허리 다리가 구부러지는 모습, 두 손으로 괭이 자루를 잡는 것, 얼굴의 표정, 근육의 형태 따위). 중심 그림을 그린 후에 배경을 짜임새있게 그려 넣도록 하는데, 복잡하게 또는 중심 그림보다 더 강하게 나타내면 중심 그림이 죽어지니까 그 점도 생각해야 한다.

⑥ **다듬기** ; 다 그린 후에도 부정확한 모습은 한번 더 정확하게, 부정확한 선의 연결을 정확하게, 선명하게 그려지지 않은 곳은 선명하게, 강하게 나타내여야 할 곳은 강하게 나타내도록 한다.

그 밖에 용구와 재료는 보고 그리기 할 때와 같이 좀 자유스럽게 함이 좋다. 때에 따라서는 자신이 쓴 글에서 한 장면을 잡아 그려봐도 좋다. 이 때 책(문집)의 빈 곳이나 메우는 식으로 생각해서는 안 되고 그림 자체를 한 편의 글로 생각해야 한다.

(5) 그림에 곁들여 한 도막의 글 쓰기

생활 그림에다 그 일에 얽힌 한 도막의 글을 짤막하게 쓰는 것이다. 이 때 그림을 설명하는 식으로 쓰면 싱싱하지도 않고 재미도 없는 관념적인 글이 되기 쉽다. 그 일에서 앞뒤를 잘라내고 가장 중요한 이야기가 되는 생생한 한 도막만 쓰도록 함이 좋다.

그림만 그리는 것은 글을 익히지 않은 아이나 글을 모르는 아이들에게 좋고, 한 도막의 글을 곁들이는 것은 글쓰는 능력이 부족하거나 글쓰기를 싫어하는 아이들에게 글쓰기로 연결시켜 주는 좋은 점도 있다.

3. 맺는 말

지금까지 한 가지 색, 선과 점으로 그리기를 지도하는 방법 몇 가지를 알아 보았다. 대부분 아이들은 재미있어 할 것이나 무리하게 하면 싫증을 내게 마련이다. 열심히 지도하다 보면 지도교사는 욕심이 생겨 무리하게 지도할 수도 있는데, 아이들이 싫증을 내지 않도록 해야 하고, 싫증을 낼 때는 무슨 일이든 마찬가지로 쉬어가면서 자연스럽게 재미를 붙여가며 하도록 하는 것이 중요하다. 때로는 집에서 생활 그림을 그려오도록 하기도 해 보는데 아주 많이 재미가 붙은 아이들 말고는 많은 아이들이 놀기에 정신이 팔려 아주 정성스럽지 못하게 해 오기도 한다.

언제나 자신의 작품을 아주 소중히 하도록 일깨워 주고, 그림을 그린 후 바로 그린 날짜(연월일), 대상의 이름, 그린 이의 학교명, 학년, 이름을 쓰도록 함이 좋다.

밝고 어두움을 나타내는 것은 자세하게 그리기가 어느 정도 될 때 하는 것이 좋으리라 보는데 옳은 일인지는 모르겠다. 그 밖에도 미술과는 거리감이 좀 있긴 해도 발 본뜨기, 식구 얼굴 그리기 따위처럼 잘 생각해 보면 삶을 풍부하게 해 주는 아주 재미있는 방법들이 많이 나오리라 본다.

이 그림 그리기 지도를 몇 번 해 보고는 안 된다고 포기해 버리는 선생님들도 더러 있는데 아이들의 삶을 가꾸는 일을 조금 어렵다고 해서 포기해 버린다면 되겠는가. 짬을 내어 꾸준히 열심히 지도해 보기 바란다.

동무의 모습 보고 그리기 (1)

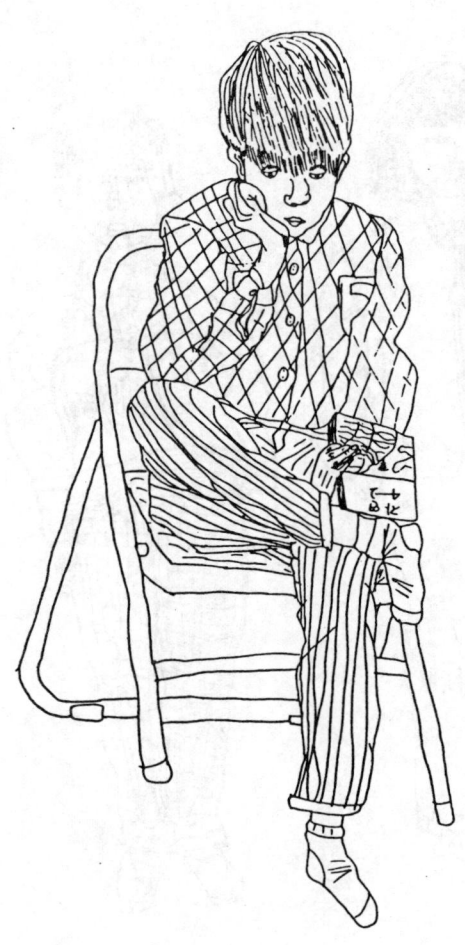

- 생각하는 상진이 모습
  (1989. 11. 21)
  경북 울진 진복 분교
  4학년 윤정희 그림

동무의 모습 보고 그리기 (2)

- 박소영의 모습
  (1989. 5. 22)
  경북 경산 부림국민학교
  5학년 이효숙 그림

- 김종현의 모습
  (1989. 4. 7)
  경북 경산 부림국민학교
  5학년 하성진 그림

동무의 모습 보고 그리기 (3)

- 김봉국 · 김용철의 모습
  (1989. 11. 29)
  경북 경산 부림국민학교
  5학년 이효숙 그림

동무의 모습 보고 그리기 (4)

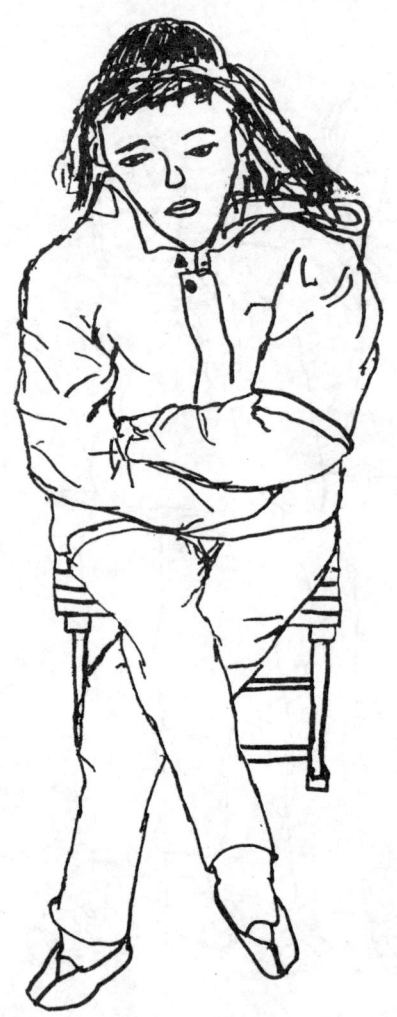

● 박주영의 모습
(1990)
경북 경산 부림국민학교
4학년 김은진 그림

더 자세히 보고 그리기 (1)

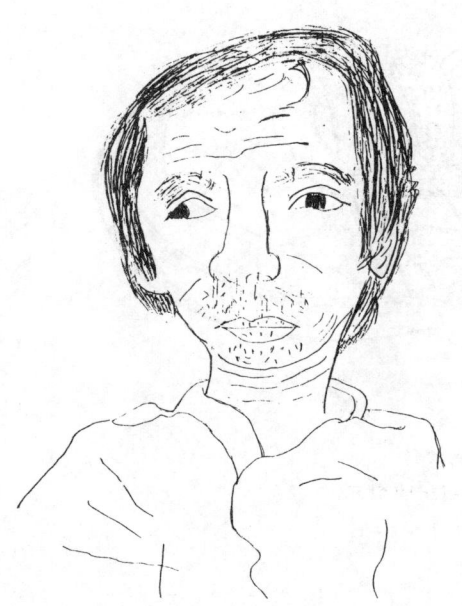

- 우리 아빠의 모습
  (1990. 10. 27)
  경북 경산 부림국민학교
  4학년 김종민 그림

- 김선영의 모습
  (1990. 9. 24)
  경북 경산 부림국민학교
  4학년 도대현 그림

더 자세히 보고 그리기 (2)

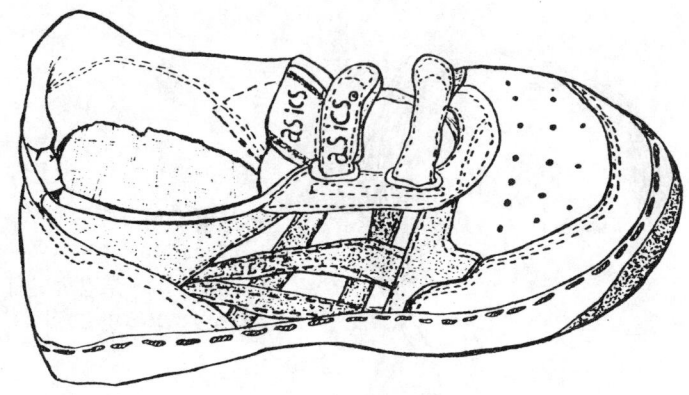

- 운동화
  (1991. 9. 24)
  경북 부림국민학교
  6학년 김영국 그림

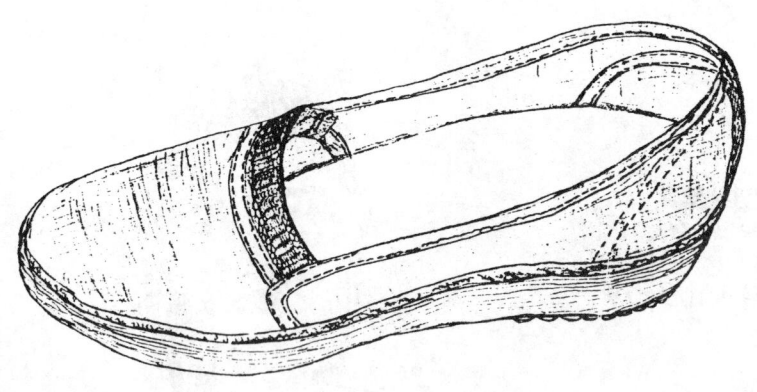

- 내 신발
  (1991. 9. 24)
  경북 부림국민학교
  6학년 허미경 그림

더 자세히 보고 그리기 (3)

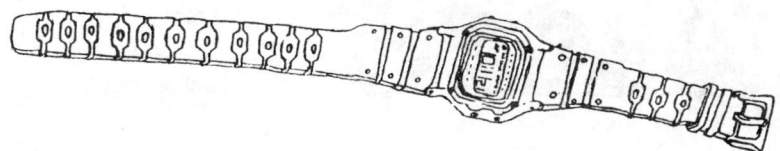

- 시계
  (1991. 9. 24)
  경북 부림국민학교
  6학년 허병대 그림

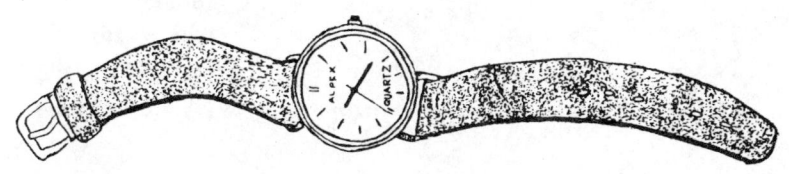

- 시계
  (1991. 9. 24)
  경북 부림국민학교
  6학년 조수경 그림

- 도시락 가방
  (1991. 9. 24)
  경북 부림국민학교
  6학년 이유찬 그림

질감을 살려 그려보기

- 인조 대리석
  (1991. 9. 26)
  경북 부림국민학교
  6학년 신남철 그림

- 지갑의 나일론 천
  (1991. 9. 26)
  경북 부림국민학교
  6학년 이유찬 그림

- 청바지 천
  (1991. 9. 26)
  경북 부림국민학교
  6학년 조수경 그림

- 인조 가죽 무늬
  (1991. 9. 26)
  경북 부림국민학교
  6학년 서현철 그림

- 도시락 가방 끈의 짜임
  (1991. 9. 26)
  경북 부림국민학교
  6학년 허병대 그림

- 천
  (1991. 9. 26)
  경북 부림국민학교
  6학년 허미경 그림

선의 변화를 살려 그려보기 (1)

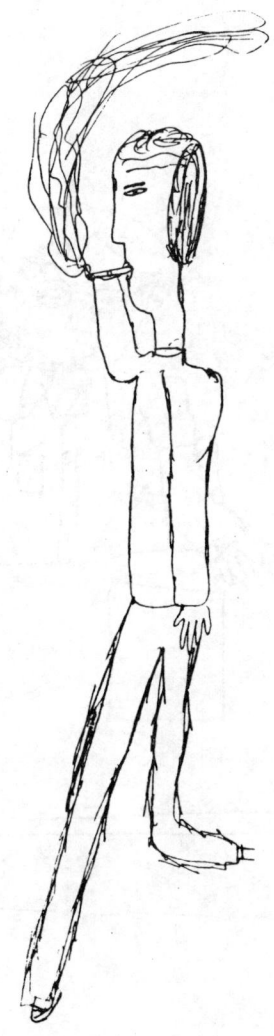

- 담배 피우며 가는 선생님
  (*1989*)
  경북 경산 부림국민학교
  5학년 박신영 그림

선의 변화를 살려 그려보기 (2)

● 담배 피우는 선생님
 (*1990*)
 경북 경산 부림국민학교
 4학년 이창형 그림

관찰 그림 그리기 (1)

(*1990. 10. 29*)
경북 부림국민학교
4학년 김경희 그림

(*1989*)
경북 부림국민학교
5학년 조춘자 그림

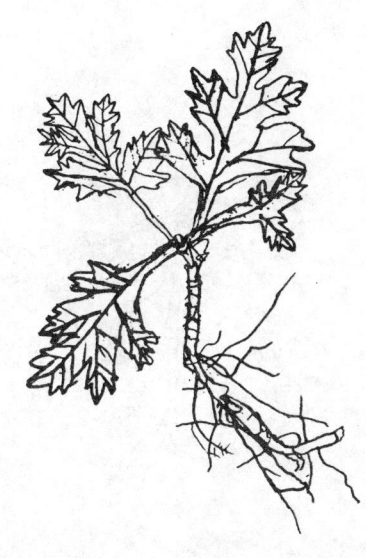

관찰 그림 그리기 (2)

(*1989*)
경북 부림국민학교
5학년 박지애 그림

(*1989*)
경북 부림국민학교
5학년 박소영 그림

관찰 그림 그리기 (3)

(*1990*)
경북 경산 부림국민학교
4학년 이 헌 그림

관찰 그림 그리기 (4)

- **방동산이**
  경산 부림국교
  *4*년 김령희 글·그림

  이 풀은 우리 앞 도랑 가에 있었다. 잎은 날카롭고, 길게 생겼고, 끝이 뾰족하다.
  뿌리는 많이는 없었지만 수염같이 붙어 있는데 흰색도 있고 불그레한 색도 있었다.
  씨앗 같은 것이 쪼족쪼족 붙어있는데 잎과 줄기 보다는 거의 연두색에 가깝다.
  그래 이름이 뭔가 싶었는데, 농약 선전하는 책에 보니까 '방동산이'였다. 그런데 책에는 논에 나있었다. 아까전에 내가 방동산이 뽑은 곳에도 바로 물가였으니까 이 식물은 물이 많은 곳에 잘 자라지 싶다. (*1990. 9. 4*)

생활 그림 그리기 (1)

● 소싸움
경북 경산 부림국민학교
4학년 서도석 글·그림

  소 두 마리가 싸우는데 한 소는 재미있다고 하며 두 소를 바라보고 있다.
  "야, 너 자꾸 까불래 응!"
  "그래 왜 까불면 보태준 것 있냐!"
  "이놈이 정말 죽고 싶으냐!"
  "그래 왜 죽고 싶다 왜!"
  그러자 구경하던 소가
  "이겨라 이겨라 어서 싸워 봐."
하고 응원했다.
  두 소는 뒤로 물러섰다가 붙어서 막 싸운다.
  두 소는
  "니가 잘 났냐 응!"
  "그래 왜 내 잘났다."
  계속 머리를 맞대고 싸운다.
  나는 이놈에 소야, 싸와봤자 소용없다. 말로 해라. 따져서 해결해라. 그래서 누가 잘못했으면 깨끗이 사과하라고 말했다. (1990. 12. 31)

생활 그림 그리기 (2)

- **머리깎기**
  경북 경산 부림국민학교
  4학년·이순임 글·그림

  동생이 머리를 깎으면서
  "으 간지러워라."
  하니 아버지께서는
  "가마 있어라, 헛군데 찝었뿌마 안 된다."
  그래도 동생은 간지러워서 꿈틀꿈틀 거린다.
  "헤헤이 가마 있어라 카이……."
  아버지께서 신경을 곤두세우니까 동생이 가만히 있었다. (*1990*)

생활 그림 그리기 (3)

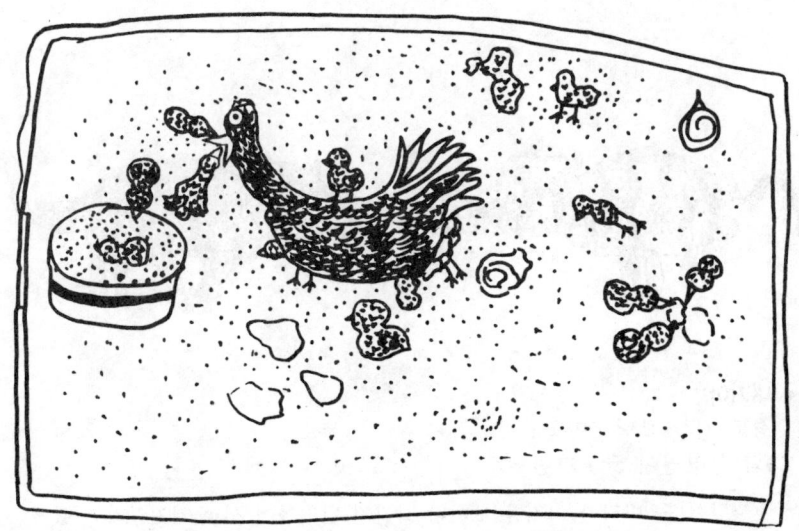

- **어미닭과 병아리**
  경북 경산 부림국민학교
  4학년 김경희 글·그림

   내가 닭장을 보니 '삐약삐약' 하고 울었다.
   그리고 오계닭 어미 입에 붙은 사료를 병아리가 따먹으려고 막 뛰고 사료 안에 들어가 막 뒹구르고 어미닭 안에서 무슨 일이 있나 하고 고개를 쏙 내밀고 발도 쏙 내밀고 너무너무 귀여웠다. (*1990. 12. 22*)

생활 그림 그리기 (4)

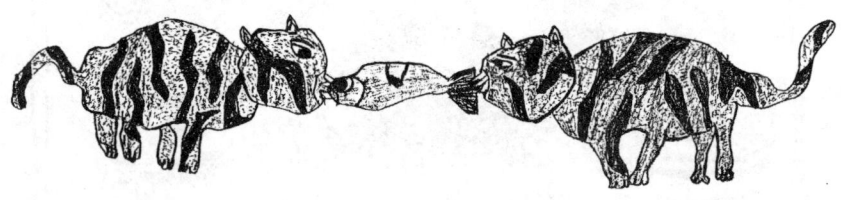

- **내거야!**

  경북 경산 부림국민학교
  4학년 강연이 글·그림

  고양이 두 마리가 고기를 보더니 갑자기 달려들어 서로 가져갈려고 했다.
  "야옹, 이건 내거야!"
  "야옹 야옹, 내거라니깐!"
  하며 계속 싸웠다.
  계속 하다가 보니 고기가 두 동가리로 잘라지고 말았다. 두 동가리로 잘라지자마자 한 마리는 그냥 가려고 하는데 한 마리는 욕심이 더 나서 빼앗을려고 하다가 물에 빠져서 조금도 못 가져갔다. (*1990*)

생활 그림 그리기 (5)

- **우리 개**
  경북 경산 부림국민학교
  4학년 조해웅 글·그림

  학교갔다 와보니 개가 없었다.
  찾으로 마을에 돌아다녀도 없었다.
  뒷집에 누나를 부르러 가려고 하는데 우리집 개가 돌아다니는 걸 보고 붙잡아 집으로 데리고 왔다.
  개도 자유의 몸을 갖고 싶은가 보다. (*1990. 11. 20*)

생활 그림 그리기 (6)

- **연탄불 갈기**
  경북 경산 부림국민학교
  4학년 김경희 글·그림

  어머니께서
  "경희야, 연탄불 좀 갈아 넣어라."
  하셨다. 나는 사실은 하기 싫으면서,
  "알았다."
  하였다.
  밖에 나와서 불뚜껑을 여니 가스 냄새가 아주 많이 풍겼다.
  "아이고 냄새야, 가스 냄새야."
  가스 냄새가 코를 찔렀다. (*1990. 12. 31*)

생활 그림 그리기 (7)

- **싸움**
  경북 경산 부림국민학교
  4학년 박혜경 글·그림

  내가 친구 집에 놀러 가려고 하는데 어떤 집에서
  "야, 가시나야!"
  하고 소리가 막 나서 그 쪽으로 가 보니 어떤 언니와 동생이 싸우고 있었다.
  어떤 언니가,
  "야, 니 오늘 청소잖아!"
  하고 머리카락을 쥐뜯고 싸웠다.

  그 동생은
  "니 머리 놔라, 아야!"
  하고 막 울었다.
  동생은 언니에게 "내가 할게." 하는 말을 못하고 싸웠는가? 언니가 동생에게 "내가 할게." 하는 말도 안 하고 싸우기만 하는가? 한 명이라도 먼저 청소해야 되는데 싸우면 어떡하지? (*1990*)

글쓰기로 해 본 생활 상담

이 주 영

1. 상담에 대한 이해

　대부분의 교사들은 교육대학을 다녔으면서도 대학에서 상담에 대한 교육을 거의 받지 못하고 현장에 나온다. 실질적인 상담의 경험도 부족하다. 그래서 대부분의 신임 교사들은 어린이들에 대해 상당한 의욕을 갖고 있으면서도 효과적으로 어린이들과 만나는 데 실패하는 경우가 많다. 또 몇 년 지나다 보면 바쁜 생활과 과중한 업무에 눌려 안이한 타성에 젖어버리기 때문에 상담을 방기한다. 이렇게 흘러가다 보면 어떤 어린이의 문제를 발견해도 상담보다는 훈계에 의존해 버리게 된다.

　상담은 어떤 문제가 생겼을 때, 문제 해결을 위해 하고 있는 치료 상담이 현재의 보편적인 양상이지만, 문제 발생 이전에 문제의 요소를 찾아내서 제거하거나 완화시키는 예방 상담이 더 중요하다고 생각한다. 즉 교사가 조금만 더 어린이들 가까이 가면 예방 상담을 할 수 있다.

　그러한 예방 상담의 한 방법으로 글쓰기 교육을 하였다.

2. 왜 글쓰기 교육을 시작하였나?

　대학을 졸업하면서 발령을 받아 어린이들을 맡게 되면 지킬 일 세 가지를 내 자신과 약속했는데 그 중의 하나가, '내가 담임한 어린이들과 하루 한 번 씩은 꼭 대화를 하겠다.'는 것이다.

그런데 이 약속은 발령 받아 담임을 맡은 첫날부터 못 지켰다. 첫해에 맡은 반이 86명이나 되었기 때문이다. 하루에 한 번의 대화는커녕 이름 한 번 불러주기도 힘들었다.

4월 중순에 최초로 교실에서 심하게 싸운 두 어린이를 몽둥이로 때렸다.

내가 어린이를 때린 것이 너무 속이 상하고 부끄러웠다. 그래서 대학 때부터 교육을 함께 논의하던 동기를 만나 의논을 하였다. 그 결과 내가 처음에 결심했던 전 학급 어린이와의 충분한 대화를 지속적으로 하지 못한 데 원인이 있다고 생각하였다. 그래서 차선의 방법으로 어린이들의 생활글을 받아보기로 했다.

다음날 의기양양하게 출근해서 수업을 하고 종례 때 16절지 갱지를 한 장씩 나눠주고, 하루 일을 쓰게 했다. 그런데 써 낸 것을 보니 대부분 반공 글짓기였다. 그 다음부터 반공 글짓기가 아니라 솔직하게 자기 생활을 글로 쓸 수 있게 하는 글쓰기 교육에 관심을 갖고 노력하였다.

이렇게 해서 시작된 글쓰기 교육을 나의 교육 모든 면에 활용하였다. 특히 어린이의 삶을 알고 예방 상담을 하는 데 많이 활용하였고 여러 번 좋은 효과를 보기도 하였다.

다음에 몇 가지 사례를 들어본다(이름은 가명임).

〈사례1〉 언니를 칼로 죽이고 싶었던 영란이

영란이는 처음부터 말이 없는 여자 어린이였다. 옷도 남루하고 얼굴은 영양 실조로 거칠고 키도 작았다. 공부 시간에도 가만히 있기만 했다.

가정 환경을 살펴보니 언니와 남동생과 어머니가 있었다. 어머니 혼자 벌어 세 자녀를 키우고 있었다. 상담을 하기 위해서 방과 후에 남겨서 대화를 하려고 했지만 입을 열려고 하지 않았다. 그 때는 아침에 아침 자습을 없애고 글쓰기 시간으로 해서 전날 있었던 일을 쓰도록 하고 있었다.

방과 후에 남는 것을 불안해 했기 때문에 아침 글쓰기 시간을 활용하기로 했다. 처음에는 아주 간단한 것부터 쓰게 하고, 점점 가정에서 있었던 일이나 학교에서 있었던 일을 자세히 쓰게 했다. 글쓰기를 싫어하면 전날 있었던 일을 그림으로 그리게 했다. 그런데 한 번 두 번 글을 쓰면서 그 때마다 관심을 갖고 읽어주고 스스로 낭독을 하게 했더니 맞춤법은 엉망이지만 점차 글을 부담없이 쓰게 되었다.

영란이의 글을 통해서 가족 관계를 좀 더 분명하게 알 수 있었다. 어머니가 새벽에 공장에 갔다가 밤늦게야 오기 때문에 낮에는 주로 언니하고 동생하고 논다. 그런데 언니의 구박이 심했다. 언니에 대한 공포심과 내면의 증오심이 가슴에 얽혀 정서 불안과 학습 발달 부진은 물론 언어 기피 현상이 생기는 모양이었다.

우선 마음을 열어 놓는 일이 중요했다. 자신의 생활을 있는 그대로 솔직하게 말하거나 쓸 때 마음의 짐을 덜 수 있기 때문이다. 그래서 어머니와 언니에 대한 글을 자주 쓰게 하고, 다른 어린이들이 쓴 어머니와 언니에 대한 글도 골라서 읽어 주었다. 날이 갈수록 영란이는 자유롭게 글을 쓰게 되었고, 수업에도 관심을 보이기 시작했지만 그보다 더 기쁜 일은 결석이 줄었다는 점이다. 웃으면서 말하기도 하고.

다음은 영란이가 쓴 글이다.

오늘은 말 하기 싫다. 언니가 너무 때려서다. 언니가 너무 때려서 머리, 몸 전체가 아프다. 너무 맞아서 어지럽다. 언니와 동생은 날 죽이기로 한 것 같다. 엄마와 단 둘이 살았으면 좋겠다.

오늘은 화요일이다. 그래서 엄마한테 50원 좀 달라고 했다. 엄마가 일을 나가실 때 나에게 50원을 주셨다. 나는 기분이 좋았다. 나는 엄마가 나가 시자 나도 나가서 손을 흔들었다. 엄마도 웃으시면서 손을 흔드셨다.

엄마는 몇 번이고 뒤돌아 보시면서 내려가셨다.

엄마의 모습이 보이지 않자 집으로 들어 왔다. 기분이 무척 좋았다. 그런데 언니는 내가 들어오자 '씨발년' 하고 욕을 했다. 나는 칼로 죽이고

싶었다.~

 언니와의 갈등 요인을 제거하기는 가정 형편상 어려웠고 상담과 가정 방문을 통해 언니에 대한 증오감과 영란이에 대한 폭력을 완화하였다.

〈사례 2〉 과정을 자세히 써 봐요.
 글쓰기 교육을 처음 시작하게 된 계기가 싸우는 어린이를 몽둥이로 때리고 난 뒤에 대화의 대안으로 선택한 방법이었다. 어린이들의 삶을 이해하고 지속적인 대화와 상담으로 어린이들과의 벽을 허무는 데 도움이 되리라고 보았기 때문이었다. 그러한 효과는 컸지만 그렇다고 싸움이 없어지지는 않았다. 싸움이 일어나지 않도록 노력해 보았지만 크고 작은 싸움이 끊이지 않아서 이러한 싸움의 사후 처리를 다양하게 시도해 보았다.
 각 방법마다 나름대로 장단점이 있었는데 그 중에 글을 쓰게 하는 방법은 교사가 시간을 많이 투입하지 않으면서도 어린이들이 감정을 가라앉히는 여유를 주고 서로의 마음을 이해할 수 있게 하는 장점이 있었다. 단점은 글쓰기 교육이 어느 정도 이루어져야 할 수 있고 글쓰기에 대한 거부감을 가진 어린이들에게는 효과가 없다는 점이다.
 다음은 과정을 자세히 쓰게 한 사례이다.

~ 점심을 먹고 있는데 준호가 달려와 기수와 명희가 운동장에서 싸운다고 알려왔다.
 "그래요? 가서 둘 다 오라고 해요."
 그런데 말이 끝나기도 전에 벌써 여러 어린이들이 각각 한 명씩을 끌어 안고 잡아끌고 떠밀면서 몰려 들어왔다. 와글와글 …….
 "기수하고 명희는 이리 오고 다른 어린이들은 나가 놀아요."
 "선생님, 얘가 여자들이 노는데 ……."
 "네가 나를 먼저 약 올렸잖아."
 "언제!"
 "얘들아, 지금 내가 점심을 먹고 있으니 이 종이에다 싸우게 된 과정을 자세히 써서 가지고 와요."
　　"선생님, 기수가 우리 노는데 모래를 뿌렸단 말예요."
　　"그런 얘기를 처음부터 끝까지 자세히 써 봐요. 선생님도 점심 먹는데 이렇게 방해 받는 거 싫습니다."
　　기수와 명희는 자기 자리로 들어가서 글을 쓰기 시작하고 나는 점심을 먹다가 화내거나 싸움에 대한 판결을 내리기 위해 시간을 투입하지 않아도 되었다. 단 1분만에 끝났다. ~

　　식사 후에 자세히 써 온 글을 소리내어 읽게 하고 서로 빠진 부분만 지적하게 한다. 그 지적이 맞는가 확인하게 하고 맞으면 덧붙여 쓰도록 한다. 다 쓴 후에 서로 바꿔 보면 대부분 이미 마음이 풀렸기 때문에 화해를 한다.
　　교사가 조심해야 할 것은 이 때 반성문을 쓰게 해서는 안 된다는 점이다.
　　그 동안 벌로 반성문을 써 온 어린이들은 반성의 글을 넣으면서 쓴다. 그 때는 반성하는 말이나 자기의 생각이나 느낌은 빼고 있었던 사실만 쓰도록 해야 자기 행동을 객관적으로 뒤돌아보면서 판단하게 되기 때문이다.

〈사례 3〉 맺힌 마음을 풀어주기

　　옛말에 여자가 한을 품으면 오뉴월에도 서리가 내린다고 했다. 또 제일 무서운 귀신이 장가 못가고 죽은 몽달 귀신과 시집 못가고 죽은 처녀 귀신이라고 했다. 옛부터 한은 자연의 순리까지도 헝클 수 있는 요인이 된다고 보았다. 수천년 역사를 이어오면서 한 많은 일이 많았기 때문에 우리 조상들은 한에 대해서 관심이 많았다. 한이 쌓이지 않게 항상 주의했고 쌓인 한은 풀어주기 위해 노력했다. 죽은 사람의 소원을 풀어주기 위해서 굿도 많이 하고 영혼 결혼식도 했다. 영혼 결혼식은 최근에도 하고 있다.
　　한은 가슴에 억울하게 당한 분함이 콱 엉겨 붙는 것이다. 그것은 일시에 생기기도 하고 오랜 세월에 쌓이기도 한다. 사람의 마음에 꼭 맺힌 것을 풀어주지 않으면 참 삶을 살 수 없다. 어린이들은 어른이 전혀 생각지도 않았던 일이나 아주 사소한 일에도 마음의 상처를 받고, 그 상처가 마음에 맺혀 생명을 옥죄이게 된다. 그것을 잘 풀어주지 않으면 언젠가는 이유없는 반항(어른이 이해하려고 하지 않는 반항)으로 터진다. 그렇게라도 터져 해소가 되면 좋은데 많은 어린이들은 좌절하게 되고, 문제아로 되고, 심지어 자살까지 하게 된다.

대머리

김용현

나는 요새
하나님께 하고 싶은
큰 원망이 있어요.
나를 왜 대머리로
태어나게
했냐고요?

국민학교 5학년 남자 어린이가 1980년에 쓴 글이다. 그 날 갱지 반장에 써낸 어린이 글을 읽어 넘기다가 용현이의 글에서 멈추었다. 용현이는 중간 키로 마른 몸에 헐렁하고 낡은 바지와 흰 줄과 청색 줄의 꾀죄죄한 셔츠를 입고 다닌다. 여든 여섯 명의 어린이 중에서 아무런 특징 없이 별로 눈에도 띄지 않던 어린이다.

나는 정말 용현이가 대머리였나 생각해 보았다.

당시에 입고 다니던 옷은 생각나는데 머리가 대머리인지는 생각이 나지 않았다. 약간 이마가 긴 듯했다. 퇴근하고 집에 오면서도 내내 생각했다. 그냥 우연히 장난으로 쓴 것일까? 아니면 정말 자기가 대머리인 것을 하나님께 원망하고 싶을 정도로 놀림을 받았거나 어떤 일로 충격을 받은 것일까? 시국과 연관이 있나? 내일 학교에서 용현이에게 무슨 말을 하지? 대머리라고 다 나쁜 게 아니야, 훌륭한 사람도 있다고 말을 해? 잘못하면 시국 사건에 말리게 생겼네? …… 나는 이런 저런 생각을 털어버리고 내일 직접 부딪쳐 보기로 했다. 그리고 저녁에 김구의 백범 일지를 꺼내서 다시 읽어 보았다.

아침에 일찍 가서 앉아 있었다. 들어오는 아이들의 용모를 다시 찬

찬히 살펴 보았다. 어제 용현이의 모습이 분명하게 생각 안 난 것이 속이 상했기 때문이다. 찬찬히 다시 보니 정말 약간 대머리라고 할 수 있었다. 아침 자습 시간에 다른 날과 마찬가지로 전날 쓴 글 중에서 세 편을 골라 읽어 주었다. 마지막으로 용현이의 글을 읽어 주었더니 어린이들이 여기저기서 웃었다. 용현이를 보니 얼굴이 빨개졌다. 얼른 정색을 하고 어린이들을 조용히 시켰다.
 "다른 사람이 자신의 마음을 솔직하게 쓴 글을 대할 때는 진지하게 대하라고 했지요? 용현이의 글은 짧으면서도 자신의 마음을 분명하게 써서 좋습니다. 여러분이 단 한번 듣고도 그 뜻을 알고, 용현이의 마음을 느낄 수 있다는 것이 그 증거예요. 참 좋은 시를 쓴 용현이에게 격려 박수를 보내기로 합시다."
 ─짝짝짝, 웅성웅성─
 "용현이 일어서 보세요. 그리고 머리를 모두에게 보여 주세요. 선생님은 용현이의 머리가 대머리인지 아닌지 구별이 안 가요. 여러분은 어떻게 생각 하세요?"
 ─찬반 의견이 쏟아졌다. 손을 들어 보라고 했더니 반반이 되었다. 용현이에게 언제부터 대머리라고 생각했냐고 했더니 어릴 때부터 어른들이 대머리가 될 거라고 했다고 한다. 그럼 어릴 때부터 그런 말이 싫었냐고 하니 그렇지 않다고 했다. 요즘와서 원망하게 되었다고 한다. 시에 쓴 '요새'라는 말이 무엇을 의미하는지 분명하게 이해할 수 있었다. 80년 광주 민중 항쟁 이후로 대머리에 대한 인식이 나빠졌고 그 여파가 용현이의 마음까지 상처를 입게 한 것이다.
 "여러분은 어때요? 자신의 몸에 대해 부끄럽게 생각한 적이 있나요?"-자신의 몸에서 부끄럽게 생각하는 곳이 있다고 손 든 어린이가 대부분이었다. 코가 낮다, 눈이 가늘다, 새끼 발가락이 휘었다, 머리카락이 까맣다(노란색이 아니어서 속상하다.) ……
 어린이들이 발표한 나의 몸에 대한 글을 쓰게 하였다. 나의 몸 가운데서도 부끄럽다고 생각하는 점과 자랑하고 싶은 점 등을 자유롭게 쓰게 하였더니 전혀 생각지도 않았던 고민들을 털어 놓았다. 어린이들과의 대화는 20분 정도 걸렸고, 글은 첫시간을 10분 일찍 끝내고 자유롭게 써서 내도록 했다.
 내가 한 번씩 읽고 더 자세히 쓸 부분만 알려 주었다. 다 쓴 어린이는 머리를 쓰다듬어 주고 나가 놀게 하였다. 끝종도 치기전에 다 써 냈다. 쉬는 시간에 어린이들의 글을 모두 뒤에다 붙여 읽게 하였다. 아주 진지하게 읽고 장난말로 놀리기도 했지만 서로 다 공개를 해서 인지 듣는 어린이도 화를 내지 않았다.
 그 날 끝 시간에 백범 김구 선생의 일화를 구연해 주었다. 일생을 간추리고, '마의상서'에 실려 있는 '얼굴 좋은 사람보다 몸 좋은 사람이 낫고, 몸 좋은 사람보다 마음 좋은 사람이 낫다.'는 말의 의미와 이 말이 백범의 삶에 미친 영향을 이야기했더니 모두 아주 진지하게 들었다.

〈사례 4〉 친구를 죽이고 싶은 아이

친구들
김미희

학교 가는 길에 웃는 얼굴,
내 친구는 어디가 예쁜가.
"싫어 너는 보기가 싫으니까 안 놀아"
그럴 때는 때리고 싶다.
나는 그 때는 때리고 싶고,
죽이고 싶다.

 미희는 앞 줄에 앉아 있는 여자 아이로 친구가 없는 외톨이였다. 심장 판막증을 앓고 있어 뛰어 놀 수도 없고, 약의 부작용으로 얼굴에 좁쌀 같은 빨긋빨긋한 알갱이가 다닥다닥 돋아 있었다. 어릴 때부터 앓았는데 가정이 어려워 수술을 미루다 이제 돈이 마련되어서 다음 주에 수술을 받게 되었다고 미희 어머니가 상담을 하고 간 다음 날의 일기여서 내 가슴이 더욱 아팠다.
 친구들이 서로 웃으면서 가는 것을 보고 '저 아이는 어디가 이뻐 친구가 좋아할까? 나는 친구보고 놀자 하면 보기 싫다고 하는데' 하는 그 동안의 수 많은 경험이 되살아 나면서 쌓였던 감정이 글로 나타난 것이다.

그 동안 말도 겨우 묻는 것만 기어드는 소리로 대답하고, 일기도 안 쓰던 미희가 이렇게 과격한(?) 글을 쓴 것은 4년 간의 학교 생활에서 억눌리고 친구들로부터 소외당해 오면서 맺혔던 마음을 처음 드러낸 것이라고 생각되었다. 이 마음을 어떻게 풀어줘야 하는가? 어떻게 친구들을 만들어 주어야 하는가? 고민이 되었다. 그래도 불과 한 달밖에 안 된 담임을 믿고 이런 속마음을 털어 놓은 미희가 고마웠다. 나를 신뢰하는 이상 너무 성급하게 해결하기보다는 나에 대한 믿음과 친밀감을 더 높이면서 우회적인 방법으로 미희의 마음을 열어 가기로 하였다.

미희에게 일기를 잘 읽었다고 하고 내가 어릴 때 친구들에게 따돌림을 받았던 한 사건을 이야기하며 그 때 나도 참 슬펐다고 했다. 그리고 앞으로도 분하거나 억울한 일이 있으면 솔직하게 일기에 쓰고 선생님과 이야기를 나누자고 했다. 그 뒤 토요일 어린이 회의 시간 중에 수술을 받으러 들어가는 미희를 위한 행사를 조촐하고 간단하게나마 진행하였다. 미희를 보낸 뒤에 미희의 글을 읽어 주고 '집에서는 명랑한데 학교에서는·기가 죽어 말도 못하고, 친구들이 싫어해서 학교 가기도 싫어한다'는 미희 어머니의 말을 들려 주면서 4년 동안 미희가 겪었던 슬픔을 이야기했다. 또 그 책임이 바로 우리들이고, 미희와 친구가 되지 못한 것은 사람의 겉만 보고 속을 보지 못한 때문이라면서(이성계와 무학 대사의 '돼지와 부처'이야기를 예로 들면서) 그 잘못을 차근차근 이야기하니 도중에 감정이 여린 여자 아이들은 울면서 들었다.

미희가 병원에 있는 동안 '미희 소식판'을 만들고 담당 어린이를 뽑았다. 미희 소식판에서는 병원에서의 수술 소식과 치료 과정을 써 놓고 격려의 말이나 기도문이나 편지 등을 자유롭게 붙이게 했다. 그 해에 쓴 글 한 편을 소개 한다.

나의 정다운 친구

이정선

우리 반에는 김미희라는 나의 정다운 친구가 있다. 그런데 그 애는 몸이 약했다.

며칠 전의 일이었다. 선생님께서 안색이 안 좋으셨다. 왜냐하면 미희가 입원 했다는 소식이었다. 그리고 수술도 받아야 한다고 한다.

나도 슬펐다. 그렇게 며칠이 지났다. 요즘은 계속해서 미희 꿈만 꾼다. 점점 더 미희가 걱정된다. 선생님께서는 드디어 기쁜 소식을 알려 주셨다. 미희가 이번 16일 월요일쯤에 학교에 온다는 소식이었다.

나는 너무도 기뻤다. 그래서 나는 다음부터는 더 미희와 사이좋게 지내기로 마음 먹었다.

미희는 떠날 때와는 달리 반 어린이들의 대대적인 환영과 진심어린 축하를 받으며 돌아 왔다. 그리고 다정한 친구들을 발견하게 되었고, 미희는 그 친구들 모두에게 착한 친구가 되어 주었다.

〈사례 5〉 말 없는 아이와 나눈 대화

10년 전 6학년을 담임했을 때다. 시골에서 한 아이가 전학을 왔는데 아주 특이한 모습이다.

그 당시에도 이미 보기 어려운 군복 바지에 검정물 들인 바지, 그나마 희끄무레 색이 바랜데다 한 쪽 무릎엔 누르스름한 천이 붙어 있고, 웃옷은 아주 낡은 청색 줄무늬 티셔츠, 네모 형의 얼굴에 두툼한 입술, 작지만 동그란 눈에 약간의 눈물이 괸 겁먹은 눈빛에다 잔뜩 찌푸린 이마, 입가의 버짐과 살짝 흘러내린 맑은 콧물, 거기다 아이들의 눈을 더 놀라게 한 것은 처음 보는 빡빡 깎은 머리와 오른 손에 든 붉그스름한 보자기로 책을 싼 책보와 왼손에 든 검정 고무신이었다.

정말 심심산촌에서 온 아이 같았다. 교단에 세우고 인사를 시키는데 고개를 숙이고만 있다. 이름을 물어도 대답이 없다. 아이들 눈치를 보니 참고 있는 웃음이 금방이라도 터질 것 같았다. 짐짓 근엄한 표정을 지어 보이며 전입 서류를 보고 내가 대신 소개를 했다. 자리를 마련해 주는데 키가 작아 맨 앞줄이 되었다.

그런데 첫시간이 끝나자마자 사고가 났다. 쉬는 시간에 아이들이 우 몰려가서 인사를 나누려는데 자리에 엎드려 꼼짝을 안했다. 한 아이가 어깨를 잡고 흔들었다. 그러자 순간적으로 일어나며 그 아이 턱을 박아버렸다. 그 차돌맹이 같은 빡빡 머리에 입술이 터져 피가 주르르 흘렀다.

그 때부터 하루에 서너 명씩 박치기를 당했다. 누가 말을 걸거나 자기 몸에 손을 대거나 옆에서 조금이라도 자기를 놀리는 느낌만 들어도 말 한 마디 없이 펄쩍 뛰어서 박치기를 해 버린다. 다행히 나한테는 박치기를 안 했지만 무엇을 물어도 대답을 안 했다. 조금 더 물으면 자기 자리에 가 버린다. 붙들면 소리없이 끙끙대며 눈물을 흘린다. 하루는 아예 쉬는 시간에 집으로 도망갔다.

잘못하면 학교 오는 것을 죽기보다 싫어할까봐 그 다음부터는 묻지 않았다. 아이들에게도 그 아이에게 오해를 받을 행동이나 말을 하지 말고 함께 돕자고 했다. 참새를 잡아 집에서 기를 기회가 있었는데, 참새를 잡아 길렀더니 끝내 죽고 말았다는 경험담(?)을 곁들여 산골에서 자유롭던 아이가 자기가 원하지도 않는 이사를 와서 얼마나 두렵고 답답할까 이해를 하자고 했다.

고맙게도 아이들의 적극적인 도움으로 박치기가 줄었다. 나도 묻는 대신에 그 아이의 말 없는 질문에 대답해 주는 일에 신경을 썼다.

전학 온 지 한 달쯤 된 어느 날 처음으로 글을 써냈다.

　　　대추나무 위에 올라가 / 대추 꽃이 핀 것을 보고 / 싱글방글 웃을 때 / 참새가 내 머리 위에 지나간다. / 구렁지에 놀던 / 영자가 / 저 쪽 가지에 올라와 / 누가 먼저 내려가나 하자 한다. / 그래 하자 하면서 / 내가 먼저 / 폴짝 뛰어 내렸다.

너무 반가웠다. 그래서 내가 먼저 큰 소리로 읽어주고 참 잘 썼다고 칭찬을 쏟아부었다. 아이들도 진심으로 축하를 했다. 그러자 각자 자기글을 읽는 차례가 되었을 때 주춤주춤 나와서 작은 소리로 읽었다. 처음 듣는 말이었다. 아이들이 제일 길게 손뼉을 쳤다.

내가 끝말로 "시골에서 뛰어 놀던 모습이 생생하지요?" 그러자 들어가다 말고 돌아서며 "아니에요. 어제 집에서 논 거예요." 한다. 속으로 '아차' 했다. 순간적으로 "아 그래? 서울 집에 대추나무가 있어요?" "네" "그것 참 좋겠다. 나도 이따 가서 뛰어보고 싶은데 가볼까?" 자신있게 "네" 한다.

그 바람에 그날 심사해서 상 받을 명단을 내야할 원고지 더미도 팽개쳐놓고 수업이 끝나자 박치기를 따라 가정 방문을 갔다. 가보니 바로 학교 뒷담 위 언덕이었다. 이렇게 가까운데 한 달이나 되도록 마음으로만 집을 찾아가 봐야지 하면서도 못 오다 오늘에야 엉뚱한 계기로 얼떨결에 약속을 하는 바람에 오게 된 것이 부끄러웠다.

속칭 벌집 같았다. 4평 정도의 부엌 달린 방이 죽 있었다. 끝방이었다. 이 방에서 일곱 식구가 산다고 한다. 앉을 자리도 없을 것 같은데 집 뒤꼍에 진짜 꽃핀 대추나무가 있었다. 약속대로 뛰어내리기를 했는데 내가 졌다. 그 아이는 마치 다람쥐 같이 부드럽고 재빠르게 '폴짝' 뛰어 내린 것이다.

다음날 학교에 가서 다시 그 아이의 시와 대추나무 뛰어내리기 시합 결과를 이야기하니 아이들이 야단이다. 자기들도 도전하겠다고 그래서 점심시간에 운동장에 나가 철봉에서 뛰어내리기 시합을 했다. 제일 잘 된 아이와 박치기가 철봉에 섰을 때는 우리 반 외에도 많은 아이들이 숨을 죽이고 쳐다보고 있었다. 침을 꼴깍 삼키며 신호를 했다.

'폴짝' 재빠르기도 하지만 그 부드럽고 자연스런 자세에 박수와 환호가 터져 나왔다. 박치기가 박날기가 됐다. 진짜 이름은 박부기였다. 부기는 2학기말 연극에서 단 한 마디의 연기를 너무 잘 해 아이들 누구나 타기를 바라는 반 연극제 으뜸 인기상에 만장 일치로 뽑힌 최초의 주인공이 되기도 했다.

3. 맺는 말

상담에서는 교사의 개입이 적을수록 좋다. 교사의 말보다는 어린이의 말이 많아야 하고, 방향도 스스로 찾아가도록 도와주기만 하면 된다.

글쓰기 교육에서도 마찬가지다. 어린이가 글을 쓰는데 교사가 이론적인 설명을 많이 하거나 중간에 자주 개입하는 것은 방해가 된다. 있었던 일을 솔직하고 자세히 써야 한다고 설명하고 강조하는 것보다 그런 글을 한 편 읽어주는 것이 훨씬 더 효과적이다. 글쓰기는 말 대신에 글을 통해 자신을 표현하도록 하는 것이므로 자유로운 표현의욕을 높여줘야 한다. 즉 글을 통한 상담 이전에 올바른 글쓰기의 기초가 마련되어 있어야 한다. 정리하면 다음과 같다.

① 어린이의 글쓰기를 즐겁게 해야 한다. : 많은 교사들이 우리 반 아이들은 글쓰기를 싫어하니 어떻게 하느냐고 한다. 그러나 대부분의 어린이들은 교사가 자신의 글에 진지한 관심을 갖고 있음을 알게 되면 글을 쓰고 싶어한다.
② 어린이의 솔직한 글을 수용해야 한다. : 어린이들이 쓴 글엔 여러 가지 문제가 들어 있다. 처음부터 어린이들의 글을 있는 그대로 받아들이고 인정을 해야 마음을 털어놓고 쓴다.
③ 되도록 자세히 쓰게 도와 준다. : 자세히 쓴 글을 보여주고 교사가 어린이와 함께 경험한 일을 쓰게 하면 어린이가 빠뜨린 내용을 쓰도록 상기시킬 수 있다. 자세히 그리기를 하고 글로 쓰는 방법도 있다.
④ 글 속에 담긴 말을 찾아내야 한다. : 맞춤법이나 문장이나 짜임은 중요하지 않다. 중요한 것은 글 속에 담긴 말이 무엇인가 무슨 말을 하고 싶어하나 글의 배경에 어떤 문제가 있는가를 재빨리 찾아내야 한다.
⑤ 글로 못 쓴 부분을 말하도록 도와준다. : 초기의 글에는 대개 문제의 핵심을 쓰지 않는 경우가 많다. 그런 문제를 감지하면 상담을 통해 말로 표현하도록 도와준다.

어린이들도 어른처럼 살아가면서 많은 일을 겪게 되고 마음에 맺히는 것도 많다. 어릴 때의 상처를 평생 안고 사는 사람들도 많다. 이런 맺힌 마음을 풀어주는 것이 글쓰기 교육의 가장 중요한 구실이다. 글쓰기 교육을 통한 상담의 필요성을 다시 강조하고 싶다.

아이들과 함께 해본 동극 수업 '팥죽 할머니'

문 재 경

 5차 교육 과정에서는 연극을 공연하여 감상하는 것이 학습 목표에서 빠져 있다. 다만 '읽기' 마지막 시간에 '인물의 성격에 알맞게 낭독해 봅시다.'가 전부이다. 그런데 극본이란 갈래는 연극 공연을 전제로 한 것이고, 아이들도 단순한 극본 읽기보다 연극을 직접 하는 것에 더 많은 관심과 흥미를 갖고 있으므로, 종합 예술로서 연극을 해보는 것이 아이들에게 필요하고 소중한 경험이라 생각되었다. 그래서 내가 맡은 3학년 어린이들과 직접 연극 공연 수업을 해 보기로 하였다.
 3학년 2학기 극본 제재는 '외다리 거위'이다. 이 극본은 극본의 특징을 알고, 내용을 분석하기에는 좋은 교재가 될 수 있을 지 모른다. 그러나 이 극본이 만들어진 나라와 시대를 알 수 없고 아이들의 정서에도 맞지 않으며 국어 교육의 중심이 되는 '국적있는 교육, 우리 얼 교육'에도 걸맞지 않기 때문에 '팥죽 할머니'로 대체하여 수업을 했다. '팥죽 할머니' 동극 수업을 하며 옛날 우리 민중들의 어려운 생활과 요즘 농촌 사람들의 어려움을 비교해 볼 수 있었고, 나라와 시대를 알 수 없는 이야기보다 우리 할아버지의 할아버지 때부터 이어 내려오는 이야기를 공부하니 아이들도 무척 관심을 가지고 좋아했다.

본시의 학습 계획

 1. 대상 : ○○국민학교 3학년

2. 단원 : 3학년 2학기 8단원 우리들의 잔치 (읽기) 5/7차시
3. 본시 학습 목표 : ◎ 인물의 성격에 알맞은 표정과 몸짓으로 말할 수 있다.
　　　　　　　　　◎ 제목과 극 속의 사건과의 관계를 알 수 있다.
4. 본시 수업 지도안

단계·시간	학습과정	교수 — 학습활동		자료 및 유의점
		교사	아동	
문제 파악 6'	○ 학습 동기 유발 *그림 보고 말하기 *공부할 문제 알기	○ 무슨 그림인지 이야기해 봅시다. ○ 호랑이는 어떤 표정입니까? ○ 할머니의 표정은 어떻습니까? ○ 여러분이 호랑이와 할머니가 되어서 알맞은 표정과 몸짓으로 말해 봅시다. ○ 이번 시간에는 무엇을 해 볼까요? 인물의 성격에 알맞은 표정과 몸짓으로 말하고, 제목과 극 속의 사건과의 관계를 알아보자.	○ 호랑이가 할머니를 잡아먹으려고 합니다. ○ '어흥' 하는 무서운 모습입니다. ○ 깜짝 놀라고 겁에 질린 모습입니다. (아이가 나와 발표한다.) ○ 분단별로 나누어 준비한 연극을 발표하면 좋겠습니다. ⋮	*2쪽 삽화 확대도 *연극 대본 *학습 문제
문제 해결	*연극 발표 하기 *연극 공연 감상 발표	○ 분단별로 나누어 준비한 연극을 발표해 봅시다. 연 극 공 연 과 감 상 ○ 연극을 보며 재미있었거나 잘된 점을 이야기해 봅시다. ○ 어려웠거나 잘 안 된	○ 동무들이 힘을 모아 호랑이를 물리치는 장면이 신이 납니다. ○ 첫째마당 호랑이 역을	*소도구 *무대 장치 *의상 *음향 *자유롭게 발표

구 21'		점을 이야기해 봅시다.	성격에 맞게 잘 표현하였습니다. ⋮ ○ 남자라서 할머니 성격에 맞게 말하기가 어려웠습니다. ○ 그때 그때에 맞는 동작과 몸짓이 잘 안되었습니다. ⋮	
문 제 해 결 10'	* 제목과 극 속의 사건과의 관계 알기	○ 제목과 극 속의 사건과의 관계를 알아 봅시다. 　이 글의 제목은 무엇인가요? ○ 할머니는 밭에 무엇을 갈았나요? ○ 호랑이에게 언제까지 기다려 달라고 했나요? ○ 동짓날 밤 할머니의 마지막 소원은 무엇이었나요? ○ 동짓날 밤 찾아온 동무들은 무엇을 나누어 먹고 힘을 합해 호랑이를 이겼나요? ○ 이 극에서 사건이 계속 되는 까닭은 무엇인가요? ○ 왜 제목을 '팥죽 할머니'라고 했는지 모둠별로 의논하여 이야기해 봅시다.	○ '팥죽 할머니'입니다. ○ 팥을 갈았습니다. ○ 동짓날 밤 팥죽을 먹을 때까지입니다. ○ 밝은 데서 팥죽을 먹는 것입니다. ○ 팥죽입니다. ○ 할머니가 호랑이에게 동짓날 밤에 팥죽을 먹고 난 뒤 잡아 먹히겠다고 말했기 때문입니다. ○ 할머니가 팥을 가꾸었기 때문입니다. ○ 할머니가 끓인 팥죽을 동무들이 나누어 먹고 호랑이를 이겼기 때문입니다. ⋮	* 모둠끼리 의논

정 리 3'	* 느낀 점 말하기 * 다음 시간 안내	○ 이 이야기를 통해 느낀 점은 무엇인가요? ○ 다음 시간에는 '문장의 종류를 알고, 여러 가지 문장으로 바꾸어 쓰기'를 하겠습니다.	○ 친구의 어려움은 서로 도와 주어야 합니다. ○ 어렵고 힘든 일은 친구들이 힘을 합쳐 합니다. ⋮	* 자유롭게 발표

5. 평가 : ◎ 인물의 성격에 알맞은 표정과 몸짓으로 잘 표현할 수 있는가?

◎ 제목과 극 속의 사건과의 관계를 알 수 있는가?

방학을 앞두고 차린 마무리 잔치

이 재 삼

1. 마무리 잔치가 뭐지?

 농부가 한 해 동안의 농사를 거두어 들여 차곡차곡 갈무리하듯 교사라면 누구나 방학을 앞두고 한 학기 또는 한 해 동안 함께 한 것들에 대하여 어떤 형태로든 정리하고 반성하리라 본다. 이름하여 학급 마무리 시간이다. 담임이 그 동안 아이들과 생활하면서 가르쳤던 내용들이 얼마만큼이나 받아들여졌는가를 검증하는 시간이기도 하다.
 그러나 아직도 학급마무리에 대한 이해의 편차는 다양하다. 옛날 서당에서 있었던 '책거리'를 연상하는 교사에서부터 '마무리 잔치라는 게 있나?' 또는 '참, 그걸 어떻게 하는 거지?'라는 교사에 이르기까지.
 오늘날 많은 교사들이 알고는 있지만 내용 구성에서부터 실천에 이르기까지 번거로움(?) 때문에 생각만 하다가 마는 경우가 있다. 하지만 마무리 시간을 좀 더 알차게 채우도록 미리 계획을 세우고 준비하여 더 뜻깊은 시간을 가져보면 어떨까?
 3월에 아이들과 만났을 때 가졌던 열정과 꼭 심어주고자 했던 학급 문화가 얼마만큼 형성되었는지를 확인할 수 있는 소중한 시간이기도 하면서, 여름방학을 앞두고 1학기를 마무리함으로써 부족한 부분을 발견하여 2학기에 좀 더 알찬 문화를 채울 수 있는 자리가 되게 하자.

2. 어떻게 할까?

미리 계획을 세우되 너무 잘해야지 하고 덤비다 보면 굉장한 부담이 될 수도 있으므로 어떤 형태로든 실천한다는 데 더 의의를 두자. 그리고 몇 가지 뼈대만 세우고 거기다 조금씩 살을 붙이는 식으로 준비하자. 단, 이 일은 방학을 며칠 앞둔 시점에서 남들이 하니까 한다는 식의 관념으로 시작하면 결코 올바르지 않다. 그동안 꾸준히 실천한 학급문화가 총체적으로 승화되고 꽃 피워지는 시간이기 때문에 바탕이 있어야 한다. 그렇지 않으면 겉모양은 비슷하게 꾸밀 수 있지만 살아 숨쉬는 아이들의 숨결을 들을 수 없다.

(1) 꼭 한다는 다짐과 계획

학기초에 미리 예고를 해두면 아이들과 담임 모두가 준비를 할 수 있다. 물론 일방적인 발표가 아니라 그렇게 이끌어내어 아이들 스스로가 학급행사로 기획하도록 유도한다. 달마다 좋은 노래 발표회, 학급신문 만들기, 일기 쓰기, 사진첩 만들기, 내 주장 발표하기 등을 꾸준히 실천한다. 행사를 위한 준비는 3, 4주 전에 해도 된다.

(2) 프로그램 짜기

가장 중요한 일이다. 사전준비가 부족할지라도 이것만 짜면 1주 전에라도 가능하다. 우리 학급에서 지난해 했던 내용을 보면 다음과 같다.

❋〈우리들 학급 마무리 잔치〉

    누가 : ○○국민학교 6학년 국화반 식구들 스물다섯 명
    언제 : 1991. 11. 16. 토. 오전 10시-12시
    어디서 : 3층 강당과 우리 반 교실
    초대하는 글 : 생략

◆ 첫째 마당 ─ 인사와 노래
(진행) 김산, 이윤화

 1) 인사말 - 배경민, 한지혜
 2) 합창 - 등대지기
 3) 한국을 빛낸 100명의 위인들 - 박장렬, 안종범, 양인모
 4) 등대지기 - 최재희, 유지만, 정용재, 이호원
 5) 밀양 아리랑 - 손홍권, 이선규
 6) 과수원 길 - 김진환, 복정원, 서대원
 7) 섬 마을 - 조행진, 김영숙, 김서연
 8) 메기의 추억 - 한지혜, 백진희
 9) 땅 - 배경민, 김산, 김태진
10) 상록수 - 유민희, 이민영, 이윤화
 ⊙ 주제가 있는 글
11) 어머니 - 유지만(일기글)
12) 우리가 사는 세상 - 이선규(내 주장 발표)
 ⊙ 하모니카와 리코더 연주
13) 애니로리, 즐거운 나의 집, 친구에게, 석별의 정 - 김태진, 백진희 외 3명

◆ 둘째 마당 ─ 동화 말하기와 시 낭송
(진행) 손홍권, 백진희

14) 합창과 율동 - 개똥벌레
 ⊙ 동화 말하기 대회(15-19)
15) 그늘과 휴식을 주는 나무 - 박장렬
16) 고향이 그리운 곰솔 나무 - 복정원
17) 참새 아이 - 배경민
18) 공원의 은방울 꽃 - 이윤화
19) 지켜야 할 세 가지 - 백진희
 ⊙ 생각하며 듣는 시
20) 얘들아 우리는(권정생 시) - 유지만, 김서연(낭송)
 ⊙ 피아노 연주
21) 피아노 2중주 - 한지혜, 유민희

◈ 셋째 마당—연극 발표회
(진행) 서동임, 복정원

22) 농민이 농촌을 떠나면 — 복정원, 서대원 외 5명
23) 먼저 온 크리스마스 — 이윤화, 유민희 외 4명
24) 신들의 회의 — 한지혜, 손홍권 외 4명
25) 현우의 꿈 — 김태진, 이호원 외 4명
   ⊙ 합창 — 석별의 정

◈ 넷째 마당—마치는 이야기와 뒷풀이(교실)

   ⊙ 학급 대표 이야기 — 반장
   ⊙ 담임 이야기
   ⊙ 어머니 소감 발표 — 어머니 대표
   ⊙ 다과회

◈ 전시회 — 나의 자서전(사진전), 부모님과 함께 만든 시화전 등

3. 마무리 잔치를 마치면서

　모든 일이 그렇듯이 학급 마무리 잔치를 하는 방법에도 맞추어진 틀이 있을 수 없다. 담임과 아이들의 개성과 학급문화에 따라 우리반만의 독특한 틀이 만들어질 뿐이다. 실천하면서 부족함을 찾고 모자람을 보태갈 따름이다. 다만 이 일이 행사 그 자체를 위해 치루어지지 않기를 바란다.
　그리고 기왕이면 교육의 주체인 학생, 학부모, 담임 모두가 참여할 수 있도록 내용을 꾸민다면 더 뜻있는 시간이 되리가 믿는다.
　끝으로 우리 반 아이들이 이 일을 준비하면서 창작했던 연극대본 중 내가 보면서 가장 감동을 받았던 '농민이 농촌을 떠나면?'이라는 원고를 참고로 싣는다.

창작극 – 농민이 농촌을 떠나면?

◉ 쓴 사람 – 배경민, 서동임

- 때 : 가을걷이가 끝나가는 늦가을
- 곳 : 충청남도의 어느 농가
- 나오는 이들 : 아버지(최대식), 어머니, 아들 – 대팔, 대발, 딸 – 대순, 건설회사 사장(김사장), 쌀집주인 등

해설 : 배경민

제 1막 (논두렁)

구수히 들리는 풍년가. 농민들이 벼를 베는 모습.
아버지 : 추수를 빨리 끝내야 할틴디.
대팔 : 그리유, 그래야 겨울에 두 팔 다리 쭉 뻗고 지내쥬.
어머니 : 일이나 혀. 어른들 말씀에 껴들지 말고…… 그나 저나 쌀을 제 값에 못 팔면 추수가 빨리 끝나도 뭔 소용이여.

제 2막 (집)

쓸쓸히 들리는 귀뚜라미 소리
아버지 : (밤하늘을 바라보며 앉았다 일어섰다 하며 연달아 한숨만 쉰다)
대발 : (잠에서 취해 나오며) 아부지, 무신 걱정 있어유?
아버비 : 걱정은 무신……, 아니여.
대발 : 아부지, 제 눈은 못 속여유. 내일 팔 쌀 때문에 그러지유?
아버지 : 그려. 제 값에 잘 팔 수 있을른지 걱정이구먼.
대발 : 걱정마셔유. 대팔이 형이 잘 하겠쥬. 걱정말고 주무셔유. 내일 걱정하시구.
아버지 : 그려. 너도 잘 자거라.

제 3막 (쌀 가게)

아버지 : (쌀 자루를 메고서) 이 집이다.

대팔 : 쌀 사셔유. 햅쌀도 있고, 묵은 쌀도 있구먼유. 쌀 사셔유.
쌀집주인 : 우리는 쌀 벌써 차 있구먼.
아버지 : 우리랑 계약은 어떡허구.
쌀집주인 : 죄송해유. 뭐 미국 캘리포니아에서 수입한 쌀이 싸길래 전부 사서 더 이상 살 수가 없구먼유.
아버지 : (화를 내며) 뭐유? 쌀까징 수입해유! 나라꼴이 이 모양이니 농민이 망하지……
대팔 : (큰 소리로) 가유. 더 이상 이런 곳에 있고 싶지 않구먼유. 다른 곳에도 쌀집은 많구먼유.

흥분되는 음악. 다시 잔잔해지는 음악.

제 4막 (집)

해설 : 이곳 저곳, 이집 저집 쌀집들을 모두 다녀봐도 쌀을 사 줄 곳은 없었습니다. 아버지와 아들은 저녁이 다 되어 지친 몸을 이끌고 집으로 돌아왔습니다.
모든 식구가 슬픔에 잠겼습니다. 그러나 시간은 물과 같이 흘러 하루가 지났습니다. 다음 날 아침입니다.
어머니 : (혼잣말로) 큰일이구먼. 이제 어떻게 산다.(마당을 계속 쓴다)
대순 : (큰일난 듯 밖에서 헐떡거리며 뛰어온다) 엄니, 오늘 만복이네가 떠났슈. 서울로 이사간댜!
어머니 : 아니, 만복이네가 왜 떠난댜?
대순 : 글씨 까닭은 잘 모르고, 갸 엄니는 쌀도 제 값에 못 받고, 대우도 못 받는 농민이 싫어서 그렇댜.
아버지 : (방에서 나오며) 그게 사실이여? 농민이 떠나면 나라가 농사 지을껴!
대순 : 엄니 우리도 서울로 이사가유. 서울은 좋다던데…….
대팔 : (놀란 표정으로 방에서 뛰어 나오며) 뭔 소리여. 서울이 뭐가 좋아. 우리가 살아 온 이 마을을 버리고 떠나잔 말이여!
대순 : 이런 시골에서 살면 맨날 가난하고 애들한테 챙피하단 말이여!
대팔 : (화를 내며) 뭐여. 농민이 뭐가 창피혀. 농민이 살아야 나라가 사는 겨. 농민은 떳떳한 거여.
대순 : 잘낫꾸먼. 솔직히 이게 뭐가 좋아. 힘들고 고생만 하고…….

아버지 : 그만들 둬라. 그만 싸우고 방에 들어가거라.
(아버지와 대발 퇴장)
대순 : 엄니, 그런디 말이유. 우리 동네에 그랬는지 뭔지 하는 삐까뻔쩍하는 차가 왔어유. 뭐 산이 어떻고 하던데유…….
어머니 : 그것이 우리랑 뭔 상관이여. 할 일 없으면 나가 놀아.
대순 : 우리 산을 보고 그러니까 그러제. 그럼 순덕이네서 놀다 올께유.
(양복 입은 신사, 대문을 들어선다)
김사장 : 여기가 저 산 주인 최대식씨 댁 맞습니까?
어머니 : 그란디유. 우리 애 아부질 왜 찾는댜. 대팔이 아부지 나와 보셔유.
아버지 : 제가 최대식인디 어떻게 오셨수?
김사장 : 실은 저 산을 깎아 골프장을 만들려는데, 비싸게 쳐 줄테니 좀 파시지요.
아버지 : 그게 뭔 소리여. 산을 깎아 골프장을 만들다니…… 그 산은 우리 마을을 지켜주는 산인데.
김사장 : 돈은 후하게 쳐 드릴테니 잘 한번 생각해 보세요. 다음에 들리지요.
(퇴장한다)
어머니 : 대발이 아부지. 어떡할 것이여. 엄청난 일인디.

어지러운 음악, 느려지다 멈춤

제 5막

해설 : 이날 밤도 아버지 어머니는 의논을 하고 또 했습니다. 다음날 아침입니다.
아버지 : 야들아, 모여 봐라. 할 이야기가 있구먼. 이제 우리도 도시로 이사갈껴.
대발 : 뭐유?
대순 : 뭐가 싫어. 우리도 이사가면 부자처럼 살 수 있을텐데.
대팔 : 아부지 뜻을 따르겠심더.
아버지 : 야들아, 미안하다. 이젠 이 마을 저 마을 농민신분으론 살 수 없게 된 시상이여.
어머니 : 이러지들 말고 방에 들어가서 짐들 싸자.
(쓸쓸한 음악 흐르며 어두워진다)

해설 : 이 가족은 이렇게 해서 쓸쓸히 농촌을 떠났습니다. 이들을 잡아줄 사람은 아무도 없었습니다.
(출연자 모두 외친다) 농민이 망하면 나라가 망합니다. 농민을 살리고 농민을 농촌으로 돌려보내 주세요.
끝.

신나는 방학을 위한 과제

윤 태 규

1. 방학이란?

 방학은 학기와 학기 중간에 있기 때문에 한 학기를 마무리하고 다음 학기를 준비하는 뜻이 담긴 기간이다. 이는 학과 공부만 그렇다는 것이 아니라 아이들의 심리상태도 그러하다. 이렇게 볼 때 방학을 어떻게 보내느냐에 따라 한 학기를 기분좋게 마무리하고 다음 학기를 힘차게 출발하느냐 그렇지 않느냐가 결정된다고 해도 지나친 말이 아닐 것이다.
 방학하는 날은 아이들에겐 무조건 신나고 좋은 날이다. 일방적으로 받은 과제를 짐으로 안고 맞는 아이든, 스스로 알찬 계획을 세운 아이든 모두 신나는 날이다. 그렇지만 방학 과제를 해결하면서 방학을 보내는 모습이나 해결한 과제를 안고 교문에 들어서는 개학날의 모습은 가지각색이 되고 만다.
 이 모습의 결정은 방학 과제에서 비롯된 것이다. 다시 말해서 방학을 어떻게 보내고 개학을 어떻게 맞도록 하느냐 하는 것은 방학 과제가 결정한다는 말이다. 그래서 아이들이 어떤 과제를 어떻게 정하도록 할 것인가? 또 그 과제를 어떻게 해결하도록 할 것인가를 바탕으로 몇 가지 제시해 보고자 한다.

2. 과제를 정할 때 몇 가지 원칙

(1) 아이들 스스로 과제를 정해야 한다.

요사이 많은 교사들이 방학이 학교 수업의 연장이라는 생각에서 벗어나 좋은 과제들을 내어 주는 것을 볼 수 있어 다행이다. 또 좋은 과제 목록 같은 것이 많이 소개되기도 한다. 그렇지만 과제의 가장 중요한 것은 어떤 알맹이의 과제를 내어 주느냐 하는 과제의 질보다는 과제 선정의 방법이다.

아무리 좋은 과제인 듯하더라도 교사가 일방적으로 주는 과제는 바람직스럽지 못하다. 다만 아이들이 스스로 정하지 못해서 막막해 할 때는 교사가 생각해서 좋겠다 싶은 과제 목록을 예시로 보여주어 참고하도록 할 수는 있겠다.

다시 정리하면 문제는 과제의 내용도 내용이지만, 아이들이 하고 싶은 것을 스스로 정하여 계획하고 실천하도록 해야 한다는 것이다. 꼭 하고 싶어서 정한 것이라면 산수 교과서 문제 풀기도 좋고 사회 교과서 지식을 외는 것은 어떻겠는가. 물론 어떤 과제가 좋겠다는 전체적인 방향 제시는 과제 선정 단계에서 꾸준히 이야기를 해 주어야 한다.

(2) 과제의 양을 많이 잡지 않도록 한다.

스스로 방학 과제를 정하도록 해 보면 생각 밖으로 욕심을 많이 내는 모습을 볼 수 있다. 물론 보람있고 신나는 방학은 과제가 많고 적음에 있는 것이 아니다. 앞에서 말했듯이 꼭 해 보고 싶은 것을 정해야 하는 것이다. 그렇지만 한 가지라도 알차게 하려면 될 수 있는 대로 너무 많이 잡지 않도록 해야 한다. 그러나 개인의 능력과 과제의 종류에 따라서는 너무 쉽게 해결해 버릴 과제도 있다. 이런 경우에 좀 더 많은 것을 해보고 싶은 아이들을 위해 '그 밖에 해 보고 싶은 것'이라고 별도로 정하게 하여 사정에 따라 하도록 융통성을 두면 좋겠다.

(3) 과제를 정하는 시간을 충분히 준다.

　방학 한두 주일 전에 부랴부랴 시간에 쫓겨 과제를 정하게 되면 그냥 때우기 식으로 정해 버릴 위험이 있다. 더욱이 학기말은 여러 가지로 바쁘기 때문에 적어도 방학 한 달 전에 미리 말해 두어 평소 해 보고 싶은 과제를 찾는 데 쫓기지 않도록 해야 한다.

(4) 교사도 방학 과제를 정해야 한다.

　교사도 교실의 한 구성원이기 때문에 당연히 과제를 하나 가져야 한다. 그렇게 하는 것이 아이들이 열심히 과제 해결을 하는 데 도움을 준다. 교사가 정해 가지는 과제는 될 수 있는 대로 아이들과 직접 관계가 있는 것이 좋다. 예를 들면 아이들에게 일일이 편지를 쓰겠다든가 집집마다 과제 상담을 위해 찾아가겠다든가 이런 것이 좋을 듯 싶다.

　방학을 이용하여 교재 연구를 하고, 연수회에 열심히 참여하고, 자신의 공부를 하는 따위는 '그 밖에 해 보고 싶은 것'에 넣어서 실천하는 것이 좋다.

(5) 방학 동안 아이들의 과제 해결에 늘 관심을 가져야 한다.

　스스로 정한 과제이니까 나름대로 계획하고 수정하고 실천하겠지 하는 생각으로 개학하여 그 결과만 볼 생각을 해서는 안 된다. 가끔씩 전화로 격려도 해 주고 가능하면 미리 날짜를 정해 한두 번 정도 직접 찾아다니면서 과제 해결 과정을 살펴보는 게 좋다.

(6) 개인 연구도 좋지만 모둠별, 마을별로 여럿이 함께 해결할 수 있는 과제가 좋다.

(7) 과제가 모두 정해지면 자세한 계획서를 만들어 학급문집이나 별도의 방학계획서에 출석번호대로 실어서 학급 식구들이 하나씩 가지고 있도록 하는 것이 좋다.

　그래야만 자신의 과제뿐 아니라 학급 식구들의 과제를 서로 훤히 알아서 좋다. 또 교사가 아이들에게 전화를 걸 때도 "너 무슨 과제더라?" 라든가 "잘 되어가나?" 식으로 막연하게 말하지 말고 "오늘 2차 조사하는 날이구나." "어제는 비가 와서 밖에서 모이지 못해 어려움이 있었겠네."라고 자세히 이야기할 자료가 된다. 별것 아닌 것 같지만 이런 작은 일이 뜻밖에 아이들 과제 해결에 커다란 도움이 된다는 것을 알아야 한다.

3. 과제 처리

아이들이 힘들여 한 과제에 대해서는 그 결과가 어찌되었건 소중히 생각해 주고 존중해 주어야 한다. 그리고 자기가 한 과제를 마음껏 자랑할 기회를 주어야 한다. 교사의 눈으로 결과만 보아 우수니 최우수니 하고 판정을 하여 상을 주는 것보다는 이렇게 하는 것이 백 배 더 낫다.

실제로 우리 반에서는 대구 시내 외래어 간판 조사를 과제로 정한 아이가 자신의 과제 해결 과정에서 가게 집 주인에게 수모를 당하는 등 힘들었던 일과 보람있었던 일을 설명하는 과정에서 눈물을 다 흘려 힘찬 박수를 받기도 했다. 또한 그것을 계기로 우리 반에서는 외래어 간판 조사를 위한 자생적인 동아리가 결성되어 지금 활발히 활동하기도 한다.

(1) 한 장 괘도 만들기
학급 식구들에게 자신의 과제를 설명하기 위한 자료인데 모조 전지에 보고서 형식으로 쓴다.

○ 교실 앞면 뒷면 옆면에 한 장 괘도를 빽빽하게 붙여 놓고 출석 번호대로 설명을 하도록 한다. 시간이 걸려도 시간 제한 없이 충분히 이야기할 시간을 주도록 한다. 이 때 과제 해결을 위한 도구나 자료가 있으면 다 가져와 전시해 놓도록 한다. 녹음 테이프에 담은 자료는 그것을 재생해 다 함께 듣도록 한다. 이 일에 교사도 마지막 번호로 참

가하여 괘도도 만들고 설명을 해야 함은 물론이다.

〈보기〉

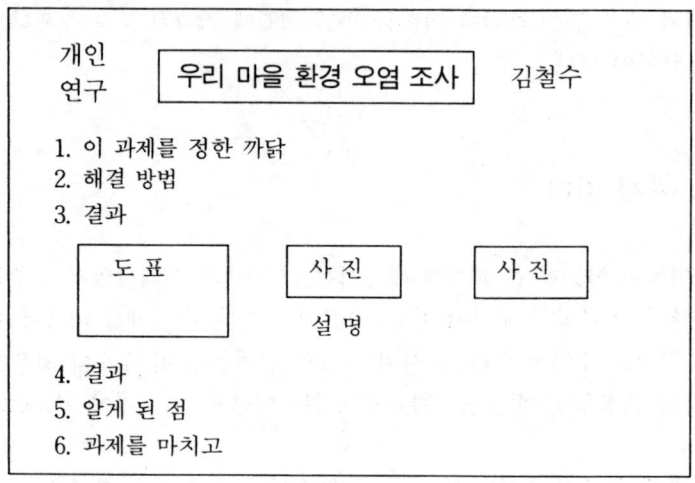

(2) 학급문집에 싣거나 방학 과제 보고서를 따로 만들어 돌려 보도록 한다.

한 장 괘도를 만들어 전시하고 설명회를 한 뒤에 학급문집에 정리하여 돌려 보면 더욱 좋겠다. 그러나 이 일은 사정에 따라 못 하더라도 한 장 괘도를 만들어 설명회를 갖는 기회는 꼭 있어야 한다.

4. 맺는 말

몇 년 동안 교실에서 실천한 경험을 바탕으로 바쁘게 정리를 해 봤지만 몇 가지 원칙을 늘어놓은 것에 지나지 않는다.

끝맺으면서 다시 한 번 강조하고 싶은 것은 과제는 반드시 아이들이 하고 싶은 것을 스스로 정하도록 도와 주어야 한다는 것과 방학 내내 그것을 관심 깊게 지켜봐야 한다는 것이다. 그리고 개학 후에는 그 과제를 마음껏 자랑할 수 있는 기회를 주어 끝마무리를 시원스럽게 해 주어야 한다는 것이다. 이렇게 한다 해서 대단한 결과를 가져 올 것이라는 생각을 해서는 안 된다. 그 '대단한 결과'라는 것이 이미 결과에만 집착한 어른의 눈이기 때문에 그렇다.

모든 것이 다 그러하듯이 방학 과제 역시 '이런 것이어야 한다'고 단정할 수 없다는 말로 끝을 맺는다.

〈참고 자료 1〉

　　　아이들이 정한 과제 목록
1. 문집 만들기
　　(1) 마을문집 (2) 동아리문집 (3) 가족문집 (4) 개인문집
2. 우리 마을에 대하여 조사하기
　　(1) 직업별 조사 (2) 마을의 역사 (3) 마을 이름 유래 (4) 마을 전
　　통과 자랑 (5) 마을의 문제점 (6) 생산과 소비 현상
3. 통일에 대한 각종 자료 모으기
4. 외래어 간판 조사, 외래어 상품 조사
5. 가축이 새끼를 기르는 모습을 관찰하고, 관찰일기 쓰기
6. 일상 생활에 침투한 외래어, 외국어 조사와 그 문제점
7. 우리 마을 환경 실태 조사
8. 여러 가지 스크랩 하기
9. 10대 뉴스 조사(국내, 국외)
10. 환경 표어 만들어 붙이기
11. 합성세제 덜 쓰기 운동
12. 부모님의 어린 시절 조사
13. 방송국에 편지 보내기
14. 우리 마을 사투리 조사
15. 역사 속의 한 인물에 대하여 집중적으로 공부하기
16. 조건을 통제하여 각종 식물 길러보기
17. 국어 교과서의 낱말과 문장을 우리 말과 우리 말법으로 고쳐 쓰기
18. 경필 쓰기
19. 붓글씨 공부
20. 단소, 장고, 꽹과리 연습
21. 역사 집중 공부
22. 지리 공부
23. 각 교과별 공부
24. 독서 일기 쓰기
25. 교과서 내용을 중심으로 학습만화 그리기
26. 생활 그림 그리기
27. 방문기, 견학 기록문, 기행문 쓰기

〈참고 자료 2〉

개인별 방학 계획서 　　　　　－종이 규격 16절지 세워서－

　　　내가 낸 방학 과제
　　　　　　　　조윤제

(1) 습관 고치기

> '엄마' '아빠'라고 부르는 말을 '어머니' '아버지'로 고쳐 부르겠다.

　◇ 선택한 까닭 ◇
　'엄마' '아빠'라는 말이 애기들이나 하는 말인 줄 알면서도 여태 고치지 못했다. 부모님과 오랫동안 함께 있는 방학 기간에 꼭 고치겠다.
　◇ 방법 ◇
① 아버지, 어머니에게 미리 이야기해 놓고 실천한다.
② 동생도 함께 하기로 했기 때문에 누가 먼저 고치나 내기를 한다.

(2) 집안 일 돕기

> 연탄불 내가 갈아 넣기

　◇ 정한 까닭 ◇
　나는 할머니와 함께 방을 쓰는데 밤에 보면 70이 넘으신 할머니가 연탄을 갈아 넣는다. 방학 때부터 시작해서 내가 갈아 넣겠다.
　◇ 방법 ◇
① 연탄불은 될 수 있으면 낮에 갈아 넣도록 한다.
② 할머니께 내 뜻을 말씀드리고 꼭 실천한다.
③ 마스크를 쓰고 갈아 넣는다.

(3) 개인 연구

> 환경 표어 만들어 동네에 붙이기

　◇ 정한 까닭 ◇
　나무 젓가락을 많이 쓰는 것은 산에 불을 지르는 것과 같다는 글을 읽었다. 이 이야기를 해서 우리 반 모두는 나무 젓가락을 안 쓰고 있으나 우리 동네 모두에게도 알릴 필요가 있다는 생각을 했다.
　◇ 과제 해결 방법 ◇
① 나무 젓가락에 관한 표어 30장 정도 만들어 남동·북동·공단 마을에 붙인다.
② 표어 만들기(7월 30일까지)
　· 내가 글을 짓는다.
　· 책엣것을 옮겨 쓴다.
③ 표어 붙일 곳
　· 남동 식당 여러 곳
　· 북동 식당 여러 곳
　· 버스 정류장 게시판
　· 마을 게시판 다섯 군데
④ 붙이는 날짜(3회)
　· 8월 5일, 15일, 20일

(4) 그 밖에 해 보고 싶은 것
 1. 컴퓨터 공부
 2. 책읽기(5권)
 3. 충·효 교실 열심히 다니기

아이들의 글을 어떻게 보고 어떻게 논의할까

이 오 덕

1. 글을 논의하는 뜻

 삶을 가꾸는 글쓰기는 목표가 삶을 키워가는 데 있지만 그 수단은 글을 쓰게 하는 것이다. 글쓰기를 제쳐 놓고 글쓰기 교육이 있을 수 없다. 물론 말하기나 놀이, 일하기, 그밖에 모든 학습과 생활을 글쓰기 교육의 길에서 글쓰기와 연결시켜 지도할 수 있고 지도하는 것이 바람직한 것은 말할 나위가 없다. 그러니 모든 삶을 글쓰기에 이어지도록 하고, 글은 그대로 삶을 보여주는 것이 되고, 이래서 삶을 키우려는 노력과 좋은 글을 쓰려고 애쓰는 일은 하나가 되는 것이다.
 옛날부터 '글은 사람이다'고 하는 말이 있는데, 우리가 하고 있는 삶을 가꾸는 글쓰기 교육은 글과 사람을 하나로 보는 가장 옛스러운 글의 철학을 튼튼한 바탕으로 삼고 있다. 글과 사람을 따로 보고, 그래서 글재주꾼을 길러내는 그릇된 글짓기 교육이나 문예교육, 혹은 창작교육을 우리는 철저하게 비판하고 배척해야 한다. 생각해 보면 일제시대나 오늘날이나 글로 사기를 치는 글재주꾼들 때문에 우리는 얼마나 당해왔던가! 더구나 요즘은 학교교육이고 학원교육이고 온통 글재주꾼을 기르는 것이 목표가 되어 있으니 이래 가지고 앞날이 어떻게 될까? 삶을 떠난 말재주와 글재주를 가르치는 교육은 글사기꾼을 대량으로 길러내는 교육이 아닌가 깊이 살피고 생각할 필요가 있다.
 우리가 아이들의 글을 논의하는 까닭이 이러하다. 어떤 아이가 어떤 자리에서 써서 어떤 자리에서 발표한 글이든, 어떤 어른이 어떤 기회에 어떤 방법으로 쓰게 한 글이든, 아이들의 글이 씌어져 나오고 그것이 문집에 실리거나 신문이고 잡지에 실려 나왔다면 우리는 그 아이들의 글을 예사로 보아넘겨서는 안 된다. 그 아이들의 글이 자유로운 정신과 사람다운 마음을 길러가는 참된 교육의 자리에서 씌어져 나온 것인가, 아니면 거짓스런 얘기를 조작해내는 기술을 가르치는 장사꾼들이나, 어른의 흉내를 내게 하여 아이들을 비참한 동물로 길들이는 훈련장에서 씌어져 나온 글인가를 가려내고 비판해야 한다. 문학을 비롯하여 어른들이 창조하는 모든 예술 창조에 비평이 따르듯이, 교육활동에도 비평이 있어야 한다. 비평이 없이 교육을 살릴 수 없다. 그런데 아이들의 글을 따지고 비판하는 글이 어째서 이렇게도 없는가. 이 나라의 아이들은 온통 장사꾼들과 정치꾼들의 손아귀에 들어가 놀림감이 되어 거짓글을 쓰면서 병신이 되어가고 있는데 말이다.

교육현장에서 글쓰기 분야만 하더라도 이 땅에서 걷잡을 수 없이 돌아가고 있는 일들을 온전히 바로잡기에는 우리 힘이 너무나 미약하다는 것을 느낀다. 다만 이런 전체 현상을 가끔은 살펴서 그 가장 중요한 대목을 짚어서 진단해 보고 사회와 교육 전반의 병리 현상을 밝히기는 해야 한다. 이것이 우리가 해야 할 최소한의 일 몫이라고 본다.

2. 글을 볼 줄 알아야 지도가 된다.

다음에는 우리가 각자 맡고 있는 자리에서 하고 있는 일을 큰 실수 없이 (아이들에게 죄짓는 일 없이) 해내기 위해서 우리끼리 모여 아이들의 글을 논의하는 일이다. 사실은 나라 전체 걱정에 앞서 자기가 맡은 교실과 아이들의 일부터 걱정해야 하는 것이 바른 차례가 되겠다.

아이들에게 어떤 글을 쓰게 해야 할까? 어떤 글을 쓰게 해야 삶을 가꾸게 되는가? 정직한 글을 쓰게 한다고 하는데, 그 정직한 글이란 어떤 글인가? 가치있는 글이란 어떤 글인가? 국민학교 1학년에서부터 6학년까지, 다시 중학생과 고등학생, 직장에서 일하는 청소년들, 도시 아이들과 농촌 아이들, 온갖 직업과 교양과 습관과 성격을 가진 부모들 밑에서 온갖 교육을 받고 자란 아이들이 쓴 온갖 모양의 글을 두고 우리는 이른바 평가란 것을 하려고 한다. 그 글이 본 대로 들은 대로 한 대로 정직하게 쓴 글인가? 느낌과 생각이 순수한 제것으로 되어 있는가? 사물을 정확하게 붙잡고 쓴 글인가? 남의 생활을 쳐다보고 흉내낸 것은 아닌가? 저도 몰래 남의 글을 따라서 쓴 것은 아닌가? 머리에 들어 있는 지식이나 개념을 그대로 쓴 것은 아닌가? 그 학년이나 그 나이에서 마땅히 가져야 할 지성의 바탕이 있는가? 이 땅에서 살아갈 아이로서 마땅히 가져야 할 느낌이나 생각, 삶의 태도가 나타나 있는가? 이런 모든 점을 살피고 생각해서 작품의 값을 매기지 않으면 안 되는 것이다. 물론 어떤 한 편의 글에서 이 모든 관점을 다 비춰볼 수는 없다. 어디까지나 그 글에서 쓰려고 한 내용을 가지고 논의해야 한다.

이렇게 해서 우리는 글의 가치를 판단하여 좀더 나은 글을 쓰게 함으로써 생각을 키워가고 삶을 가꾸어 가게 된다. 그러니까 글을 제대로 보고 판단하는 식견이 없고서는 글쓰기 교육을 올바르게 할 수 없다. 아이들의 글을 논의하면서 글 공부를 해야 하는 까닭이 이러하다.

3. 글을 논의하는 기회

아이들의 글쓰기를 지도하는 어른들이 아이들의 글을 논의하는 기회는 ① 글고치기 단계에서 ② 감상 비평 시간에서 ③ 교사들끼리 합평하는 자리에서 ④ 신문이나 잡지의 작품평으로— 이렇게 네 가지로 나눌 수 있다. 이 네 가지가 각각 어떤 자리에서 어떤 목표로 어떻게 하게 되는가를 표로 만들어 대강 보이면 다음과 같다.

기획	자리	사람	목표
① 글고치기 단계(*주)	교실	학생과 교사	글 다듬기
② 감상 비평 시간	교실	학생과 교사	㉠ 생각, 생활태도 ㉡ 표현
③ 교사끼리 합평	특정한 곳	교사들	㉠ 작품관을 세우고 ㉡ 지도 방향을 잡고 ㉢ 지도 방법을 얻기 위해
④ 신문이나 잡지	신문 잡지		㉠ 생활 태도 ㉡ 표현 ㉢ 좋은 글과 　　좋지 않은 글 판단

(* 주 : 대개 글쓴이 자신이 하게 되나 어쩌다가 공동으로 논의할 수도 있음)

① 글고치기 단계라 함은 글쓰기 과정을 ㉠ 글감 찾아서 정하기 ㉡ 얼거리 짜기(구상) ㉢ 쓰기 ㉣ 글고치기(글다듬기) ㉤ 발표 ― 이렇게 다섯 단계로 나누었을 때 네번째인 ㉣단계를 말한다.

② 감상 비평 시간은 위에서 들어놓은 다섯 단계가 다 끝난 다음, 곧 ㉤ 발표 단계까지 끝난 다음에 갖게 되는 시간이다. 그러니까 이 '감상 비평'시간을 글쓰기 지도 단계에 넣으면 ㉥단계가 되겠고, 이렇게 하면 글쓰기 단계는 모두 여섯 단계가 되는 셈이다.

4. 합평의 바탕

여기서는 지도하는 사람들이 학생들의 글을 어떻게 보고 어떻게 평해야 하나 하는 문제를 생각해 보기로 한다. 곧 앞에서 들어놓은 네 가지 가운데서 '③ 교사끼리 합평' 항목이 되겠는데, 먼저 아이들의 글을 논의할 바탕부터 살피기로 한다.

대체로 모든 글을 바로 보는 바탕이 될 관점을 들면 다음과 같다.
① 그 글을 쓴 아이의 나이(학년), 생활환경, 지능 같은 것을 어느 정도 알고서 글을 보아야 한다.
② 그 글을 쓰게 된 까닭 — 언제, 어디서, 어떻게 씌어져 나온 글인가를 알 필요가 있다.
③ 그 글이 씌어졌을 때의 교육 현실 — 교과서, 교육행정, 교육풍조, 일반으로 씌어져 나온 글의 경향, 이런 것을 제대로 알아야 한다.
④ 더구나 지도교사가 어떤 교육관을 가지고 어떤 방법으로 교육을 하고 있는가를 알아두는 것은 글을 이해하는 데 큰 도움이 된다.
⑤ 글을 논의하는 목표가 지도자들끼리 글을 이해하고 글에 대한 관점을 세우려는 데 있는가, 아니면 글을 쓴 아이에게 지도하는 말을 해 주기 위함인가에 따라 논의하는 내용과 말이 달라질 수 있다.

5. 합평의 방향

글을 논의하는 방향을 몇 가지 생각해본다.
① 어디까지나 글과 삶은 하나라는 관점에 서야 한다.
② 글을 바로 보는 관점을 세우는 데 도움이 되는 논의라야 한다.
③ 아이들 지도에 도움이 되는 말이라야 한다.
④ 좋은 점을 놓치지 않도록 해야 한다.
⑤ 잘못된 점은, 그렇게 된 까닭을 살펴서 앞으로 어떻게 지도해야 할 것인가를 논의해야 한다.
⑥ 아이들에게 강요되는 잘못된 삶, 잘못된 글쓰기의 흐름을 어떻게 하면 바로잡을 수 있을까, 어떻게 하면 그런 흐름에서 아이들을 지켜갈 수 있을까를 언제나 마음에 두고 글을 보고 글을 논의해야 한다.

6. 합평의 방법과 태도

합평하는 방법과 태도를 몇 가지 들어본다.
① 작품을 너무 많이 준비하지 말고 알맞게 준비할 것이고, 미리 자료를 나누어 주어서 각자가 읽을 다음에 모이는 것이 바람직하다.
② 의견이 다르면 진지하게 토론한다.
③ 모인 사람 모두가 의견을 말하는 것이 바람직하다.
④ 한 사람이 말을 너무 많이 하는 것을 삼간다.
⑤ 처음 글을 읽었을 때 느낌이 중요하다. 감동이 느껴지는가 어떤가, 그 감동은 어디서 오는가, 감동이 우러나지 않는다면 그 까닭은 어디 있는가를 생각할 필요가 있다.
⑥ 그 글에서 가장 크게 문제 삼아야 할 점이 무엇인가를 붙잡아야 한다.
⑦ 별로 할 말도 없는데 억지로 무슨 칭찬하는 말을 한 마디 하거나 비판하는 말을 하거나 하는 태도는 좋지 않다.
⑧ 합평한 것을 (말한 그대로) 기록을 해두는 것도 좋은 참고가 될 것이다.

7. 글을 보는 관점

글을 보는 관점을 〈감동〉과 〈삶〉과 〈표현〉 세 가지로 나누어 본다.
〈감동〉
우리가 보통 글을 읽었을 때 "이 글은 재미있다"든지 "재미가 없는 글이다"고 한다. 또 "이 글은 읽을 맛이 있다" "아무 맛도 없는 글이다"고도 한다. 이럴 때 이 '재미'라든지 '맛'이라는 것이 바로 감동이다. 어린아이가 쓴 글이든지 어른이 쓴 글이든지, 소설가가 쓴 글이든지 주부가 쓴 글이든지, 모든 글은 감동이 있나 없나, 감동의 깊이가 어떤가에 따라 그 값이 매겨진다. 재미, 맛, 감동 — 이런 가장 소박하고 단순한 느낌이 가장 확실하고 틀림없는 글에 대한 평가다. 우리가 글을 논의하는 말을 아무리 여러 가지로 복잡하게 늘어놓는다고 하더라도 결국 맨처음에 글을 읽었을 때 얻은 감동, 이것을 자세하게 풀이하는 말에 지나지 않는다고도 할 수 있다.

〈삶〉

오늘날 우리 나라의 거의 모든 아이들은 삶을 잃어버렸다. 삶을 빼앗긴 아이들에게 삶을 찾아주지 않고서는 교육을 제대로 할 수 없고 아이들을 살릴 수 없다. 삶을 가꾸는 글쓰기 교육은 삶을 찾아주는 교육, 삶을 지키는 교육이 되어야 한다. 아이들의 글에서 삶을 문제삼는 것은 우선 삶을 정직하게 쓰고 있는가 하는 점부터 보지 않을 수 없다.

① 삶이 있는가? 없는가?
② 삶이 어떤 모양으로 나타났는가? 삶의 태도가 어떤가?
③ 삶에서 우러난 느낌이나 생각이 제것으로 되어 있는가?
④ 그 나이(학년)에 알맞는 삶의 태도, 생각과 깨달음이 있는가?
⑤ 삶의 태도나 생각이 잘못되었다면 그 점을 지적하고 그 까닭을 말한다.
⑥ 삶이 없이 씌어진 글이라면 이런 글을 쓰게 된 까닭이 어디에 있는가.
⑦ 남에게 읽힐 만한 가치가 있는 글인가 하는 점도 생각해 봐야 한다.

〈표현〉

표현은 다음에 드는 여러 가지를 볼 수 있다.
① 정직하게 쓴 글인가?
② 정확하고 자세하게 써야 할 부분이 그렇게 되어 있는가?
③ 꼭 쓰고 싶었던 것, 글의 알맹이가 무엇인지를 알 수 있는가?
④ 쉬운 말로 잘 알 수 있게 썼는가?
⑤ 자기의 말로 썼는가?
⑥ 글과 그 글이 보여주려고 하는 사물이 하나로 되어 있는가?

⑦ 조리가 있고, 단락이 잘 지어져 있는가?
　⑧ 서사문일 경우 때와 곳이 분명히 나타나 있는가?
　⑨ 감상문일 경우 절실한 느낌이나 생각으로 나타났는가?
　⑩ 성심껏 쓴 글인가.

8. 맺는 말

　아이들의 글을 제대로 볼 수 있으면 어른들의 글도 옳게 보게 된다. 아이들의 글을 모르면 어른들의 소설이고 시고 모른다. 그런데 어른들의 글보다 아이들 글을 바로 보기가 더 어렵다.
　아이들의 글을 잘 보려고 하면 무엇보다도 아이들의 글을 많이 읽어보아야 한다. 그 다음에는 아이들의 글을 가지고 많이 논의해 보아야 한다. 그리고 또 한 가지 해야 할 것이 있다. 그것은 지도하는 선생님들이 스스로 글을 써봐야 한다는 것이다. 무슨 일이든지 자기가 직접 해봐야 그 일을 잘 알게 된다는 것은 글을 쓰는 일에서도 예외가 될 수 없다. 자신은 글을 쓰지 않으면서 아이들에게만 쓰라고 해봐야 교육이 되지 않을 것은 뻔하다. 또 글을 안 써보고는 글을 알았다고 할 수 없으니 제대로 지도를 할 수 없는 것이 당연하다.
　우리는 늘 버릇처럼 아이들에게 말한다.
　"글을 어렵게 여기지 말아라. 말하는 것처럼 쉽게 쓰면 된다."
　이 말을 나는 글쓰기 지도를 하는 선생님들에게 그대로 말해주고 싶다.
　"글을 어렵게 생각하지 말아야 합니다. 제발 아이들같이, 국민학생들같이 써 보세요. 국민학생들만큼 쉽게 쓰시면 됩니다. 결코 어렵게 써서는 안 됩니다. 어떤 대학교수들이 쓰는 논문같이 써서는 안 됩니다. 그게 모두 엉터리 글입니다. 국민학생들이 쓰고 있는 글, 그 글이 가장 깨끗한 우리 말로 된 글입니다. 선생님들은 학생들한테 배워야 합니다. 그 많은 학생들에게 배울 수 있는 선생님들은 참으로 행복합니다."

글쓰기 교육을 연구하는 모임 만들기

이 성 인

1. 들어가는 말

글쓰기 모임은 어디까지나 아이들에게 교육을 제대로 해 보려는 교사들이 모여서 방법을 연구하고, 교육의 과정에서 나타나는 여러 문제를 함께 해결하려고 노력하는 모임이 되어야 한다. 이 글에서는 글쓰기 교육의 이념이나 방법에 대해서는 다루지 않고 글쓰기 모임의 운영 방법에 대한 것만을 다룬다.

글쓰기 교육에 대한 내용은 이 글에 소개하는 책들을 읽기 바란다.

2. 글쓰기 교육 모임을 어떻게 만들까

글쓰기 교육 모임을 만들려는 사람은 먼저 글쓰기 교육에 대해 어느 정도 알기도 하고, 실천도 해 보아야 한다. 아무 것도 모르고서 모임을 만든다면 그 모임이 어디로 가는지 알 수 없게 될 것이다. 기본이 되는 책 몇 권을 읽기 바란다.

    (1) 이오덕 지음,『삶을 가꾸는 글쓰기 교육』(한길사)
    (2) 이오덕 지음,『삶. 문학. 교육』(종로서적)
    (3) 이오덕 지음,『글쓰기, 이 좋은 공부』(지식산업사)
    (4) 이오덕 지음,『어린이는 모두 시인이다』(지식산업사)

(5) 한국글쓰기교육연구회 엮음, 『글쓰기 교육의 이론과 실제 Ⅰ』(온누리).

(1),(2)는 글쓰기 교육의 기본 이념과 방법을 익히는 데 도움이 될 것이다.
(3),(4)는 어린이들이 읽도록 쓴 책인데, 아이들을 가르칠 때 직접 도움이 된다.
(5)는 글쓰기 회원들이 학급에서 실천한 사례를 모은 것이다.
그 밖에 어린이 글모음을 많이 읽어서 아이들 글을 보는 눈을 기를 필요가 있다. 수십 권의 책이 나와 있지만, 꼭 읽어 두어야 할 책만 몇 권 소개한다.

1. 이오덕 엮음, 『일하는 아이들』(청년사)
2. 이오덕 엮음, 『우리도 크면 농부가 되겠지』(청년사)
3. 이오덕 엮음, 『우리 반 순덕이』(창작과 비평사)
4. 이오덕 엮음, 『이사 가던 날』(창작과 비평사)
5. 이오덕 엮음, 『우리 집 토끼』(창작과 비평사)
6. 이오덕 엮음, 『나도 쓸모 있을 걸』(창작과 비평사)
7. 이오덕 엮음, 『웃음이 터지는 교실』(창작과 비평사)
8. 이호철 엮음, 『큰 길로 가겠다』(한길사)
9. 이호철 엮음, 『비오는 날 일하는 소』(산하)
10. 이호철 엮음, 『공부는 왜 해야 하노』(산하)

이렇게 글쓰기 교육에 대해 공부하고 연구하면서, 실제 반 아이들에게 글쓰기 교육을 실천해야 한다. 그 결과물로 학급문집을 엮어 본다.
학급문집을 만들어 주위에 있는 몇몇 선생님들에게 나누어 주고 문집에 관심을 갖는지 살펴 본다. 그리고 모임을 해 보면 어떨까 제안을 해 볼 수 있겠다. 보통 모임을 만드는 방법은 다음과 같은데 알맞게 적용해 보면 좋을 것이다.

첫째, 확고한 신념을 가지고 시작한다. 글쓰기 교육이 꼭 필요하다는 인식이 되어 있지 않고서 모임을 만든다는 것은 우스운 일이다. 교육운동을 한다는 어떤 교사는 자기는 글쓰기 교육에 대해 잘 알지도 못하고 관심도 없으면서 모임을 만들겠다고 한다. 그 까닭을 물으니 '교사들을 엮어 내기 위해서'라고 한다. 그래 굴비처럼 엮어서 무엇을 어떻게 하겠다는 것일까. 스스로 확신을 가지고 남들에게 권해도 사람들은 잘 따라오지 않는다. 하물며 자기 관심 밖의 것을 가지고 남들을 엮을 수 있을까 의문이다.

둘째, 친한 사람의 도움을 받는다. 모임은 두 사람에서 출발한다. 그러므로 자기와 함께 모임을 이끌어갈 사람을 선택하되, 자신과 마음이 잘 맞고 뜻이 통하면서 역할 분담이 이루어질 수 있는 사람에게 "모임을 하나 만들려고 하는데, 어떻게 생각하는가" 물어서 도움을 받도록 한다.

셋째, 사람들을 파악해서 모임의 대상을 정한다. 다섯 사람에서 열 사람 사이가 좋지만, 처음부터 그렇게 사람을 모으기는 힘들다. 서너 사람에서 시작할 수도 있다. 이 때 모임의 대상이 되는 사람들은 다음과 같은 점을 고려하여 정한다.
 - 문제 의식이 강한 사람
 - 성실하고 신뢰할 수 있는 사람
 - 교육에 대해 열의를 가지고 있는 사람
모임의 대상이 되는 사람들과 개별적으로 자주 만나서 대화를 나누며 바람직한 관계를 형성해 둔다.

넷째, 모일 기회를 마련한다. 몇 사람에게 "모여서 차나 한 잔 하자"는 식으로 모일 자리를 만든다. 이 때 계속 모이고 싶은 마음이 들도록 친근한 분위기를 만드는 것이 중요하다.

다섯째, 모임의 취지를 설명하고, 어떤 식으로 모일 것인지 정한다.

학급문집에 대한 이야기를 하면서, 위에서 소개한 책 가운데 한 권을 정해서 몇 번 공부해 보자고 하는 것도 좋을 것이다. 사람들이 모이는 것에 동의를 한다면, 구체적으로 모임의 시간과 장소를 의논하고 모임의 내용에 대해서도 정하도록 한다.

처음에는 정례 모임을 만들기가 어려울 수가 있다. 이럴 때는 매주 무슨 요일 따위로 정하지 않고, 모인 사람들의 일정을 고려하여 그때 그때 다음번 모임의 날짜를 정할 수 있다. 모임은 될 수 있으면 주 1회 정도로 하되, 그렇게 하기 어려우면 격주로 1회 정도로 한다.

다음은 처음 모였을 때 함께 공부할 수 있는 과정이다.
(『삶을 가꾸는 글쓰기 교육』의 제 2부 '글감 찾기에서 발표까지')

　1. 글쓰기 어디까지 왔나
　2. 쓰기 이전의 지도
　3. 무엇을 쓰게 할 것인가.
　4. 구상 지도
　5. 쓰기 지도
　6. 서사문 쓰기
　7. 감상문 쓰기
　8. 설명문 쓰기
　9. 주장하는 글 쓰기
　10. 글 고치기 지도
　11. 발표를 어떻게 할까
　12. 시의 이해와 쓰기

모임의 첫 단계에서는 학습보다는 친목 도모에 관심을 기울여야 한다. 이 때 처음에는 모임을 만들고 이끌어가는 사람이 구성원 한 사람 한 사람과 관계를 갖게 되지만 회원끼리 서로 친해져야 한다. 공동체 프로그램을 운영하면 좋을 것이다.

3. 글쓰기 모임을 어떻게 운영할까

모임이 여러 차례 진행되면서 차츰 모임의 형식이 필요하게 된다. 큰 모임처럼 회장이나 부장 따위는 없어도 되지만, 그래도 임원은 필요하다. 글쓰기 회에서는 심부름꾼이라고 하는데, 전체 일을 맡는 총무와 회계, 서기 정도는 필요하지 않나 싶다. 회칙은 필요 없지만, 모두 함께 지킬 약정은 정해야 한다. 약정에 들어가야 할 내용은 다음과 같은 것들이 있다.

1. 모임의 목적 : 문장으로 적어둔다.
2. 모임의 내용 : 모여서 무엇을 할 것인가?
3. 모임의 횟수와 시간 : 횟수는 주 1회가 알맞으나 격주로 할 수 있다. 시간은 시작 시간과 끝나는 시간을 분명하게 정하도록 한다. 장소는 방해를 받지 않을 조용한 곳으로 정한다.
4. 회원이 지킬 일
   - 모든 모임에 참석할 것
   - 준비해서 나올 것(이를테면, 교재 읽기)
   - 시간을 지킬 것
   - 서로 인간적으로 사귈 것
   - 모임 밖에서도 서로 만날 것 따위
5. 운영 원칙
   - 역할 나누기 : 누가 무엇을 할 것인가?
   - 어떤 사람을 회원으로 받아들일까? 받아들이는 절차는?
   - 모임을 개방할 것인가, 말 것인가?
   - 모임의 기간을 얼마로 정할까?(1년 정도)
   - 언제, 어디서 모일까? 회비는 ? 모임에서 식사나 다과는 어떻게 할까?
6. 모임의 수준과 성격
   - 개인적 감정, 사생활 따위까지 나눌 것인가? 아니면 공부, 토론, 일에 대한 것만 이야기할 것인가?

약정은 한 장의 종이에 적어서 복사하여 회원들이 나누어 갖도록 한다.
　보통 글쓰기 모임은 한 시간 반에서 두 시간 정도 하는데, 진행되는 과정을 보면 다음과 같다.

1. 묵 상 : 어린이 시, 교육시 같을 글을 발제자(또는 사회자)가 낭송하며 함께 마음을 모은다.
2. 나눔의 시간 : 그 동안 있었던 이야기 나누기
3. 주제 발표와 토론 : 발표자가 발표한 다음 간단한 토론을 한다.
4. 어린이 글 합평 : 각자 그 동안 지도한 아이들 글 가운데 한두 편을 골라와서 읽고 그 글에 대해 이야기를 나눈다. (이것이 글쓰기 모임에서 가장 중요한 시간이다. 합평 시간이 없으면 그것은 글쓰기 모임이 아니라고 할 수 있다.)
5. 놀이와 노래 : 교실에서 아이들과 할 수 있는 놀이나 노래를 배우는 시간
6. 뒷풀이 : 다과를 나누거나 식사를 하면서 이야기를 할 수도 있다. 이 시간은 서로 사귀는 시간으로 잘 활용해야 한다.

　어느 정도 기초적인 글쓰기 교육의 이론이나 방법을 익혔으면, 실제로 교과서 분석이나 학급 문화에 대한 것을 다루기도 한다. 다음과 같은 프로그램들은 지역 글쓰기 모임에서 했던 것들이다.

- 아이들 글을 어떻게 볼까 - 글 보는 관점에 대하여
- 쓰기 교과서 분석 비판
- 학급문집 만들기
- 일기 지도는 어떻게 할까
- 교과서의 문학 교재 분석
- 삶을 가꾸는 그림 그리기 지도
- 꾸짖지 않는 교실과 글쓰기
- 어린이 놀이 지도와 글쓰기
- 독서 지도와 독후감 쓰기
- 농촌 어린이의 글과 도시 어린이의 글
- 어른의 글쓰기

○ 아이들의 노래
  ○ 텔레비전과 글쓰기

　글쓰기 지역 모임에서는 대개 회보를 만드는데, 이 일은 글쓰기 모임을 널리 알리는 구실을 할 뿐만 아니라 모임에서 연구한 성과를 정리할 수도 있다. 그리고 이 일을 하는 동안 회원들의 결속도 다져지고, 역량도 늘게 된다.
　모임이 진행되면서 생기는 문제들을 몇 가지 생각해 본다. 우선 이끌어 가는 사람이 느끼는 문제는 회원들이 잘 나오지 않는다는 것이다. 대개 모임에 나오지 않는 회원들이 말하는 이유는 '바쁘다' '다른 약속이 있다'는 것이다. 경우에 따라 '재미가 없다' '관심이 없다'고 솔직하게 털어 놓는 사람도 있지만, 바쁘다고 하는 사람도 사실은 정말 바쁜 게 아니다.
　사람들은 왜 모임에 나오는가? 공부하기 위해서? 아니다. 교사라면 누구나 공부를 좋아하는 아이가 없다는 것을 안다. 교사라고 다를 바 없다. 사람들이 모임에 나오는 것은 소속감 때문이고, 사람과 만나는 일이 즐겁기 때문이다. 그것이 이루어지지 않으면 사람들은 모임에 나오지 않게 된다. 만약 그 모임에 그 사람이 없어서는 안 된다는 것을 알면, 그 사람은 다른 바쁜 일을 다 제쳐 두고 모임에 나오게 된다.
　모임에 회원들이 잘 나오지 않을 때 이끌어 가는 사람이 하는 일은 대개 근본 원인을 생각하기보다는 불평이나 걱정을 하는 것이다. 그리고 회원들에게 마치 강요하듯, 설교하듯 모임을 주도하여 회원들이 나오지 않게 만들면서 그 책임은 회원들에게 있다는 듯이 투덜댄다. 이럴수록 모임은 침체되어 버린다. 글쓰기 교육에 대해서도 공부하고 연구해야 하듯이 모임을 운영하는 방법도 연구를 해야 한다.

4. 글쓰기 모임을 어떻게 발전시킬까

　모임은 시작할 때가 있으면 끝날 때가 있다. 대개 우리 모임은 1년 단위로 움직이게 된다. 시작했을 때에 견주어 모이는 사람의 숫자가 계속 늘고 여러 가지 활동도 활발하다면 그 모임은 성장한 것이다. 이 때 인원이 늘면 이끄는 사람은 좋아하게 되고 계속 인원을 늘리려고 하는데, 어느 정도 숫자가 되면 모임을 나누어 새로운 모임으로 독립시켜야 한다.

　그것은 마치 생물에서 세포가 분열을 하면서 자기 증식을 하는 원리와 같다. 모임도 세포처럼 늙게 된다. 그러므로 분열을 통해서 새로운 기운을 얻고 다시 시작해야 한다. 대개 12명 정도가 모일 때 나눌 준비를 하여, 13명이 되면 바로 나누어 새로운 두 개의 모임으로 시작하도록 한다.

　모임의 발전 단계는 다음과 같은 과정을 거치게 되므로 그 모임에 알맞은 활동을 하도록 한다.

　　(1) 친목 모임 - 단순한 친목 도모 또는 상부 상조가 목적이다.
　　(2) 독서 모임 - 소설이나 시집, 가벼운 책을 주로 읽고 토론하는 수준의 모임이다.
　　(3) 학습 모임 - 이론이나 방법에 대한 책을 학습하는 모임으로, 대개 글쓰기 모임은 이 수준에서 시작하게 될 것이다.
　　(4) 연구 모임 - 전문적인 주제를 탐구하여 연구 결과를 일반에 발표할 정도의 모임이다. 글쓰기 모임에서는 이 정도 단계에서 지역 어린이 문집 출판을 한다거나, 교과서 분석이나 새로운 대안 교재를 개발할 수 있다.

　글쓰기 모임에 참여하는 교사는 세 가지 활동이 균형을 이루게 해야 할 것이다. 첫째는 개인 공부이다. 스스로 글쓰기 교육뿐 아니라 다른 교육 도서를 찾아 읽으면서 끊임없이 배우는 교사가 되어야 한다. 둘째는 아이들에게 글쓰기 교육을 실천하는 일이다. 사실 교사가 글쓰기 교육 모임을 하는 까닭은 아이들을 잘 가르치기 위한 일이므로 여러 가지 바쁘다는 이유로 글쓰기 교육을 소홀히 한다면 모임 자체가 아무 의미가 없다. 셋째, 모임에 성실하게 참여해야 한다. 정해진 교재를 읽고 오는 일, 합평할 아이들 글을 준비해 오는 일, 무엇보다 모임에 빠짐없이 참석하는 일이 중요할 것이다.

모든 모임은 한 두 사람이 이끌어 가기보다 모든 구성원이 함께 의논하여 결정하고 함께 실천하는 공동 지도로 이끌어가야 한다. 이런 작은 모임을 중심으로 밑에서부터 위로 올라가는 조직이 참된 민주 단체가 될 수 있다. 우리가 작은 모임을 잘 이끌고 운영하는 방법을 익힌다면, 학급에서 아이들의 모듬 활동을 조직하여 자율적인 학급 운영이 이루어지게 할 수 있다.

민주주의는 우리가 소속한 모임에서, 우리 교실에서부터 이루어져야 한다. 우리는 이런 조직이나 활동의 경험이 적다. 아니 본디 그런 작은 모임을 우리 삶의 바탕으로 삼아왔는데 어느 시기에 단절되었다. 바로 예전에 농촌에서 했던 두레 공동체의 전통이 그것이다. 이제 다시 그 일을 시작해야 한다.